王成敏　李顺国 ◎ 著

中国小米品牌研究

中国农业科学技术出版社

图书在版编目(CIP)数据

中国小米品牌研究 / 王成敏, 李顺国著. --北京：中国农业科学技术出版社, 2022.3
ISBN 978-7-5116-5707-7

Ⅰ.①中… Ⅱ.①王… ②李… Ⅲ.①谷子-产业发展-研究-中国 Ⅳ.①F326.11

中国版本图书馆CIP数据核字(2022)第035832号

责任编辑　朱　绯
责任校对　马广洋
责任印制　姜义伟　王思文

出 版 者	中国农业科学技术出版社
	北京市中关村南大街12号　邮编：100081
电　　话	(010) 82106632 (编辑室)　(010) 82109702 (发行部)
	(010) 82109709 (读者服务部)
网　　址	http://www.castp.cn
经 销 者	各地新华书店
印 刷 者	北京建宏印刷有限公司
开　　本	185 mm×260 mm　1/16
印　　张	14.75
字　　数	350千字
版　　次	2022年3月第1版　2022年3月第1次印刷
定　　价	80.00元

版权所有·翻印必究

项目支持　国家谷子高粱产业技术体系
　　　　　（CARS-06-14.5-A33）

序一
农产品品牌化是推动城乡共同富裕的重要抓手

王慧军

2021年10月，习近平总书记在《求是》杂志发表署名文章《扎实推动共同富裕》，他在文章中明确指出："共同富裕是社会主义的本质要求，是中国式现代化的重要特征。"在2021年12月的中央经济工作会议上他又将"正确认识和把握实现共同富裕的战略目标和实践途径"看作首要重大理论和实践问题，认为将在长时期内成为我党和政府管理社会与经济发展的总目标。

乡村振兴的总要求是"产业兴旺、生态宜居、乡风文明、治理有效、生活富裕"。产业兴旺是乡村振兴的基础，在五项总要求中处于基础性地位。在社会主义市场经济条件下，市场化是贯穿农业产业高质量发展的首要先决条件。农产品品牌化是在社会主义市场经济条件下实现产业兴旺的基本途径。品牌的本质是消费者对某一产品或服务的心智模式，是沟通生产者和消费者的重要桥梁，是市场化的重要特征。品牌的强弱决定了消费者联想和消费者认可程度，消费者联想和消费者认可将转化为消费者持久的购买行为，转化为一个生产经营主体的持久的业务增长、盈利及生存发展能力，这就是一个强势品牌存在的价值。

千家万户式小农生产依靠什么与城市的高消费对接，从而提升农业的发展质量和效益？唯一的途径是要企业化运作，而企业的生命在于品牌建设。品牌可以保证企业拥有持久的生存发展能力，从而推动农业产业的高质量发展。因此，以构建越来越多的强势农业品牌为目标的农业品牌化是农业产业高质量发展的先决条件，是推动乡村振兴战略实施的重要抓手。

农业及农产品的品牌化是近几年才开始的工作。怎样深层次认识农业和农产品品牌，破解品牌培育"痛点"，有的放矢、有效地推动农业品牌化？这是摆在当前农业产业发展道路上的重大课题。王成敏博士与李顺国研究员合作从小米品牌这一小领域入手，写出《中国小米品牌研究》一书，值得推荐。谷子俗称小米，是起源于我国的传统作物，是中华农耕文明的源头，在我国有8 000多年的栽培历史，养育了中华民族，一度是我国北方的主粮作物，俗话说"兵马未动，粮草先行"中的"粮草"就是指谷子。但从20世纪70年代以后，谷子逐步退居为杂粮作物。随着大众饮食习惯的改变，以小麦、水稻等细粮为主食以及肉蛋奶的大量摄入，各类富贵病大量出现，我国目前糖尿病病人，以每年1 000万人的速度增加，总数已超过1亿多人。营养学家又开始重新认识《黄帝内经》所载"五谷为养，五畜为益，五菜为充"的我国传统营养原则，小米的消费重新被城市消费者所认识。而新的时代、新的认识，使消费者不仅要看产品，更要看品牌，品牌价值必然会体现出来。

在我看来，《中国小米品牌研究》一书有三大亮点：第一，用系统思维、系统科学理论来审视品牌、农业品牌和小米品牌，用系统工程方法来解构品牌及小米品牌成长规律，提出小米品牌化路径；第二，对品牌、农业品牌、小米品牌及品牌成长规律的认识具有一定的理论高度和深度，在逻辑推理、实践和思考基础上有其独特见解，不人云亦云；第三，扎根于实践，以对小米品牌全面的市场调研为基础，以解决小米品牌培育中"痛点"为抓手，城乡一体、生产者、加工者、消费者一体研究，追求品牌的最终效益共享，从而实现共同富裕。研究结论具有针对性、可行性、执行性、易落地，可以直接赋能于地方政府、咨询机构、农业企业和城市消费者。

河北省农林科学院谷子研究所是国家谷子改良中心、中国作物学会粟类作物专业委员会等多个国家级和省级专业机构的依托单位，具有深厚的"科学研究与实践紧密结合"的学术传统，多年来培养了一大批育种、栽培等方面的高端专家，形成了一系列高端科研成果，并获得了各类各级奖励，进行了非常深入的"产学研"社会服务，在国内同类研究机构中处于领先地位。谷子研究所一直以开放的心态，与社会各界"强强联合"，共同构筑横向与科研院所合作、纵向服务于全产业链的"产学研"科学研究与服务体系。《中国小米品牌研究》就是"强强联合"的典型成果。我相信这一成果一定会助推我国谷子产业的高质量发展，在乡村振兴和健康中国两大战略中发挥其应有的作用。

（作者为河北省委省政府决策咨询委员会副主任、农业农村组组长，教授、博士生导师，国家谷子高粱产业技术体系顾问）

序二
小米品牌建设助力产业高质量发展

刁现民

近年来，国家谷子高粱产业技术体系高度重视农业品牌建设，积极与主产区政府、龙头企业、专业合作社等有效结合，培育了一批区域公用品牌、企业品牌和产品品牌，推动了产业提质增效与转型升级，促进了谷子高粱产业高质量发展。

一是与主产区政府合作，集中体系力量全产业链服务地方政府和县域经济，为培育区域公用品牌提供科技支撑。在省级层面，组织体系专家助力"山西小米""河北小米"省级区域公用品牌建设，协助河北省农业农村厅起草了《河北省优质谷子产业集群实施方案》、策划了河北小米LOGO、IP形象、河北小米宣传片、河北小米宣传画册，形成了省级区域公用品牌"河北小米"品牌设计。在地区层面，与延安市政府合作，制定了"延安小米"质量标准，创建的"延安小米"获评国家地理标志产品，并注册了商标。在县级层面，集中全体系的力量，全产业链服务内蒙古敖汉、山西沁县等主产县。"山西小米"通过品牌建设，建立了"山西小米"品牌标准体系；建立"敖汉小米"质量标准、网上销售平台和品牌宣传体系，敖汉谷子生产面积由30万亩发展到100万亩，年销售小米5万t，总产值在25亿元左右，占农业产值的27.5%，"敖汉小米"广告登录央视《朝闻天下》，开创品牌宣传的先河，区域公用品牌"敖汉小米"市场估值达到113.53亿。

二是针对产业需求定向为产业培育专用新品种，培育特色优势企业品牌。针对市场对优质谷子品种需求，体系开展联合攻关，培育出品质与传统优质品种黄金苗相当，抗除草剂、高产、抗倒谷子新品种金苗K1、冀杂金苗3号，其中，金苗K1推广面积2021年超过200万亩，快速替代传统优质品种黄金苗，成为全国种植面积最大的谷子品种。培育出的中谷989新品种2021年在洛阳伊川实现亩产622.39kg，创常规谷子品种高产纪录。新品种不仅促进产业高质量发展，也培育了河北巡天种业、内蒙古蒙龙种业、河北东昌种业等杂粮龙头种业。

三是深入发掘农耕文化，将文化元素融入品牌建设推动产业发展。谷子起源于我国，具有8 000多年的栽培历史。在品牌建设中，深入发掘谷子、糜子、高粱深厚的农耕文化，文化传承与品牌建设融合发展，相互促进。"山西小米"在品牌打造中融入农耕文明、红色历史、传统旱作、制作工艺、养生保健、人文情怀等传统农业文化元素，充分将山西优质小米资源优势转化为产业优势和经济优势。"河北小米"深入挖掘磁山粟文化元素，提出"黄香软糯鲜，粟源10 000年"。"敖汉小米"充分利用8 000年兴隆洼文化，连续召开"世界小米起源与发展大会"国际会议，积极促进"敖汉小米"品牌建设。

尽管我国小米品牌建设工作取得明显成效，但仍存在对于区域公用品牌建设认识有待深化、三级品牌体系协同性有待加强、品牌建设服务支撑能力有待提升、品牌特色内涵发掘不够、品牌引领带动消费作用不足等问题，与党中央对乡村振兴、巩固脱贫攻坚、农业高质量发展的要求有一定差距。

王成敏、李顺国完成《中国小米品牌研究》一书是国家谷子高粱产业技术体系产业经济岗位的研究成果，是基于作者长期对谷子产业的实践积累，对品牌建设的深入思考完成的。该书基于系统观界定了品牌、农产品品牌及小米品牌的内涵与外延；用系统动态分析法、系统动力学建模与仿真，从定性和定量两个方面揭示小米品牌成长机理；结合基于系统观的品牌认知、小米品牌价值构成与成因改进 Interbrand 法，设计小米品牌价值评价方法；提出了系统化培育小米品牌的路径，设计"武安小米"系统化培育战略规划纲要和"河北小米"三级品牌体系纲要。该书的研究丰富了品牌、农产品品牌和小米品牌在概念、成长机理、决策方法、价值评价、策略研究等方面的理论与实证，具有较强的理论价值。同时，该书的研究给地方政府、行业协会，尤其是对农产品生产经营者培育小米品牌、破解小米生产经营"软肋"问题、推动以商业化为核心的生产经营提供理论依据和实践指导，相信该书的完成对我国小米品牌建设、产业高质量发展具有积极的推动作用。

（作者为国家谷子高粱产业技术体系首席科学家）

前　言

　　本书以小米品牌为研究对象，在梳理和重新界定相关理论基础上，通过调查研究理清我国小米品牌培育现状及存在的问题，引入系统理论，从定性和定量两个方面揭示小米品牌成长机理，通过改进后的 Interbrand 法设计小米品牌价值评价方法，提出系统化培育小米品牌的路径，将本书研究成果应用于实践，设计"武安小米"系统化培育战略规划纲要和"河北小米"三级品牌体系纲要。本书的研究丰富了品牌、农产品品牌和小米品牌的决策理论、方法与实证，具有较强的理论价值；同时对地方政府、行业协会，尤其是对小米生产经营者培育小米品牌、破解小米生产经营"软肋"问题、推动以商业化为核心的生产经营提供了理论支撑和实践指导，将有效推动我国谷子产业高质量发展，助力乡村振兴，具有较强的实用价值。

　　本书的研究工作及主要的创新性结论概括如下：

　　第一，为了本书概念、理论和方法的一致性，梳理和重新界定了与本书研究相关的品牌、品牌资产、品牌价值、农产品品牌、小米品牌的概念、理论与方法。认为小米品牌是消费者对某一个（或一类）小米产品的心智模式，包括消费者品牌认知和消费者品牌关系；根据小米品牌培育特性，将小米品牌分为区域公用品牌和企业自有品牌。

　　第二，为了理清我国小米品牌培育现状，使本书的研究更有针对性，对全国小米品牌概况进行了较为全面的粗线条调研和梳理，对山西小米、敖汉小米、阳曲小米、沁州牌沁州黄小米和金龙鱼桃花小米进行了重点案例研究。认为我国小米品牌培育中存在的主要问题有：缺乏系统化培育的理念与行为；没有从根本上解决小米区域公用品牌培育中的"公地悲剧"问题；很难处理好政府和市场的关系；小米品牌商业化运营的观念与行为落后等。

　　第三，引入系统理论，用定性的系统分析方法构建了品牌成长机理逻辑模型，揭示了品牌成长机理。将此逻辑模型与小米品牌特殊性结合并延伸到小米品牌，构建了小米品牌成长机理逻辑模型，揭示了小米品牌成长机理：小米品牌所有者和使用者的欲望、资源和能力的大小决定各类小米品牌要素行动的强弱，小米品牌要素行动的强弱决定各类小米品牌要素效果的好坏，小米品牌要素效果的好坏决定小米品牌的消费者品牌认知强度和消费者品牌关系强度的大小，从而决定小米品牌价值的大小。小米品牌成长机理在本质上是由"组织资源与能力—组织行动—行动效果—小米品牌的品牌价值"所构成的复杂的、多重因果关系链。

　　第四，引入系统动力学，构建小米品牌成长系统的动力学模型，并进行了系统仿真，进一步定量化揭示了小米品牌成长机理，分析了各种策略组合对净收益和品牌价值发展趋势的影响。认为单品牌策略倾向和双品牌策略情形下，加大品牌营销力度能显著提升品牌价值和净收益；在多品牌策略情形下，加大品牌策略强度能大幅度提升品牌价值与净收益。

第五，通过融入小米品牌的特征改进 Interbrand 法来确定小米品牌的品牌价值评价方法。其中，在此方法中根据小米品牌特点，基于消费者品牌认知和消费者品牌关系，分小米区域公用品牌和小米企业自有品牌构建了小米品牌强度评价指标体系。用该评价方法评估小米品牌价值，以评估和分析结果为依据、以解决问题为导向，通过"以评促建"可推动小米品牌的系统化培育。

第六，基于小米品牌成长机理及小米品牌培育中存在的问题，提出系统化培育小米品牌的逻辑、路径及机制。分别提出了小米品牌的定位与形象系统、产品系统、传播系统、商业运营系统及危机预防处置系统的操作性路径；构建了"1 个小米区域公用品牌+N 个小米企业自有品牌"的小米品牌体系和"地方政府—小米品牌企业—小米生产主体"三方协同机制。

第七，运用本书所研究的小米品牌成长机理理论及小米品牌系统化培育路径提出了系统化培育"武安小米"的品牌战略规划纲要。

第八，运用本书研究的小米品牌成长机理理论及系统化培育小米品牌路径，综合河北省谷子产业发展现状、兄弟省市谷子产业发展经验、国内农产品品牌培育"痛点"和小米品牌的本质与逻辑，提出"河北小米"三级品牌体系。其本质是以市场为牵引，处理好政府、小米品牌企业和小米生产主体的关系，并实现三方协同，实现"河北小米"省域公用品牌、县域公用品牌和企业自有品牌深度融合。其核心结构是由"河北小米"省域公用品牌、若干个县域公用品牌、众多企业自有品牌构成的"河北小米—N 个县域公用品牌—M 个企业自有品牌"结构化、网络化的"河北小米"三级品牌体系的网络结构。面向消费者的品牌形象是以"河北小米"和"县域公用品牌"背书的企业自有品牌，突出"河北小米"的公众信誉、县域公用品牌的地域品质特征和企业自有品牌的信誉。

本书是河北地质大学农业品牌与商业模式研究团队和河北省农林科学院谷子研究所精诚合作的结果，是合作课题"中国小米品牌培育理论与实践研究"的研究成果，获国家谷子高粱产业技术体系（CARS-06-14.5-A33）支持。

研究团队在研究工作及本书成稿中贡献如下：

王成敏和李顺国对合作研究和本书的逻辑框架及每一个细节都进行了深入细致的讨论，形成了研究大纲和本书的撰写提纲。

王成敏负责第 1 章、第 2 章、第 4 章涉及内容的研究和撰写，与硕士生胡守峰共同完成了第 7 章的研究与撰写。

李顺国负责第 8 章、第 9 章、第 10 章涉及内容的研究和撰写。

王成敏、李顺国指导硕士生胡守峰、王学科、李欣诺分别完成第 3 章、第 5 章和第 6 章涉及内容的研究和初稿撰写，王成敏对这 3 章初稿进行了修订，并指导学生进行了基础调研。

最后，王成敏统稿，李顺国审定。

刘猛、李美羽、赵文庆参与了本研究的每一次讨论，并给出了诸多建设性意见。武安市农业农村局刘恩魁研究员、园区办主任冀彦忠、同会园区董事长杨增召先生对本书的调查研究给予大力支持，在此致谢！

河北省委省政府决策咨询委员会副主任、农业农村组组长王慧军教授和国家谷子高粱产业技术体系首席科学家、中国农业科学院作物科学研究所刁现民研究员审阅了本书，提出了宝贵意见，并撰写了序言。在此向他们表示最诚挚的感谢！

本书在研究和撰写过程中难免存在各种疏漏，恳请各位专家和读者朋友不吝赐教。

著者
2022 年 1 月

目　　录

第1章　绪　论 … (1)
  1.1　农业高质量发展与农业品牌化 … (1)
  1.2　我国谷子产业高质量发展与小米品牌化 … (2)
  1.3　消费升级、小米需求态势与小米品牌化 … (3)
  1.4　研究问题的提出 … (4)
  1.5　本书研究逻辑与技术路线 … (5)
  参考文献 … (6)

第2章　理论基础 … (8)
  2.1　品牌的本质 … (8)
  2.2　品牌资产与品牌价值 … (11)
  2.3　农产品与农产品品牌 … (24)
  2.4　小米品牌的内涵与外延 … (29)
  2.5　本章小结 … (32)
  参考文献 … (33)

第3章　我国小米品牌现状的调查研究 … (35)
  3.1　我国小米品牌概况 … (35)
  3.2　我国小米品牌概况分析 … (36)
  3.3　重点案例与运行机制分析 … (49)
  3.4　我国小米品牌培育的问题分析 … (62)
  3.5　本章小结 … (64)

第4章　基于系统分析的小米品牌成长机理研究 … (65)
  4.1　系统、社会系统与品牌成长系统 … (65)
  4.2　品牌成长机理逻辑模型与分析 … (68)
  4.3　小米品牌成长机理逻辑模型 … (73)
  4.4　本章小结 … (87)
  参考文献 … (87)

第5章　基于系统动力学的小米品牌成长机理研究 … (88)
  5.1　用系统动力学来研究小米品牌成长机理的可行性 … (88)
  5.2　小米品牌成长机理系统动力学建模 … (94)
  5.3　模型检验与仿真实验设计 … (101)

5.4　仿真结果分析 ……………………………………………………（105）
　　5.5　本章小结 ………………………………………………………（117）
　　参考文献 ………………………………………………………………（118）

第6章　小米品牌的品牌价值评价研究 …………………………（119）
　　6.1　农产品品牌价值评价研究综述 …………………………………（119）
　　6.2　小米品牌评价模型构建 …………………………………………（120）
　　6.3　小米品牌价值评价实证与运用 …………………………………（140）
　　6.4　本章小结 ………………………………………………………（151）
　　参考文献 ………………………………………………………………（151）

第7章　系统化培育小米品牌的路径 ………………………………（164）
　　7.1　系统化培育小米品牌的路径的提出背景 ………………………（164）
　　7.2　系统化培育小米品牌的操作性逻辑 ……………………………（165）
　　7.3　系统化培育小米品牌的操作性路径 ……………………………（166）
　　7.4　系统化培育小米品牌的机制 ……………………………………（183）
　　7.5　本章小结 ………………………………………………………（187）
　　参考文献 ………………………………………………………………（187）

第8章　"武安小米"的系统化培育战略规划纲要 ………………（189）
　　8.1　"武安小米"品牌战略规划的系统逻辑 …………………………（189）
　　8.2　武安市资源禀赋与"武安小米"现状 ……………………………（190）
　　8.3　"武安小米"品牌定位与释义 ……………………………………（194）
　　8.4　"武安小米"品牌建设大纲 ………………………………………（195）
　　8.5　"武安小米"品牌系统化培育运行机制 …………………………（201）
　　8.6　本章小结 ………………………………………………………（204）

第9章　"河北小米"三级品牌体系设计纲要 ………………………（206）
　　9.1　"河北小米"三级品牌培养体系的提出背景 ……………………（206）
　　9.2　"河北小米"三级品牌体系的设计原则与体系结构 ……………（212）
　　9.3　"河北小米"三级品牌体系的实施路径 …………………………（214）
　　9.4　本章小结 ………………………………………………………（215）

第10章　结论与展望 …………………………………………………（217）

第 1 章 绪 论

本章从农业高质量发展与农业品牌化、我国谷子产业高质量发展、消费升级、小米需求态势与小米品牌化等方面论述本书的研究背景，结合当前小米品牌培育的生产经营、学术研究与咨询现状提出本书的研究问题、研究意义、研究逻辑及技术路线。

1.1 农业高质量发展与农业品牌化

农业是国民经济的基础。国家"十四五"发展规划纲要把全面推进乡村振兴战略上升到国家战略，把加快农业农村现代化作为"十四五"期间农业农村发展的总目标。推动农业高质量发展既是推动新型工业化、信息化、城镇化、农业现代化同步发展和全面推进乡村振兴战略的前提，又是实现"国际国内双循环"、供给侧改革的有效支撑，归根结底是国民经济高质量发展的基础。

农业高质量发展靠高质量的农业产业体系、生产体系与经营体系的深度融合[1-2]，农业产业体系是发展框架，农业生产体系是基础前提，农业经营体系是战略支撑。构建高质量农业产业体系的核心是系统规划农业产业体系，推进农业价值链各节点的有效融合，实现一二三产业融合发展，提高农业产业的综合效益。构建高质量农业生产体系的核心是以可持续发展为前提，以市场需求为导向，实现农产品供给数量充足、供给品质契合市场需要的生产目标，形成需求导向、结构合理、保障有力的农产品供给体系。构建高质量农业经营体系的核心是发展多种形式的适度规模经营，培育市场化、盈利性农业经营主体，实现商业化运营。由此，农业高质量发展的核心因素是以市场化盈利性组织为经营主体，以市场为导向，实现商业化运营。

品牌的核心是消费者对组织和市场供给物的心智模式和思维结构。品牌化是为消费者建立思维结构和帮助消费者建立起对产品或服务认知的过程[3]。品牌化的核心功能是为消费者降低决策成本的同时给企业创造更高的价值。大多数农产品的功能是食用，不同的生产经营者产出的同一类农产品存在很大差异性，消费者在购买决策时很难鉴别其差异，生产经营者也难以从这些差异中获取价值差异。农产品品牌化是消费者鉴别差异化、企业从差异化中获取更高价值的核心手段，消费者在差异化中决策并最大化获得价值、企业创造差异化并在差异化中增值是营销的核心问题。因此，成功的农产品品牌化是高效的农产品营销的基础，高效的农产品营销是高效的农业经营体系的前提，高效的农业经营体系是农业高质量发展的牵引力。

综上，成功的农产品品牌化是构建高效农业经营体系的重要前提，是推动农业高质量发展的高效牵引力，是推动乡村振兴战略的重要手段。

1.2 我国谷子产业高质量发展与小米品牌化

谷子起源于中国，在新石器时代中早期完成驯化，是农耕文化的主栽作物[4]。1950年，我国谷子种植面积约1 000万 hm^2，是北方三大主粮之一；谷子单产、技术等因素使得谷子生产失去了比较优势，种植面积一路下滑，到1990年，我国谷子种植面积仅剩150万 hm^2，从此失去了主粮地位，成为重要的杂粮作物。1978—2009年，播种面积由427.1万 hm^2 减少至79.6万 hm^2；总产量由656万t减少至126万t；单产由1 536kg/hm^2 提高到1 577kg/hm^2。[5] 2011—2020年播种面积稳中有升，2020年种植面积约为85万 hm^2；总产量回升至234万t；单产提高至2 753kg/hm^2。

我国谷子主要分布在内蒙古自治区、山西省、河北省、陕西省、辽宁省、吉林省、甘肃省、宁夏回族自治区、山东省、河南省、黑龙江省、北京市、天津市等北方十三省（区、市），其中，内蒙古自治区、山西省和河北省种植面积占全国种植面积的67.1%。逐步形成了内蒙古赤峰市、辽宁省朝阳市、河北省邯郸市、河北省张家口市、山西省长治市、山西省吕梁市、吉林省松原市等优势产区，生产集中程度逐渐增加。

尽管谷子失去了主粮地位，但它仍然是重要的杂粮作物。谷子具有抗旱耐瘠、营养均衡丰富、粮饲兼用、环境友好等特点，谷子产业已经在谷子主产区发展成为特色优势产业，在乡村振兴、巩固脱贫攻坚中发挥着产业支撑作用。因此，谷子产业在农业产业体系中仍占有非常重要的地位，且随着经济发展和消费升级，其地位将越来越重要，谷子产业的高质量发展直接影响着农业产业的高质量发展。

近年来，我国谷子产业在育种、技术、生产、经营等方面取得了显著成就，这取决于科技工作者及生产经营者在谷子种子资源挖掘保护、功能基因发掘、育种创新、种植技术创新、机制体制创新、经营模式创新等方面的开拓创新。

小米是谷子的主要商品形态，占谷子消费类型的88.22%（其中，小米原粮占64.85%，小米锅巴占23.37%）。高质量发展是谷子产业当前和将来一个时期内的发展总目标，小米以商业化为核心的生产经营绩效直接决定了谷子产业高质量发展水平。

我国小米生产经营规模由2011年52亿元发展到2020年330亿元左右，其市场主要集中在小米集散地、农产品批发市场、超市、电子商务平台等各类平台。与此同时，小米在品牌化方面也取得了很大的进步。全国地理标志保护产品从零基础发展到49个，正逐步形成一批区域公用品牌和企业自有品牌。在省级层面，山西省政府出台"山西小米品牌建设三年发展规划"，成立"山西小米"产业联盟运营中心，制订了"山西小米"团体标准，"山西小米"广告在央视、高铁、航线陆续投放，"山西小米"区域公用品牌影响力逐步提升。在地区层面，延安市创建的"延安小米"区域公共品牌获评国家地理标志产品，研究制定了延安小米生产技术规程，与11家谷子生产加工企业签订授权合同，覆盖了延安市规模谷子生产加工企业，"延安小米"红色文化品牌形象逐步显现。在县级层面，敖汉旗政府充分利用8 000年粟文化、全球环境500佳等理念加快打造"敖汉小米"区域公用品牌，"敖汉小米"获得国家地理标志产品认证，"敖汉小米"广告登录央视《朝闻天下》，首创小米品牌在国家级平台的宣传推广。

不容忽视的是，小米以商业化为核心的生产经营在不断发展的同时也存在诸多"软肋"问题，突出体现在：第一，小米的生产经营缺乏市场导向，往往患有只盯着生产、忽视市场的"经营近视症"。第二，地方政府与生产经营主体角色错位，地方政府往往越位介入经营，生产经营主体往往缺乏商业化运营的理念、技术与实践。第三，大多数小米生产经营者既不大又不强，从业人员整体素质低下，生产经营水准较低，经营绩效水平较差，融资相对困难，很难做大做强。第四，很难形成符合品牌本质意义上的小米品牌，缺乏让消费者持久满意和为之忠诚的小米品牌。如何解决这些"软肋"问题从而促进谷子产业高质量发展？有效的途径是：以商业化为核心，以市场导向和市场化运营为主线，实现小米品牌化，按品牌培育规律系统化培育小米品牌。

1.3 消费升级、小米需求态势与小米品牌化

据《2020年国民经济和社会发展统计公报》，2020年我国国内生产总值达到1 015 986亿元，增幅2.3%；居民人均可支配收入32 189元，实际增长2.1%；城镇居民人均可支配收入43 834元，实际增长1.2%；农村居民人均可支配收入17 131元，实际增长3.8%；居民恩格尔系数为30.2%，其中城镇为29.2%，农村为32.7%；最终消费支出对国内生产总值（GDP）增长的贡献率为54.3%，消费连续七年成为经济增长的核心驱动力。国内生产总值、居民人均可支配收入连年均呈现上升态势，居民恩格尔系数呈下降态势。

以互联网、移动互联网、物联网、人工智能、区块链、大数据、云计算、热感技术、射频技术、AR/VR、5G为主要内容的数字化技术正在与各行各业深度融合，正在改变着商业模式，也改变人们的生产、生活和消费行为。

持续增加的居民可支配收入、持续降低的恩格尔系数及数字化背景下正在改变的消费行为催生了持续的消费升级。消费升级已成为我国经济高质量发展的关键驱动因素，是消费者消费结构、消费模式、消费品质、消费环境和消费理念的升级过程，表现为优化消费结构和提升消费层次，包括总量升级、质量升级和结构升级，核心是消费结构优化[6-7]。消费结构优化包括不同消费项目支出所占比例的变化、中低端市场供给物向中高端市场供给物转移两个层次，一般用中高端市场供给物支出在消费总支出比例的变动来衡量消费升级水平[8]。

在消费升级背景下，消费者对包括食用农产品在内的食品消费产生了质的飞越，从温饱型需求转向了健康型和享受型需求，由"物美价廉"需求上升为"品质优先"需求，越来越多的人愿意为了高品质的健康食品支付额外的价格。

小米营养价值高，营养全面均衡，主要含有碳水化合物、蛋白质及氨基酸、脂肪及脂肪酸、维生素、矿物质等。亚洲人和欧美亚裔人是小米的主要消费群体；在亚洲，中国、日本、韩国、印度是小米的主要消费区域；在中国，北方人是主要消费群体；在中国北方，小米主要用于早餐和晚餐粥食，中老年人、孕妇、幼儿、病人等特殊群体更青睐小米产品[9]。近年来，消费升级背景下小米的需求态势也发展重要变化：一是消费

升级促使消费者饮食结构发生重大变化，由过去"吃得饱""吃得美"正在转变为"吃得健康"，小米作为公认的健康营养型产品，需求总量呈上升趋势；二是消费升级促使消费者对高品质小米的需求大幅度增加，由过去的"价格优先"消费观、"性价比"消费观正在转变为"品质优先"消费观。

小米需求总量上升态势及"品质优先"消费观，牵引生产经营者把更多资源转向以生产高品质、健康营养小米为主要目标的谷子生产。然而，在实践中小米的生产经营者和消费者往往信息互不对称，比如：高品质小米的生产经营者因找不到高品质小米的需求者往往"低卖"而挫伤生产高品质小米的积极性，高品质小米消费者往往为找不到高品质小米而遗憾。如何解决小米生产者和需求者之间的信息不对称而使双方达到共赢？小米品牌化一方面让消费者减少购买所需小米的搜索成本和决策成本，另一方面让生产经营者在生产经营过程中形成差异化和持久信誉，逐步构建与消费者良好、牢固的关系，这是在消费升级、小米需求态势变化背景下实现小米生产经营者与消费者共赢的可行之路，也是必由之路。

1.4 研究问题的提出

图1.1给出了提出本书研究问题的逻辑。

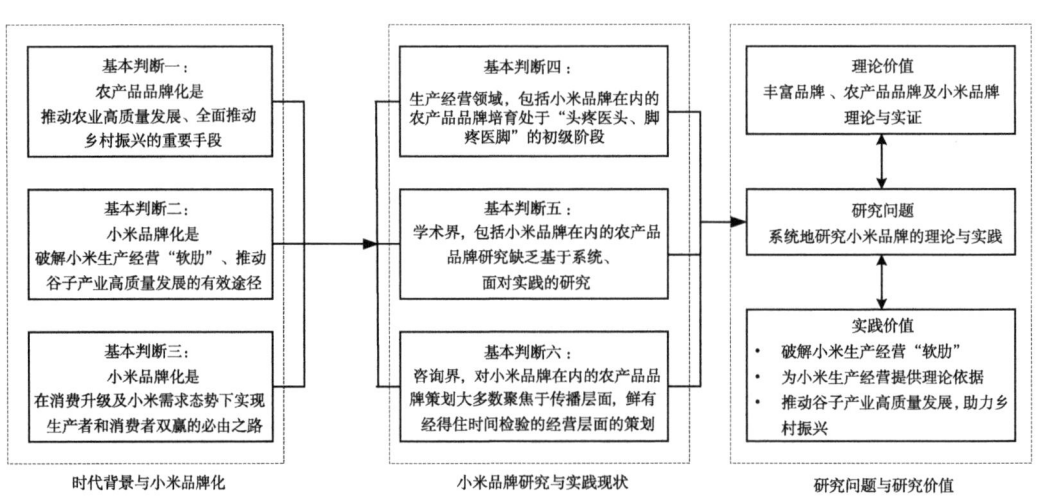

图1.1 本书研究问题的逻辑

由1.1节、1.2节和1.3节的论述得出：农产品品牌化是推动农产品商业化运营、提升农业高质量发展、全面推动乡村振兴战略的重要手段；小米品牌化是解决小米生产运营"软肋"问题、提升谷子产业高质量发展的有效途径，是在消费升级和小米需求态势背景下，生产经营者与消费者构建持久良好关系、实现共赢的必由之路。因此，从生产运营领域、学术界和咨询界全面推动小米品牌的研究、策划与培育迫在眉睫。

在生产经营领域，包括小米品牌在内的农产品品牌还处于"头疼医头、脚疼医脚"的初级阶段，大多数地方政府和农产品生产经营者对品牌的认识不系统、不全面，认识的缺陷造成农产品品牌培育的乏力和不可持续性。

在学术界，包括小米品牌在内的农产品品牌研究仅仅局限于理论界定、符号系统、传播系统、原产地保护、价值评价、部分实证等方面的研究，缺乏基于系统、直面品牌本质、真正服务于实践的学术研究。

在咨询界，包括小米品牌在内的农产品品牌策划大多数局限于品牌定位、品牌文化、符号系统和传播系统，且大多数聚焦于区域公用品牌，缺乏系统化看待农产品品牌并进行系统化培育的策划和解决方案，就是涉猎系统化培育农产品品牌也很难经得起时间的检验。

本书后续相关章节将对包括小米品牌在内的农产品品牌的生产经营领域实践现状、学术研究现状和咨询现状进行严密详尽的论述，在此不再赘述。

基于上述背景及现状，提出本书的研究问题，即全面、系统和深入地研究中国小米品牌问题。本书通过调查研究理清我国小米品牌培育现状及存在的问题，通过系统理论从定性和定量两个方面揭示强势的小米品牌成因成长内部机理，通过改进后的Interbrand法设计小米品牌价值评价的方法，提出系统化培育小米品牌的路径、"武安小米"系统化培育战略设计和"河北小米"三级品牌体系设计。本书的研究丰富了品牌、农产品品牌和小米品牌在概念、成长机理、决策方法、价值评价、策略研究等方面的理论与实证，具有较强的理论价值。同时，本书的研究给地方政府、行业协会，尤其是对农产品生产经营者培育小米品牌、破解小米生产经营"软肋"问题、推动以商业化为核心的生产经营提供理论依据和实践指导，将有效推动我国谷子产业高质量发展、助力乡村振兴战略，因此具有较强的运用价值和实践意义。

1.5 本书研究逻辑与技术路线

本书的研究以小米品牌为研究对象，研究其概念、现状、成长机理、价值评价、培育路径等问题。

图1.2体现的是本书的技术路线，包括研究内容、研究方法及他们之间的关系。本书首先梳理和界定品牌、农产品品牌、小米品牌等涉及的概念和理论，调查研究我国小米品牌现状，分析小米品牌培育中存在的问题；其次，通过定性的系统动态分析方法和定量的系统动力学建模与仿真，提出小米品牌价值成长机理，通过改进的Interbrand方法设计小米品牌价值评价方法；最后，提出系统化培育小米品牌的路径，分别以"武安小米"的系统化培育战略规划和"河北小米"三级品牌体系为主体进行运用研究。

本书的创新之处：第一，基于系统观界定了品牌、农产品品牌及小米品牌的内涵与外延；第二，用系统动态分析法、系统动力学建模与仿真从定性和定量化两个方面揭示小米品牌成长机理；第三，结合基于系统观的品牌认知、小米品牌价值构成与成因改进Interbrand法，设计小米品牌价值评价方法；第四，提出系统化培育小米品牌的路径；第五，基于本研究的实践创新。

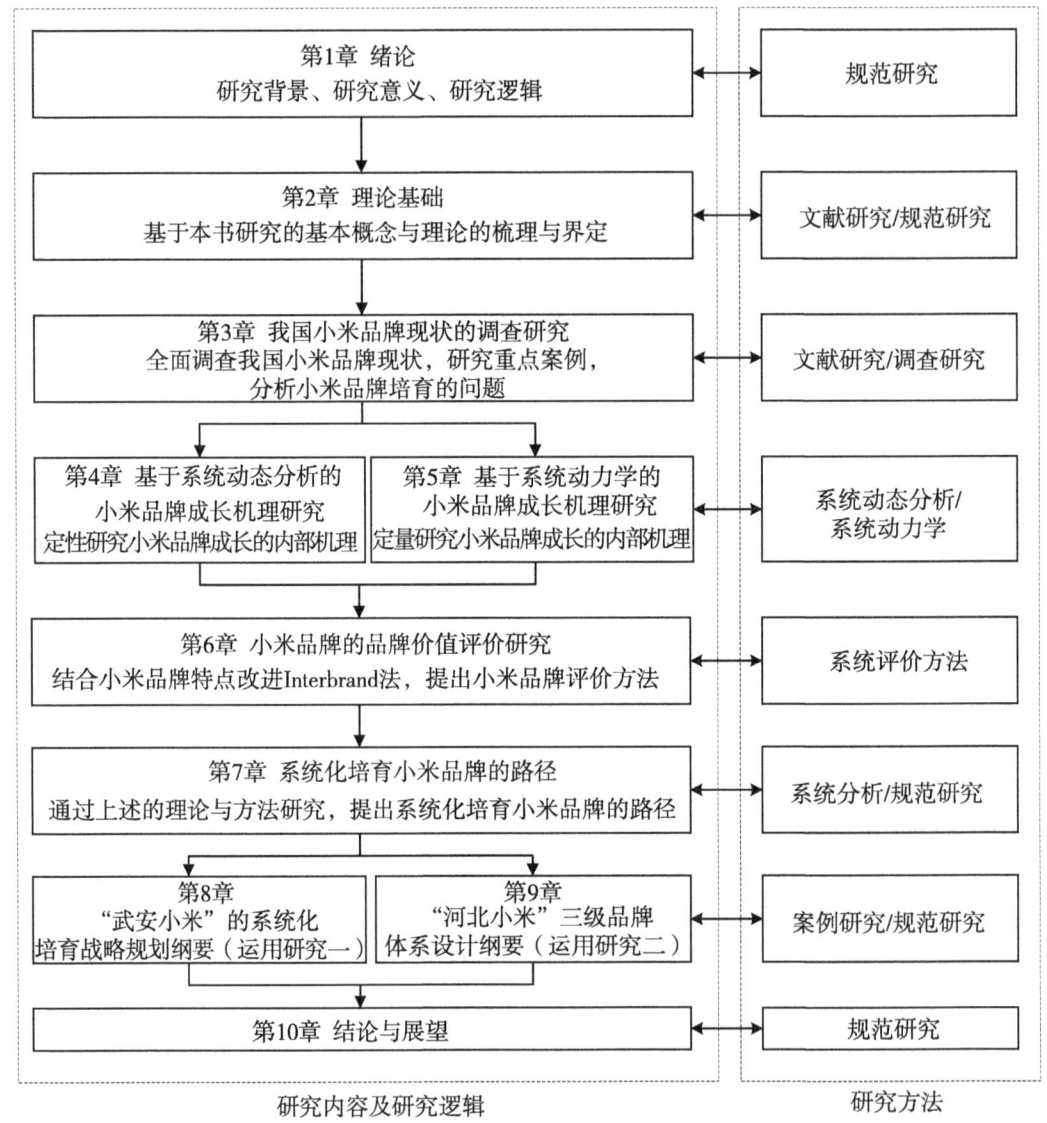

图1.2 本书研究的技术路线

参考文献

[1] 夏显力,陈哲,张慧利,等. 农业高质量发展:数字赋能与实现路径[J]. 中国农村经济,2019,12:2-15.

[2] 辛岭,安晓宁. 我国农业高质量发展评价体系构建与测度分析[J]. 经济纵横,2019,5:109-118.

[3] KELLER K A. Strategic brand management:building,measuring,and managing

brand equity (Global edition, 5e) [M]. New York: Pearson, 2020.

[4] 刁现民. 禾谷类杂粮作物耐逆和栽培技术研究新进展 [J]. 中国农业科学, 2019, 52 (22): 3943-3949.

[5] 李顺国, 刘斐, 刘猛, 等. 中国谷子产业和种业发展现状与未来展望 [J]. 中国农业科学, 2021, 54 (03): 459-470.

[6] 潘红玉, 吴敬静, 贺正楚. 中国消费升级研究的发展脉络与演进趋势 [J/OL].消费经济, 1-11 [2021-11-15]. http://kns.cnki.net/kcms/detail/43.1022.f.20211029.0931.002.html.

[7] 崔耕瑞. 消费升级、产业升级与经济高质量发展 [J]. 统计与决策, 2021 (15): 114-118.

[8] 颜建军, 冯君怡. 数字普惠金融对居民消费升级的影响研究 [J]. 消费经济, 2021 (2): 79-88.

[9] 李顺国, 刘猛, 刘斐. 河北省谷子产业发展研究 [M]. 北京: 中国农业科学技术出版社, 2018.

第 2 章 理论基础

本章梳理或重新界定品牌、品牌资产、品牌价值、农产品品牌、小米品牌等本书涉及的相关概念，以统一本书的理论语境，奠定本书的理论性基础。

2.1 品牌的本质

深入研究小米品牌，就要从理解品牌的本质开始。本节梳理品牌概念的沿革和各个流派，提出本研究基于系统观的品牌概念。

2.1.1 品牌概念的主要流派梳理

为了进一步探究品牌及品牌的本质，首先对品牌概念的主要流派进行梳理。主要包括对品牌最原始的认识，以及戴维·阿克、美国市场营销协会、凯文·莱恩·凯勒、卡普费雷尔，以及国内代表性学者何佳讯、张维迎、陈春花对品牌概念的认识。

（1）原始的品牌界定和认识

"印记"和"识别"是品牌最原始的、也是最基本的功能。品牌（brand）一词起源于古斯堪的纳威亚语"brandr"，中文含义是"烙印"。根据考证，在远古时代欧洲的游牧部落，牧民在牲畜身上刻上印记，来识别牲畜的所有者，利于市场交换和责任界定[1]。这是品牌的雏形，已经形成用于通过印记实现所有者识别和责任界定的核心功能。

我国古代，与品牌相似含义的名词是"招牌"，用于识别不同的商铺经营者，同样具有所有者识别和责任界定的功能。

（2）戴维·阿克和美国市场营销协会对品牌的认识

戴维·阿克（David A. Aaker）对品牌的认识是基于企业和顾客兼顾的视角的。他认为一个品牌就是一个独特的名称和（或）标志，既可以用来识别某一个销售商或某一群销售商销售的产品或服务，也可以来区别竞争对手的产品或服务；品牌向顾客发出产品来源信号，能够有效防范竞争对手生产外观相似的产品，保护消费者的同时保护生产商[2]。

美国市场营销协会（American Marketing Association，AMA）基本沿用了戴维·阿克的定义，将品牌定义为名称、专业名词、标记、符号或设计，或者是上述元素的组合，用于识别一个销售商或销售商群体的商品和服务，并且使它们与其竞争者的商品和服务区分开来。

(3) 凯文·莱恩·凯勒对品牌的认识

凯文·莱恩·凯勒（Kevin Lane Keller）对品牌的认识是基于顾客视角的，他认为品牌不仅仅是名称、符号、标志等外显要素，更是企业通过产品和服务在市场上创造的知名度、美誉度和显著度，最终是消费者对这些品牌要素的感知。品牌化是涉及建立思维结构和帮助消费者建立对产品或服务认知的过程，这个过程帮助消费者明确决策，为企业创造价值。他把品牌视为品牌有形要素在消费者心目中建立起来的品牌意识和品牌联想，品牌意识和品牌联想给消费者带来的对产品和服务的感觉、评价和购买的总和，是消费者对产品、服务及对应的企业所有体验和感觉的总和，是顾客对营销活动的差异化反应。凯文·莱恩·凯勒还一言以蔽之，认为强势的品牌存在于消费者心智之中[3]。何佳讯将凯勒的品牌概念总结为品牌是产品之外的附加值[4]。

凯勒还认为，一个品牌化的产品可以是实体产品，可以是服务，也可以是数字化产品和服务，还可以是线上线下的商店、人物、地名、组织或思想。一些品牌靠其产品创造竞争优势，一些品牌通过洞察消费者的各种动机、为产品创造相关或具有吸引力的各种形象来形成竞争优势，还有一些品牌通过其他与产品不关联的方式创造竞争优势。通过利用品牌化创造产品的感知差异并发展忠诚顾客，企业实现价值创造并转变为理论。

(4) 卡普费雷尔对品牌的认识

卡普费雷尔（Jean-Noël Kapferer）对品牌的界定是基于企业视角的，他认为品牌化不应该是一种类似广告、包装之类的战术决策，也不应该是仅仅关注品牌名称、标识、设计这样的品牌外显性工作，其中心概念应该是品牌身份，而不是品牌形象；品牌应该与公司业务整合起来，是业务盈利增长的工具。他指出，无论一个品牌的形象与知名度如何，如果无法为公司产生额外现金流，就没有价值。他认为要把品牌看作是有条件限制的战略性资产，它以产品的存在为前提，离开了产品，品牌的价值就无法实现，同时品牌需要一个能够产生利润的商业模式[5]。何佳讯把卡普费雷尔的品牌逻辑总结为：品牌是产品加在产品之上的附加值[4]。

(5) 何佳讯对品牌的认识

何佳讯在对三大主流品牌理论（戴维·阿克的企业与顾客视角，凯文·莱恩·凯勒的顾客视角，卡普费雷尔的企业视角）综述基础上，提出了企业与顾客协同品牌化的角度，他把该角度分为企业级品牌战略理论、企业和顾客协同共建品牌理论两个层面。企业级品牌战略是在企业整体层面上把品牌的逻辑和手段渗透到经营和发展的所有环节和过程中，实现品牌价值增值和企业长期发展，包括顶层设计、管理系统和基础系统三个层次。企业与顾客协同共建品牌是指在品牌创建和长期发展中协同运用来自企业和顾客两种力量对品牌资产进行管理[4,6]。

(6) 张维迎对品牌的认识

张维迎从声誉机制的角度揭示品牌及品牌的本质。他认为，市场不仅是一只"看不见的手"，还是一双观察和监管代理人行为的"隐形的眼睛"。陌生人之间能够合作，是因为有一双"隐形的眼睛"来监视着我们，每个人都得好好表现，对自己的行为负责。这个"隐形的眼睛"就是声誉机制，以市场为基础的声誉机制维持着活动的诚实，任何想在竞争市场中生存的人都必须建立值得信任的声誉，否则市场会将其逐出。张维迎认为一个品牌的核心是值得信任的声誉[7]。

(7) 陈春花对品牌的认识

陈春花对凯勒的品牌概念进行了符合中国人及时代特点的进一步解读。她认为品牌是一种感觉、一种理念和一种认知。这种感觉、理念和认知来源于顾客的内心共鸣，这就需要与顾客的价值和期待保持一致，还要学会描绘这种感觉、理念和认知。她还认为，品牌之所以具有巨大的魅力，是源于品牌成为顾客体验的总和，是顾客内心所引发的共鸣；顾客是品牌的核心来源，品牌应该是顾客体验的总和，而非产品或者服务本身；企业确定品牌的关键是与顾客的价值需求相一致，即品牌定位于顾客意图，而非企业核心竞争力[8]。

2.1.2 各流派品牌概念的评析

品牌的概念是随着人们不断加深认识而深化的。然而，品牌最原始的印记和标识功能始终没有改变。表 2.1 罗列了在 2.1.1 中梳理的各个流派对品牌概念的认识。

表 2.1 品牌概念主要流派梳理与评价

定义机构或人	理论构念	功能	本文评价
原始含义	烙印、印记	识别	最原始的含义往往藏着"内核"
戴维·阿克（David A. Aaker）	名称、符号；差异性	区分不同卖家的产品和服务	原始含义在企业中的拓展
美国市场营销协会（AMA）	名称、专有名词……或组合	识别、区分不同卖家的产品和服务	戴维·阿克定义的延续
凯文·莱恩·凯勒（Kevin Lane Keller）	思维结构；认知结构；品牌意识与联想	识别、区分不同企业、产品和服务	提升到消费者心智的高度
卡普费雷尔（Jean-Noël Kapferer）	条件限制的资产；产品加上产品之上的附加值	产品、服务及企业的附加值	从企业"内功"角度诠释品牌概念
何佳讯	企业和顾客协同共建品牌	全面构建品牌	从顾客和企业协同角度诠释品牌
张维迎	声誉机制	市场实时监测企业、实现优胜劣汰的工具	从市场功能角度看品牌
陈春花	感觉、理念、认知	品牌是顾客体验的总和	是凯勒概念的解读

从最原始的品牌含义，到戴维·阿克、美国市场营销协会、凯文·莱恩·凯勒、卡普费雷尔对品牌的界定，再到国内一些学者（何佳讯、张维迎、陈春花等）对品牌概念的解读，其共性是"烙印"和识别，"烙印"是品牌概念之源，识别是品牌的核心功能。在概念共性的基础上，不同学者对品牌有不同的解读。戴维·阿克和美国市场营销协会的界定是在原始界定（烙印或印记）基础上对"烙印"进行具象化界定，这些"烙印"包括名称、专用名词、组合等，强调企业、产品与服务的差异性，是基于顾客和企业角度的界定。凯勒基于顾客角度将品牌的概念进一步升华，把原始界定的"烙

印"提升到了消费者心智模式和认知结构的高度,认为品牌是消费者心目中形成的意识、联想等思维结构和认知结构。卡普费雷尔站在企业"内功"角度界定品牌的概念,认为品牌的本质归根结底是产品的附加值,没有产品的品牌是毫无价值的。陈春花对品牌的认识本质上是凯勒基于顾客角度界定的进一步解读。何佳讯在深度分析以戴维·阿克为代表的企业和顾客角度的品牌理论、以凯勒为代表的顾客角度的品牌理论及以卡普费雷尔为代表的企业角度的品牌理论基础上,提出企业与顾客协同认识和建设品牌的思想与具体路径。张维迎是从经济学的角度界定的,认为品牌本质是企业的声誉机制。

当前学术界普遍接受的是凯文·莱恩·凯勒和美国市场营销协会对品牌的界定。不同的学者对品牌的认识有所不同,但是品牌"烙印"和"印记"的初始功能并没有随着学者们深入的解读而改变,然而各位学者在深度解读品牌概念的时候,所提出的一些诸如企业运营、感知质量、顾客体验、顾客感知等要素往往是相互联系的,而不是孤立的。遗憾的是,当前学者还没有把这些本来不是孤立的品牌要素联系起来。因此,基于系统观分析和界定品牌,有利于全面认识品牌的内涵与外延。

2.1.3 基于系统观的品牌概念界定

基于系统观分析和界定品牌,有利于全面认识品牌的内涵与外延。本书在认同凯勒对品牌本质界定基础上提出品牌本质背后的成因系统。认为品牌的本质是消费者对企业和市场供给物形成的心智模式,从以下两个方面来诠释:

(1) 消费者认知和消费者关系构成消费者心智。成功的品牌形成强大的、正向的消费者心智,强大的、正向的消费者心智形成强势品牌,这与竞争者相区分,成为企业重要的无形资产。

(2) 消费者的心智模式来源于形象识别系统、产品等市场供给物对消费者的感知质量、消费者评价(包括口碑)、包括企业领导人在内的企业整体形象等环节构成的复杂大系统。

因此,本研究基于系统观认为,塑造品牌是形成消费者心智模式的系统化逻辑,强势的品牌来源于品牌的系统化塑造。

图2.1是品牌本质与建设逻辑示意图。消费者品牌认知和消费者品牌关系共同构成消费者心智。消费者品牌认知与品牌节点记忆有关,其核心是消费者识别品牌的能力,由品牌再认(认知)和品牌回忆(联想)构成,来源于品牌形象系统和传播系统。消费者品牌关系是指长期发展过程中品牌和消费者构建关系,包括消费者满意、消费者共鸣和消费者忠诚(依赖),来源于产品与服务系统与商业运营系统。危机预防与处置系统共同影响消费者品牌认知和消费者品牌关系。

2.2 品牌资产与品牌价值

当我们界定了品牌的概念以后,研究品牌并运用于实践,就要理清三大问题:
第一,如何来界定和测度一个品牌是强势的品牌、一般的品牌和弱势的品牌?
第二,如何来研究一个强势的品牌、一般的品牌和弱势的品牌的来源和成因?

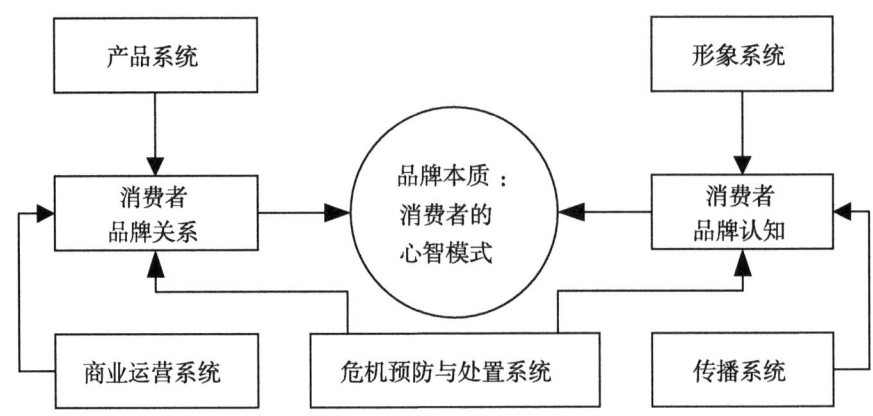

图 2.1　品牌本质与建设逻辑示意图

第三，怎样来培育一个强势的品牌？

这三个问题互为因果、相互支撑。

当前学术界主要通过评价品牌资产或品牌价值来测度品牌的强弱程度。本节通过对国内外品牌资产和品牌价值评价中指标体系的溯源分析来探究品牌强弱的来源及内在联系。

2.2.1　品牌资产与品牌价值概念的界定

西方文献中对品牌资产的概念有两个词组：brand asset，brand equity。国内学者在翻译中持不同的观点。大多数学者将"brand asset"翻译成"品牌资产"或"品牌财产"。国内对"brand equity"的翻译持两种观点：一种主张翻译成"品牌权益"，认为"equity"具有"资产净值或股东权益"的含义，如果将"brand equity"翻译成"品牌资产"的话，将无法解释与"brand asset"的关系[9-10]；另一种主张翻译为"品牌资产"，认为"权益"从中文字面上强调自我利益为中心，无法体现品牌内含的"与消费者的关系"，认为品牌是无形的，属于无形资产[11]。当前国外基本放弃了"brand asset"的概念，主要使用"brand equity"来反映品牌资产。

当前学术界普遍认同的品牌资产与品牌价值的界定是：

（1）在全球学术界不再使用"brand asset"这个词汇，主要使用"brand equity"反映品牌给市场供给物带来的超越其功能利益的附加价值。当前国内绝大多数研究者认同将"brand equity"翻译成"品牌资产"而非"品牌权益"[12]。

（2）大多研究者比较认同凯勒基于顾客的品牌资产的界定。

（3）大多研究者认为，品牌价值是基于产品或企业的概念，是品牌资产的货币化形式。品牌价值的概念逐步替代了传统的财务视角和市场视角整合的品牌资产的概念。

本书所涉及的品牌资产（Brand Equity）和品牌价值（Brand Value）概念遵循学术界普遍认同的以上观点。

2.2.2 典型的品牌价值（品牌资产）评价模型概述

国内外有上百种关于品牌资产和品牌价值评价的方法。很多评价方法在指标选定角度、算法角度等方面存在差异而本质上是大同小异的。本书选取几个具有典型意义的品牌资产或品牌价值模型来剖析，包括：戴维·阿克的五星模型、戴维·阿克的十要素模型、凯文·莱恩·凯勒的金字塔模型、扬罗必凯品牌资产评估模型、Interbrand 模型、BrandZ 模型、Financial 模型、Hirose 模型、多周期超额收益法、中国品牌价值评估模型（李桂华），表 2.2 简要总结了这几种测度方法。

表 2.2 典型的品牌价值（品牌资产）模型及主要指标

模型名称	评价目标	主要指标
五星模型（戴维·阿克）	品牌资产	品牌知名度（品牌识别、品牌回想、第一提及知名度）；感知质量；品牌联想度；品牌忠诚度（无品牌忠诚者、习惯购买者、满意购买者、情感购买者、忠诚购买者）；其他品牌专有资产
十要素模型（戴维·阿克）	品牌资产	品牌忠诚度（价格效应、满意度/忠诚度）；感知质量/领导能力（感知质量、领导性/受欢迎程度）；品牌联想/差异化（价值认知、品牌个性、企业联想）；品牌知名度；市场行为（市场占有率、市场价格与分销区域）
金字塔模型（凯文·莱恩·凯勒）	品牌资产	品牌识别（品牌显著性）；品牌内涵（品牌性能、品牌形象）；品牌反应（品牌感觉、品牌判断）；品牌关系（品牌共鸣）
扬罗必凯模型	品牌资产	品牌强度（品牌差异度、品牌相关性）；品牌高度（品牌尊重度、品牌认知度）
Interbrand 模型	品牌价值	用品牌承诺、品牌保护、品牌明晰性、品牌反应、品牌可靠性、品牌相关性、品牌了解性、品牌一致性、品牌表现、品牌差异化十个维度来测度品牌强度
BrandZ 模型	品牌价值	品牌倍数从市场大小、品牌风险和品牌成长潜力测度得来
Financial 模型	品牌价值	品牌强度通过现有表现、顾客评价和未来预期三个层面来测度
Hirose 模型	品牌价值	声誉驱动力、忠诚驱动力、延伸驱动力
多周期超额收益法[12]	品牌价值	品牌强度系数由组织行为、客户关系、市场地位、法律权益四个一级指标、若干个二级指标通过层次递阶方法测度而成
中国品牌价值评估模型（李桂华）	品牌价值	品牌表现力（规模要素、增长要素、效率要素）；品牌发展潜力（品牌营销能力、品牌成长力、品牌建设力）；品牌市场表现力（市场占有能力、超值获利能力、品牌稳定性）；消费者支持力（品牌认知度、品牌知名度、品牌美誉度、品牌满意度、品牌忠诚度、品牌联想度）

(1) 五星模型（戴维·阿克）

戴维·阿克认为品牌资产（Brand Equity）是与品牌（名称或符号）相联系的、可为公司或顾客增加或减弱产品或服务价值的资产和负债，品牌资产基于的资产和负债必须与品牌的名称或标志相联系，其来源于品牌忠诚度、品牌知名度、感知质量、除感知质量以外的品牌联想及其他品牌专属资产（专利、商标、渠道关系等），这五个方面构成"五星"（图 2.2）。他认为，品牌资产至少可以通过 5~6 种方法创造边际现金流，包括：提高营销计划效果，提高品牌忠诚度，具有较高的边际收益，可以通过品牌扩展实现自身发展，可以对分销渠道产生影响，可以成为遏制竞争对手的壁垒等[2]。

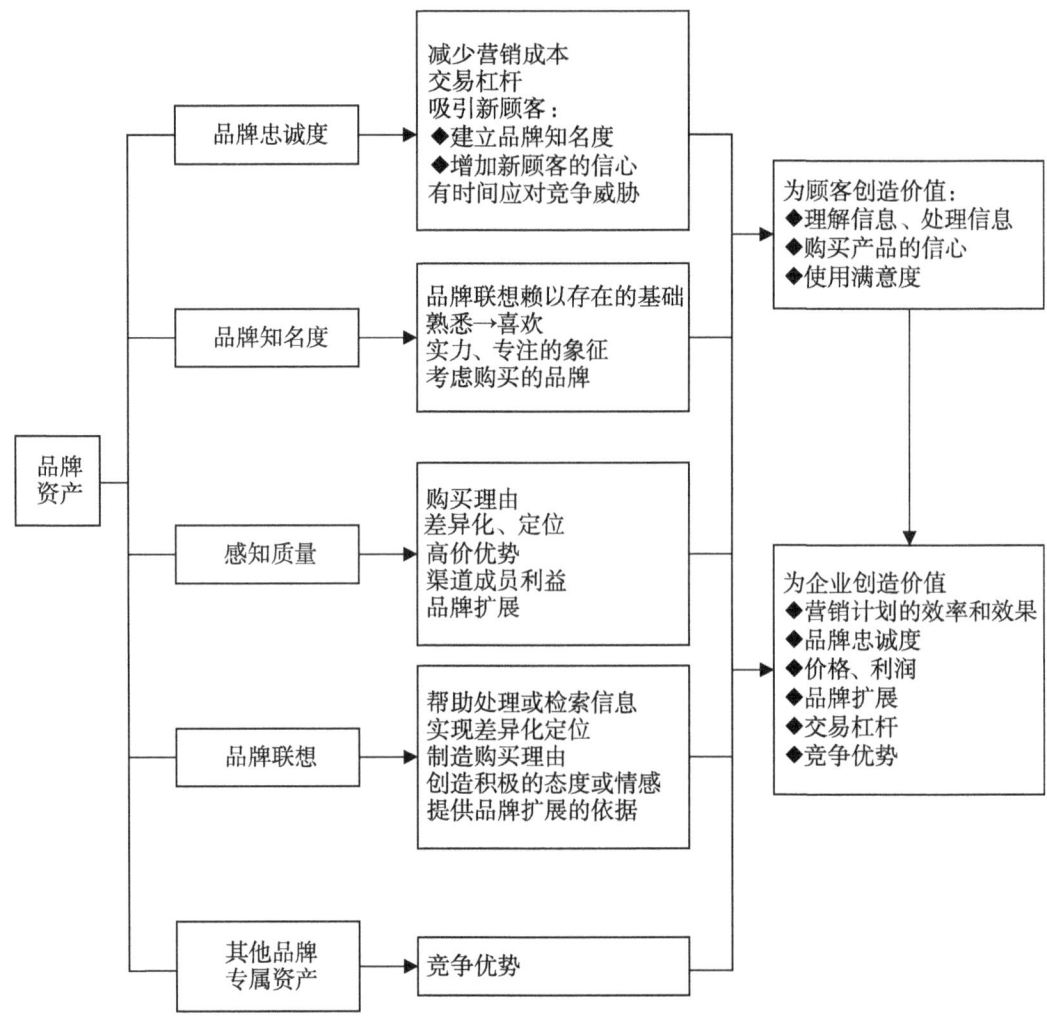

图 2.2 戴维·阿克品牌资产五星模型

资料来源：David A. Aaker. Managing brand equity: capitalizing on the value of a brand name [M]. New York: The Free Press, 1991.

（2）十要素模型（戴维·阿克）

戴维·阿克在品牌资产五星模型基础上提出要通过跨越产品和市场衡量品牌资产，提出衡量品牌资产的十要素，分为五类，前四类代表顾客对品牌资产的感知，包括品牌忠诚度、感知质量、品牌联想和品牌意识四个测度品牌资产的维度，第五类包括两套市场行为指标，代表来自市场而不是顾客的信息。见图 2.3。[13]

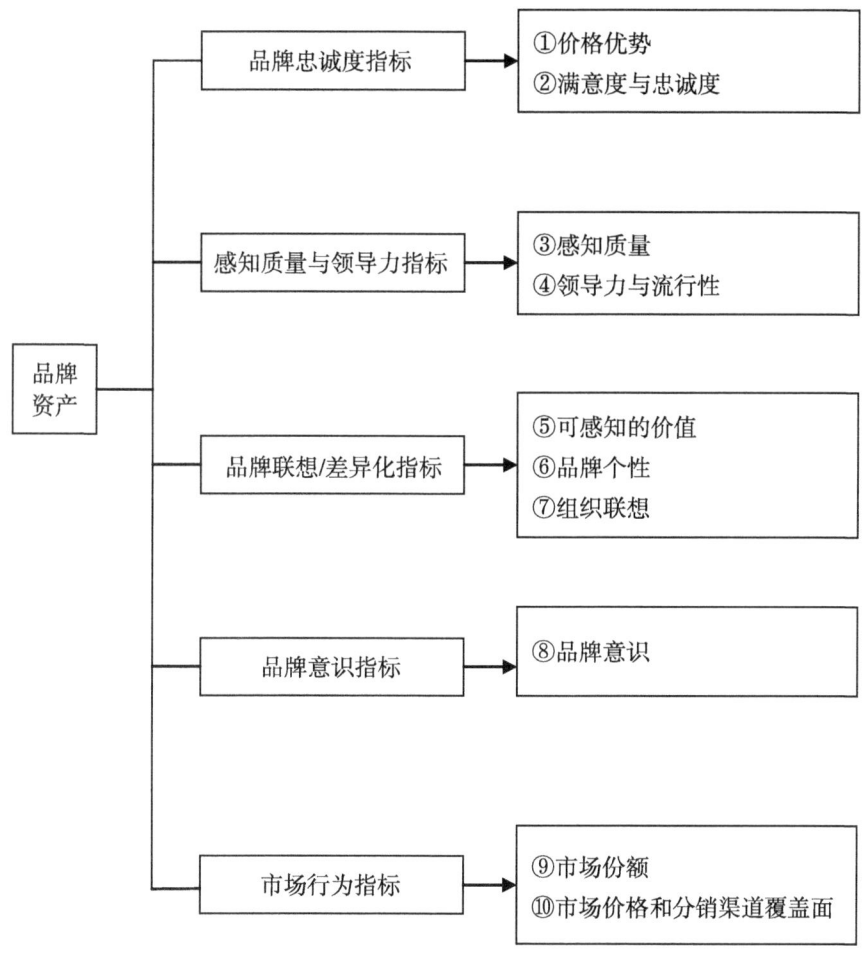

图 2.3 戴维·阿克的品牌资产十要素模型

资料来源：David A. Aaker. Measuring brand equity across products and markets [J]. California management review, 1996, 38 (3).

(3) 金字塔模型（凯文·莱恩·凯勒）

凯文·莱恩·凯勒划时代地提出了基于顾客的品牌资产（customer-based brand equity, CBBE）理论，并将其定义为：顾客品牌知识所导致的顾客对营销活动的差异化反应。当某个品牌被消费者识别出来后，消费者会更偏爱该品牌的产品时，该品牌就拥有积极的基于顾客的品牌资产。如果某个品牌拥有积极的品牌资产，则顾客更容易接受该品牌的品牌延伸，从而减少顾客对价格上涨和广告投入消减的敏感程度，或者使顾客更愿意在新的分销渠道中找到该品牌。相反，如果顾客对一个品牌的营销活动的反应比无品牌或虚拟品牌还要冷淡，那么该品牌就拥有消极的基于顾客的品牌资产。从三个方面理解基于顾客的品牌资产：第一，品牌资产源于顾客的差异化反应；第二，顾客的差异化反应来源于顾客的品牌知识，也就是顾客在长期的经验中对品牌的所知、所感、所见和所闻；第三，顾客的差异化反应表现在与该品牌营销活动各方面有关的顾客观念、喜好和行动中。[3]

形成品牌资产需要解决以下四个问题：

第一，消费者对品牌的认同，在消费者脑海中建立品牌与特定产品类别、产品效益或顾客需求之间的联系。核心问题是：解决"我是谁"的问题。

第二，基于战略思维将有形、无形的品牌联想与特定资产联系起来，在消费者心目中形成稳固、完整的品牌含义。核心问题是：解决"做什么"的问题。

第三，引导消费者对品牌做出反应。核心问题是：解决"对你的感觉如何"的问题。

第四，将消费者对品牌的反应升华为品牌共鸣，品牌与消费者形成紧密、积极和忠诚的关系。核心问题是：解决"你我关系如何"的问题。

基于认识得出基于顾客的品牌资产金字塔模型。见图2.4和图2.5。

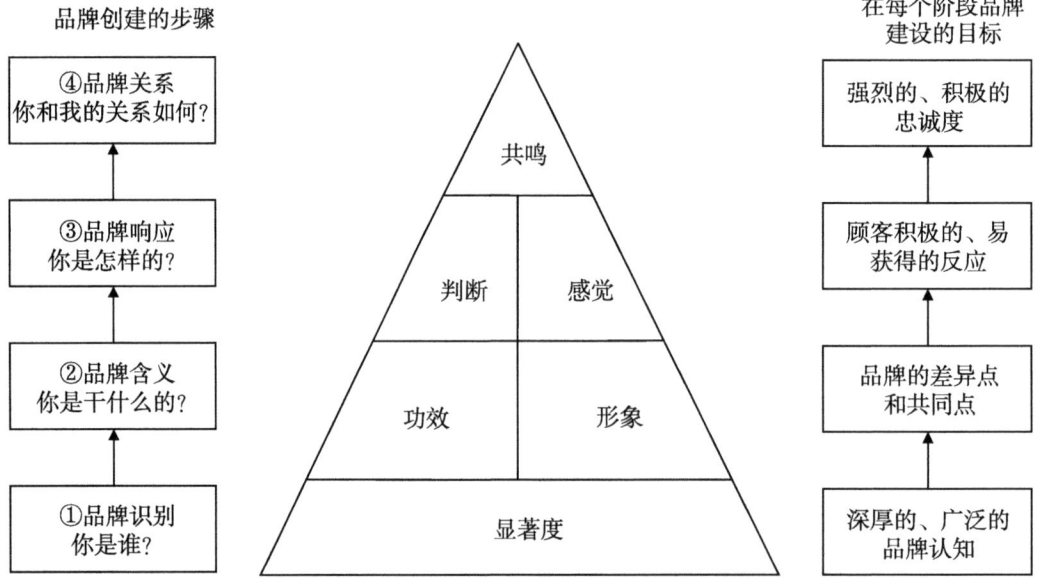

图 2.4 基于顾客的品牌资产金字塔模型

资料来源：Kevin Lane Keller. Strategic brand management：building, measuring, and managing brand equity（Global Edition，5e）［M］. New York：Pearson，2020.

（4）扬罗必凯模型

扬罗必凯公司是大型的跨国广告代理公司，该公司提出了扬罗必凯品牌资产评估模型。扬罗必凯模型的基础是品牌哲学与品牌建设模型融合。其品牌哲学强调品牌管理的本质是寻找或保持一个品牌的基因，伟大的产品和伟大的理念形成品牌的本质，拥有其核心的价值和个性、视觉识别，并通过发出各种行为与顾客对接，形成顾客的产品使用、产品记忆、产品联想、产品好感度等品牌经验主观判断与品牌接触、品牌使用体验，最终形成品牌形象。顾客因此对品牌的属性、利益、个性、价值等有了完整的了解和联想。一个品牌有其个性、生命，有其自身存在的价值和意义，它不会一成不变，而是在其发展中塑造其灵魂，回归其本质，并逐步进化成品牌，由一般品牌演化为强势品牌。然而，品牌无论如何演化，都反映在品牌的内在密码（即品牌基因）里。

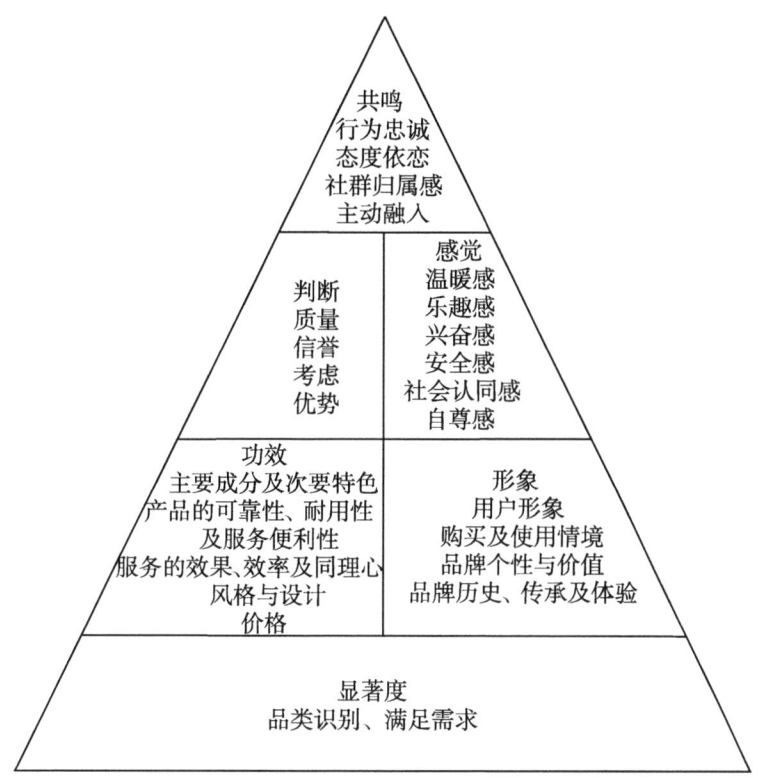

图 2.5　CBBE 模型之品牌资产形成的次级维度

资料来源：Kevin Lane Keller. Strategic brand management：building, measuring, and managing brand equity（Global Edition, 5e）[M]. New York：Pearson, 2020.

该模型提出了一套包含 32 个项目的调查问卷，该问卷除了拥有一套品牌个性测量指标以外，还包括 4 种衡量维度如下。

维度 1：差异性。衡量品牌在市场上的独特性。

维度 2：相关性。衡量一个品牌是否与消费者个人有关，该品牌是否有意义，是否合适？

维度 3：尊重。衡量一个品牌是否被高度认可，是否认为其承载的产品是最好的？这与品牌感知质量与受欢迎程度密切相关。

维度 4：认知。衡量公众对一个品牌内涵的理解。

扬罗必凯模型还认为品牌资产形成过程是依次以差异性、相关性、尊重和认知按顺序进行的。该模型还提出，品牌强度是差异性与相关性的乘积，其逻辑是品牌必须同时具备差异性和相关性两方面特征才能成为强势品牌；品牌地位由尊重和认知共同构成，而感知质量和对品牌流行程度的感知共同构成尊重，认知表明顾客知晓品牌同时理解品牌内涵。[12,14] 图 2.6 描述了该模型结构与逻辑。

通过品牌强度和品牌地位的评价结果，得到品牌资产分类矩阵，见图 2.7。

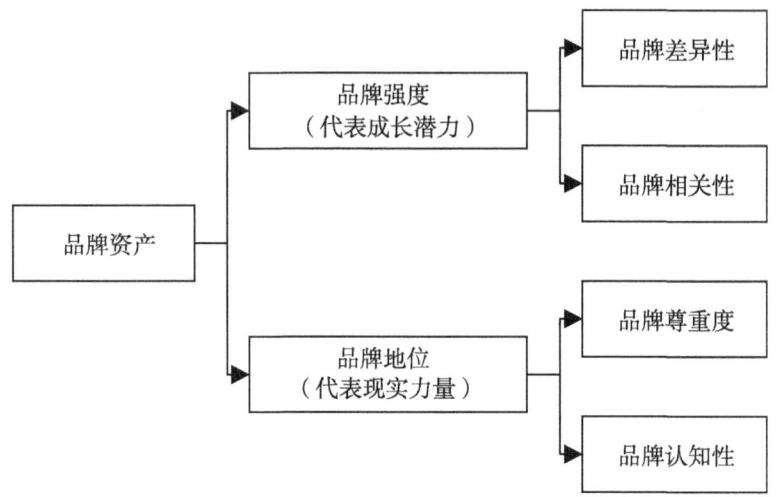

图 2.6　扬罗必凯品牌资产模型

资料来源：David A. Aaker. Building strong brands［M］. New York：Simon and Schuster，2012.

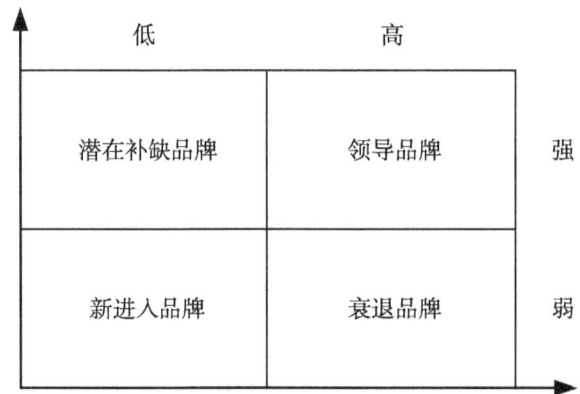

图 2.7　扬罗必凯品牌资产分类矩阵

资料来源：李桂华. 品牌价值评估理论与方法研究［M］. 北京：经济管理出版社，2020.

（5）Interbrand 品牌价值评价法

Interbrand 品牌价值评价法是 Interbrand Group 开发的评估品牌资产的综合评级方法。Interbrand品牌价值评价法的基本假设是品牌的价值不仅仅由于创造品牌所付出的成本，也不仅仅由于品牌产品比无品牌产品获得更高的溢价，更在于品牌能够让品牌所有者在未来获得很稳定的收益。换句话说，从短期看，有品牌的企业和无品牌的企业的收益差距并不明显；从长期考察，企业有无品牌、所拥有品牌强弱直接显著影响收益的稳定性。强势品牌的价值在于能为企业带来稳定的市场需求以保证企业未来稳定的收益。[1,12]

该模型认为，品牌价值和其他经济类资产一样，是未来收益的折现值。用下式表示：
$$V = E \times B$$

式中：V 代表品牌价值；E 代表品牌未来净收益；B 代表品牌强度。

根据以上公司，该模型计算品牌价值通过三个阶段来计算：

阶段一：进行财务分析。计算企业产品和服务的无形资产所带来的未来回报。用下式表示为：

无形资产未来收益＝产品或服务的未来总收益－有形资产收益

阶段二：进行市场分析。将品牌收益从无形资产收益中计算出来，确定无形资产未来收益总属于品牌创造的收益部分。用公式表示为：

品牌未来收益＝无形资产未来收益－非品牌五星资产未来收益

行业不同，品牌对顾客购买行为的影响存在差别。通过"品牌作用指数"来确定品牌收益比例。

阶段三：进行品牌强度分析。确定品牌与同行业其他品牌相比的相对地位，衡量该品牌在其未来收益转变为现实收益过程的中风险。从十个方面测度品牌强度：

——品牌承诺。公司内部对品牌的承诺或信仰，体现品牌在时间、影响力、投资方面所获得的支持程度。

——品牌保护。品牌所有者的合法权利受到法律保护的程度，主要是企业的专利权和商品专用权情况。

——品牌明晰性。品牌价值、定位和主张的明晰程度。

——品牌反应。品牌适应市场挑战、变化和机遇的能力。

——品牌可靠性。顾客对品牌的认可程度。

——品牌相关性。品牌满足顾客需求的程度。

——品牌了解性。品牌所有者和顾客了解品牌的程度。

——品牌一致性。品牌在市场的成功程度。

——品牌表现。品牌带给顾客的积极感觉。

——品牌差别化。品牌区别于竞争对手的程度。

（6）BrandZ 模型

BrandZ 模型是基于顾客的品牌资产研究模型。Millward Brown 公司通过访问众多消费者对众多品牌的认识来获取庞大的顾客数据，在彭博（Bloomberg）、数据监控（Data-moniter）等方面的市场数据的基础上，运用 BrandZ 品牌资产评估模型研究和发表年度"BrandZ 全球品牌 100 强"榜单。BrandZ 品牌价值计算方法分四个步骤：

第一，计算无形资产利润。根据市场监测数据，按照不同的国家计算每个品牌的利润总额；根据分析师报告、行业研究、收益估计等环节将无形资产创造的利润剥离出来。

第二，计算品牌贡献。在无形资产创造的利润中，确定哪些利润是由品牌带来的，计算的品牌贡献用百分比表示。该模型认为，从积累的访谈数据中挖掘顾客忠诚度指标能够很好地估算品牌在无形资产中所占的比例。

第三，计算品牌倍数。通过市场数据估算市场大小、品牌风险和品牌成长潜力，算出品牌倍数。

第四,将以上三个数据相乘,得出品牌价值。其公式为:

品牌价值=无形资产利润×品牌贡献比例×品牌倍数

BrandZ 除计算品牌价值以外,还同时计算品牌贡献和品牌动力。品牌贡献反映品牌对公司盈利的贡献程度,品牌动力反映品牌在短期内增长情况。

(7) Financial World 品牌评估方法

Financial World 品牌评估方法即 Financial 模型,是对 Interbrand 方法的继承和发展,其特色表现为两个方面:一是该方法更多地用专家意见来确定品牌的财务收益等数据;二是该方法分为产品品牌和公司品牌两个层次来评估,前者称为商标,后者称为商号。本书不再赘述该方法。

(8) 日本 Hirose 模型

Hirose 模型于 2002 年由日本经济产业省所提交的品牌价值研究方法报告首次提出。Hirose 模型提出三个主要驱动品牌价值的假说结构,即声誉驱动力(prestige driver, PD)、忠诚驱动力(loyalty driver, LD)和延伸驱动力(expansion driver, ED)。

①声誉驱动力,侧重品牌为公司创造的价格优势。声誉越高,带给企业的现金流量就越高。销售成本和广告宣传费都有助于提高产品声誉,并带来更多的品牌效益和未来现金收益,侧重于品牌为公司创造的价格优势。声誉驱动力可以用下列公式来定义:

$$PD = \frac{1}{5}\sum_{j=-4}^{0}\left\{\left(\frac{S_j}{c_j} - \frac{S_j^*}{c_j^*}\right) \times \frac{A_j}{OE_j}\right\} \times C_0$$

式中:S 表示本公司销售额(Sales of the Company);S^* 表示基准企业销售额(Sales of the Benchmark Company);C 表示本公司销售成本(Cost of Sales of the Company);C^* 表示基准企业销售成本(Cost of Sales of the Bench Company);A 表示本公司广告宣传费比率即品牌管理成本(Advertise and Promotion Cost);OE 表示营业成本(Operating Cost)。

②忠诚驱动力,侧重品牌能否在长时间内维持稳定的销售。Hirose 模型以过去 5 年销售成本的平均数据作为忠诚驱动力的代表性指标,销售成本越高,说明销售量的波动越明显。主要测度客户的品牌忠诚度,侧重于品牌能否在长时间内维持稳定的销售。忠诚驱动力可以用下列公式来定义:

$$LD = \frac{\mu_c - \sigma_c}{\mu_c}$$

式中,μ_c 表示过去 5 年平均销售成本(5-year Average of Cost of Sales);σ_c 表示销售成本标准差(Standard Deviation of Cost Sales)。

③延伸驱动力,侧重品牌在海外以及非本行业的扩张力,主要针对品牌的认知度。延伸驱动力主要测度品牌在海外以及非本行业的扩张力,主要针对品牌的认知度。延伸驱动力可以用下列公式来定义:

$$ED = \frac{1}{2}\left\{\frac{1}{2}\sum_{i=-1}^{0}\left(\frac{SO_i - SO_{i-1}}{SO_{i-1}} + 1\right) + \frac{1}{2}\sum_{i=-1}^{0}\left(\frac{SX_i - SX_{i-1}}{SX_{i-1}} + 1\right)\right\}$$

式中:SO 表示海外销售额(Overseas Sales);SX 表示非本行业销售额(Sales of

Non-core Business Segments）。

Hirose 模型若以数学计算式表达，如下所示：

$$BV = f \times (PD, LD, ED) = PD/r \times LD \times ED$$

$$= \left[\frac{1}{5}\sum_{i=-4}^{0}\left\{\left(\frac{s_i}{c_i} - \frac{s_i^*}{c_i^*}\right) \times \frac{A_i}{OE_i}\right\} \times C_0\right]/r \times \frac{\mu_c - \sigma_c}{\mu_c} \times$$

$$\frac{1}{2}\left\{\frac{1}{2}\sum_{i=-1}^{0}\left(\frac{so_i - so_{i-1}}{so_{i-1}} + 1\right) + \frac{1}{2}\sum_{i=-1}^{0}\left(\frac{sx_i - sx_{i-4}}{sx_{i-4}} + 1\right)\right\}$$

式中：

PD = 超额利润率（Excess Profit Ratio）×品牌起因率（Brand Attribution Rate）×本公司销货成本（Cost of Sales）

= 过去五年平均｛（本公司销售额/本公司销售成本-基准企业销售额/基准企业销售成本）×本公司广告宣传费比率｝×本公司销售成本

LD =（销售成本 μ -销售成本标准差 σ）/销售成本 μ

ED = 海外销售额成长率（Average of Overseas Sales Growth Rate）以及非本业销售额的平均（Average of Sales Growth Rate of Non-core Business Segment）

（9）多周期超额收益法

多周期超额收益法是 GB/T 29188-2012 采用的品牌价值评价方法，其基本思想和内核来源于 Interbrand 评价方法。

多周期超额收益法是计算扣除企业经营所需的所有其他资产的收益后的未来剩余现金流的现值来测算品牌价值。基于多周期超额收益法计算企业或企业集团品牌价值的数学表达式为：

$$V_B = \sum_{t=1}^{T} \frac{F_{BC,t}}{(1+R)^t} + \frac{F_{BC,T+1}}{(R-g)} \cdot \frac{1}{(1+R)^T}$$

式中：V_B 表示品牌价值；$F_{BC,t}$ 表示 t 年度品牌现金流；$F_{BC,T+1}$ 表示 $T+1$ 年度品牌现金流；T 在高速增长时期，根据行业特点，一般为 3~5 年；R 表示品牌价值折现率；g 表示永续增长率，可采用长期预期通货膨胀率。

其中，每年的品牌现金流 F_{BC} 计算公式为：

$$F_{BC} = (P_A - I_A) \times \beta$$

式中：F_{BC} 表示当年度品牌现金流；P_A 表示当年度调整后的企业净利润，适用时考虑非经常性经营项目影响，I_A 表示当年度企业有形资产收益；β 表示企业无形资产收益中归因于品牌部分的比例系数。预测高速增长期及更远期的品牌现金流时，可采用将评价基准年前 3~5 年品牌现金流加权平均等方法进行预测。

有形资产收益计算公式为：

$$I_A = A_{CT} \times \beta_{CT} + A_{NCT} \times \beta_{NCT}$$

式中：I_A 表示有形资产收益；A_{CT} 表示流动有形资产总额；β_{CT} 表示流动有形资产投资报酬率；A_{NCT} 表示非流动有形资产总额，β_{NCT} 表示非流动有形资产投资报酬率。流动有形资产收益率可参照中国人民银行公布的短期基准贷款利率进行计算，如 1 年期银行贷款基准利率；非流动有形资产收益率可参照中国人民银行公布的长期基准贷款利率进行计算，如 5 年期银行贷款基准利率。

品牌价值折现率计算公式为：

$$R = Z \times K$$

式中：R 表示品牌价值折现率；Z 表示行业平均资产报酬率；K 表示品牌强度系数。行业平均资产报酬率可通过计算相近行业、类型和规模的上市企业平均资产报酬率得到，也可通过统计调查等方式获得行业平均资产报酬率。

品牌强度系数由组织行为（K_1）、客户关系（K_2）、市场地位（K_3）、法律权益（K_4）等一级指标，按下列公式计算：

$$K = \sum_{i=1}^{4} K_i \times W_i$$

式中：K 表示品牌强度系数；K_i 表示第 i 个一级指标评估值；W_i 表示第 i 个一级指标对品牌强度系数 K 的影响权重。若组织行为（K_1）、客户关系（K_2）、市场地位（K_3）、法律权益（K_4）等方面指标由二级指标构成时，可用下式计算：

$$K_i = \sum_{j=1}^{j} K_{ij} \times W_{ij}$$

式中：K_i 表示第 i 个一级指标得分；K_{ij} 表示第 i 个一级指标下的第 j 个二级指标评估值；W_{ij} 表示第 j 个二级指标对一级指标 i 的影响权重。根据我国企业和市场实际情况，通过特定的转化方法，将品牌强度系数取值范围限定在科学的范围内，如取值范围为 0.6~2。

品牌强度系数指标体系中组织行为（K_1）方面由质量先进性（K_{11}）、创新能力（K_{12}）和品牌建设（K_{13}）三个二级指标构成。客户关系方面（K_2）指标可包括：品牌形象、顾客满意度、品牌忠诚度等。市场地位方面（K_3）指标可包括：企业或企业集团在行业中的领导地位、品牌知名度、国际市场开拓情况、品牌历史等。法律权益方面（K_4）的指标可包括：是否属于国家鼓励类产业；参与地方、行业、国家、国际标准制定情况；获得驰名商标、（省级）中国名牌、中华老字号等称号情况；获得地理标志产品、原产地证书等情况；是否属于知名品牌创建示范区范围；知识产权受保护情况，如注册商标、著作权、科技成果权；传统知识、遗传资源等。

2020 年 12 月实施的 GB/T 39654-2020 从有形要素、质量要素、创新要素、服务要素、无形要素五个一级指标、若干个二级指标来测度品牌强度。

（10）中国品牌价值评估模型（李桂华）

李桂华对不同行业和不同地域的企业和客户进行调查的基础上，探索品牌评价指标体系的科学性和系统性来弥补单一财务数据评价的片面性，结合财务指标和非财务指标提出中国品牌价值评估模型，提出财务表现力、发展潜力、市场表现力和消费者支持力四个维度。[12] 图 2.8 详细描述了中国品牌价值评价模型的指标体系。财务表现层面指标主要参考中国社会科学院中国产业与企业竞争力研究中心的企业竞争力检测体系，分为规模因素、增长因素和效率因素三个二级指标；品牌发展潜力是一个品牌在目标市场比竞争对手做得更好的能力，是品牌获得竞争优势的来源，分为品牌营销能力、品牌成长力和品牌建设力三个二级指标；品牌市场表现力主要引用于北京名牌资产评估有限公司

"名牌法"（名牌法参考美国 Financial World），包括市场占有能力、超值获利能力、品牌稳定性三个指标；消费者支持力来源于凯勒的品牌金字塔模型和扬罗必凯品牌价值评估模型，包括品牌认知度、品牌知名度、品牌美誉度、品牌满意度。

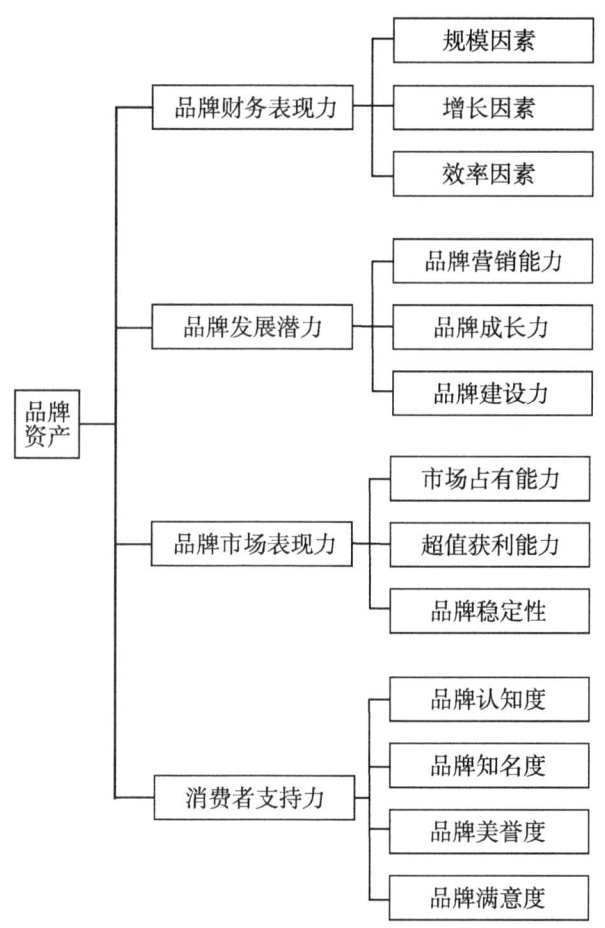

图 2.8 中国品牌价值评价模型（李桂华）指标体系

李桂华对指标体系进行了实证检验，通过层次分析法给各级指标的权重给予了赋值，构建了中国品牌强度计算模型和品牌价值计算模型。

2.2.3 对品牌资产（价值）评价模型的评价

阿克的品牌资产五星模型尽管是概念模型，但为后人深入和全面探讨品牌资产构成奠定了基础。阿克的品牌资产十要素模型是品牌资产五星模型的深化，兼顾了长期的品牌强度和短期的财务指标，同时兼顾了顾客对品牌的认知和市场对品牌的反应。凯勒的品牌资产金字塔模型是基于顾客的品牌资产理论，对品牌本质和品牌资产的认识是突破性的，它全面诠释顾客对品牌认知过程的层次变化，揭示了品牌资产变化规律。扬罗必凯品牌资产评估模型从顾客出发，立足于品牌演化过程中顾客对品牌差异化、品牌基因、品牌本质的认知。Interbrand 品牌价值评估模型借助了财务模型来评估品牌价值。

Financial World 继承和发展了 Interbrand 模型。BrandZ 品牌价值评估模型基于顾客的访问数据作为评价依据,从市场和顾客两个方面进行评估,不仅反映品牌的财务价值,还反映品牌的成长潜力。Hirose 模型将品牌价值纳入财务报表,计算过程全部量化。GB/T 29188-2012 多周期超额收益法通过计算将来一个时期内品牌的现金流对当期现值得到品牌价值。李桂华的中国品牌价值模型采用层次递阶指标体系的方式构建中国品牌价值评价指标体系,通过层次分析法、调查研究、S 型增长赋值、品牌价值计算模型等方法对品牌价值进行估算,从本质上该方法是 Interbrand 法符合中国企业和品牌实践的延伸和发展。

这些品牌价值(品牌资产)评估模型,从不同的角度揭示了品牌价值(品牌资产)。他们有区别,也有联系,有相通的地方,也有不同角度的诠释。但是,这些方法和指标体系更多的是从静态的结果层面来考虑的,没有从动态的成长演变层面来考虑,各指标相互孤立,基本不涉及对指标之间因果关系的判断。

2.3 农产品与农产品品牌

2.3.1 农业品牌及分类

农业品牌是对农业供应链各节点产品与服务所形成的消费者心智。农业供应链各节点包括:农业生产资料(农资)、农产品、农产品加工品、农产品流通、农业旅游产品、三产融合产品。农业品牌包括:农资品牌、农产品品牌、农产品加工品品牌、农产品流通品牌、农业旅游品牌、三产融合品牌(图 2.9)。

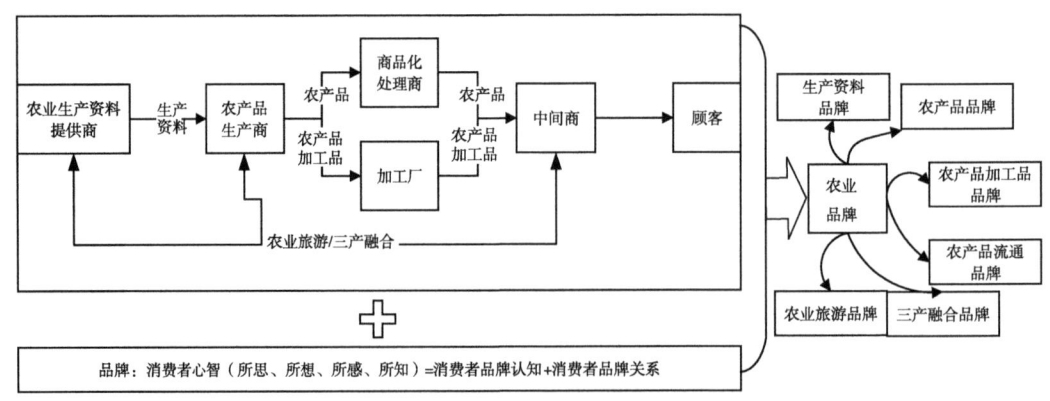

图 2.9 农产品品牌分类示意图

本研究聚焦于农产品品牌。

2.3.2 农产品特征与分类

本书对农产品概念遵循《中华人民共和国农产品质量安全法》上的界定:农产品是指来源于农业的初级产品,即在农业活动中获得的植物、动物、微生物及其产品。[15]

农产品作为初级的农业产品，包括种植业、畜牧业和渔业产品，不包括经过加工的各类产品。

农产品具有以下特征：

(1) 农产品接近绝对需求。

(2) 农产品需求比较稳定，农产品需求弹性小于供给弹性，农产品供给量发生的较小变化，都可能导致农产品市场价格发生暴涨或暴跌。

(3) 农产品生产具有明显的季节性、周期性和地域性。

(4) 农产品生产受气候条件的影响较大，年度之间的产量难以保持稳定，市场难以实现均衡。

(5) 大多数农产品具有地域禀赋，品质与区域有直接的关联性。

农产品存在以下主要类别：

(1) 烟叶。以各种烟草的叶片经过加工制成的产品，因加工方法不同，又分为晒烟叶、晾烟叶和烤烟叶。

(2) 毛茶。从茶树上采摘下来的鲜叶和嫩芽（即茶青），经吹干、揉拌、发酵、烘干等工序初制的茶。

(3) 食用菌。自然生长和人工培植的食用菌，包括鲜货、干货以及农业生产者利用自己种植、采摘的产品连续进行简单保鲜、烘干、包装的鲜货和干货。

(4) 瓜、果、蔬菜。自然生长和人工培植的瓜、果、蔬菜，包括农业生产者利用自己种植、采摘的产品进行连续简单加工的瓜、果干品和腌渍品（以瓜、果、蔬菜为原料的蜜饯除外）。

(5) 花卉、苗木。自然生长和人工培植并保持天然生长状态的花卉、苗木。

(6) 药材。自然生长和人工培植的药材。不包括中药材或中成药生产企业经切、炒、烘、焙、熏、蒸、包装等工序处理的加工品。

(7) 粮油作物。包括：小麦、稻谷（含粳谷、籼谷、元谷），大豆、杂粮（含玉米、绿豆、赤豆、蚕豆、豌豆、荞麦、大麦、元麦、燕麦、高粱、小米、米仁）、鲜山芋、山芋干、花生果、花生仁、芝麻、菜籽、棉籽、葵花籽、蓖麻籽、棕榈籽、其他籽。

(8) 牲畜、禽、兽、昆虫、爬虫、两栖动物类。包括：牛皮、猪皮、羊皮等动物的生皮；牲畜、禽、兽毛（未经加工整理的动物毛和羽毛）；活禽、活畜、活虫、两栖动物，如生猪、菜牛、菜羊、牛蛙，等等；光禽和鲜蛋（光禽，是指农业生产者利用自身养殖的活禽宰杀、褪毛后未经分割的光禽）；动物自身或附属产生的产品（如：蚕茧、燕窝、鹿茸、牛黄、蜂乳、麝香、蛇毒、鲜奶，等等）；其他陆生动物。

(9) 水产品。包括：淡水产品（淡水产动物和植物的统称）；海水产品（海水产动物和植物的统称）；滩涂养殖产品（利用滩涂养殖的各类动物和植物）；水产品类（包括农业生产者捕捞收获后连续进行简单冷冻、腌制和自然干制品）。

(10) 林业产品。包括：原木（将伐倒的乔木去其枝丫、梢头或削皮后，按照规定的标准锯成的不同长度的木段）；原竹（将竹砍倒后，削去枝、梢、叶后的竹段）；原木、原竹下脚料（原木、原竹砍伐后的树皮、树根、枝丫、灌木条、梢、叶等）；生漆、天然树脂（漆树的分泌物，包括从野生漆树上收集的大木漆和从种植的漆树上收集的小木漆）；天然树脂（木本科植物的分泌物，包括松脂、虫胶、阿拉伯胶、古巴胶、黄芪胶、丹麦胶、天然橡胶等）；除上述以外的其他林业副产品。

（11）其他植物。包括：棉花（未经加工整理的皮棉、棉短绒、籽棉）；麻（未经加工整理的生麻、宁麻）；柳条、席草、蔺草；其他植物。

（12）上述第（1）条至第（11）条所列农产品应包括种子、种苗、树苗、竹秧、种畜、种禽、种蛋、水产品的苗或种（秧）、食用菌的菌种、花籽等。

2.3.3　农产品品牌概念沿革

国外文献未找到专门针对农产品品牌的定义，只是作为品牌下的一个分类。国内从20世纪90年代中期开始研究农产品品牌，国内学者对农产品品牌有不同视角的界定。田园、苏霞（2012）等认为农产品品牌是指消费者对某一特定农产品的总体形象和认知水平的一种评价，以商标、包装、产品简介等信息为表现形式来达到区别其他普通农产品而形成强大的竞争优势的目的，而这一优势来源于以质量等级、品种类别、单位价格、产地等差异为基础塑造出来的农产品品牌。[16] 张可成（2009）认为农产品品牌就是特殊的标记符号，向消费者传达农产品信息集合和承诺，代表一种关系型契约[17]。孙莉娜（2012）认为农产品品牌是能满足市场需求和经济社会发展的具有独特性和竞争优势的名称、标识的组合，是农产品经营者通过分析当地经济、社会和文化等因素后的智慧结晶[18]。白光等（2006）、胡晓云（2007）、李敏（2008）主要从传播学和广告学理论角度出发，认为农产品品牌是一种识别标记[19-21]。著者在之前的著作中（2014）认为农业品牌在融合地方的政治、经济、社会与人文等各要素基础上，设计的能与地方社会经济发展与农业市场相适应的产品名称与标识的组合，目的是彰显地方农业自身个性与提升市场竞争能力[22]。

2.3.4　本书对农产品品牌概念的界定

当前尽管对农产品品牌的概念有诸多界定，尽管这些界定都有道理，但离农产品品牌的本源还有一定的距离。2.1节提出了品牌的分类，2.3.2论述了农产品概念和农产品特征。本书认为，农产品品牌的概念要从农产品特征与品牌本质相融合的角度去理解。

图2.10体现的是由农产品特征和品牌本质相融合形成农产品品牌内涵与外延的基本逻辑。农产品品牌是消费者对农产品的心智模式，包括消费者品牌认知和消费者品牌关系，具有以下特点：

（1）消费者品牌认知层面，农产品品牌季节性、周期性和地域性等自然特征，以及地域禀赋所构成的品质特色是最重要的再认和回忆要素，将成为形象系统和传播系统建设中的竞争性差异点。

（2）消费者品牌关系层面，以地域、品种、生产管理、贮藏与商品化处理为主要内容的品质成因系统，以供应链管理和营销管理为核心的商业运营系统是品牌消费者关系来源，其强弱决定了品牌消费者关系的强弱，从而构成另一个竞争性差异点。

（3）根据农产品特点及品牌的本质，将农产品品牌分为农产品区域公用品牌和农

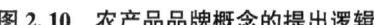

图 2.10　农产品品牌概念的提出逻辑

产品企业自有品牌，前者为区域内农民共同拥有，后者是企业独自享受品牌的知识产权。

（4）绝大多数农产品属于食品，一部分农产品具有鲜活性特征。这决定了消费者品牌认知与消费者品牌关系以品质和鲜活性为基础。

（5）农产品品质评测具有很强的复杂性，单纯用检测数据和单纯用感官评测都难以反映其产品特征。这决定了农产品品牌的消费者品牌认知和消费者品牌关系更多取决于消费者感知的复杂性。

（6）农产品品质成因非常复杂，且受自然环境变化的影响非常大，产品品质很难稳定和标准化。这决定了农产品品牌很难形成稳定的消费者品牌认知和消费者品牌关系。

（7）农产品产业属于弱质产业，周期长、单位利润低、经营门槛低，很难吸引优秀的人才和资本进入这个行业。这决定了企业自有品牌整体实力较弱。

（8）以区域为主体建设的农产品区域共有品牌所有权为当地所有的人，这决定了在此区域共有品牌下的品质"良莠不齐"，直接负面影响品牌认知和品牌关系，从而形成"公地悲剧"。

2.3.5　农产品区域公用品牌与农产品企业自有品牌

国家标准 GB/T 36880-2018《品牌 分类》把品牌分为企业品牌、产品品牌、区域品牌和其他品牌。企业品牌是指针对企业，专门分辨企业的名称、用语、符号、标识、设计或其组合为主要载体的品牌；产品品牌是指针对产品，专门分辨产品的名称、用语、形象、标识、设计或其组合为主要载体的品牌；区域品牌是指针对特定区域，适用于某个区域范围内形成的具有相当规模和较强生产能力、较高市场占有率和影响力的产品（服务），或区域本身（城镇或城市）；其他品牌是指非盈利品牌等上述未涉及的品牌类型。

学术界、咨询界和实业界简单地根据该标准的分类把农产品品牌分为产品品牌、企业品牌和区域公用品牌。本书认为这种分类是不恰当的，不利于深入探讨农产品品牌的本质、成长机理、培育路径等涉及农产品品牌方面的研究。这是因为：第一，农产品品牌其载体是农产品，本质是产品品牌，而 GB/T 36880-2018 是基于广泛的品牌概念划分类别的，企业品牌的主体是企业，产品品牌的主体是产品，区域品牌的主体是区域或区域内特色产品。用泛指的品牌分类模式去给一个特定的农产品品牌去分类，显然在逻辑上是难以自洽的。第二，农产品品牌自然禀赋特征和农产品提供者的信誉特征对生产者、经营者和消费者在信息提供、购买决策等方面的特殊性，把其按品牌所有者和使用权限分为区域公用品牌和企业自有品牌更利于研究农产品品牌的本质、机理、培育等问题。

农产品区域公用品牌，指的是表征某个区域内对某农产品的品牌认知和品牌关系，突出的是地域禀赋形成的独特品质对消费者带来的消费者品牌认知和消费者品牌关系。农产品企业自有品牌指的是所有权归农产品生产经营者所有的农产品品牌，突出的是农产品企业对消费者品牌认知和消费者品牌关系，其核心是农产品企业对消费者的承诺、消费者对农产品企业信赖的动态平衡，其价值在于农产品企业的信誉。

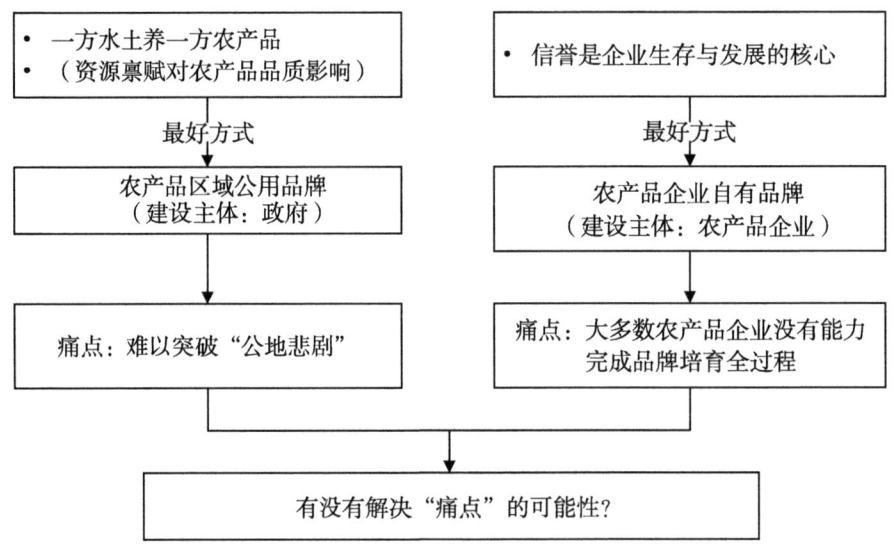

图 2.11　农产品区域公用品牌与企业自有品牌建设逻辑

图 2.11 展现的是按照农产品区域公用品牌和企业自有品牌分类后对农产品品牌研究的作用。农产品区域公用品牌的建设主体是当地政府或政府授权的行业协会、企业等，使用者为区域的所有农民。农产品区域公用品牌之所以存在是因为不同区域禀赋带给农产品品质的差异性，可谓"一方水土养一方农产品"，当一提及诸如"烟台苹果""莱阳梨""赵县雪梨""燕山板栗"等区域公用品牌，给人带来的联想是这个地区的该类农产品独特的品质，比如：烟台苹果的卖相和水分，莱阳梨的水分和香气，赵县雪梨的大和香，燕山板栗的香、甜和糯。然而，"公地悲剧"是农产品区域公用品牌无法回避也难以解决的"痛点"，尽管认证商标不允许不符合标准的当地农民使用，但是农村独有特点及区域公用品牌的独有特点，无法遏制不符合标准的农民使用区域公用品牌的名号。

农产品企业自有品牌所有权是品牌注册人，使用者是品牌注册人自身或其授权的企业和个人。农产品企业自有品牌最大的魅力是通过产品构建企业信誉，一次性博弈下，农产品企业往往会要小聪明而提供劣质农产品；如果重复博弈情形，农产品企业会通过维持让消费者认可的品质而构建自己的信誉，实现企业长期存在和盈利。但是，农产品行业是一个"好汉子看不上，赖汉子干不了"的尴尬行业，农产品企业在内的生产经营者大多数小且弱，从业者素质普遍较低，完全靠农产品生产经营者来培育品牌、实现经营的良性循环比较困难，这是企业自有品牌培育中的"痛点"。

能不能找出一种方案，同时解决农产品区域公用品牌和企业自有品牌的"痛点"？这是摆在当前农产品品牌培育与运营的核心问题，也是本书力求破解的问题。

2.4 小米品牌的内涵与外延

2.4.1 小米的发展历史简况

粟在我国有悠久的栽培历史，在黄河流域的种植可以追溯到8000年前。学界一般认为，中国是粟的发源地。1976年，考古人员在河北省武安市磁山遗址里发现了上百个粮食窖穴，其中有80个还保存有粮食。经考证，保存的粮食大多数是粟，距今已有8 700年。2003年，考古人员在敖汉旗兴隆沟发掘出了粟和黍的碳化标本，经考证距今8 000年。公元前3000年到公元前2000年，粟开始向外传播，向东到达朝鲜半岛、现代俄罗斯的远东地区、日本的九州，向西传播到甘肃、新疆一带，向南传播到长江流域。从此粟传到了世界各地，也发展出了各种各样的品种。

随着时间的推移，我国逐渐形成了南北两大农业体系，即在北方以粟作为主的农业体系和在南方以稻作为主的农业体系。《史记·伯夷列传》载："武王已平殷乱，天下宗周，而伯夷、叔齐耻之，义不食周粟，隐于首阳山，采薇而食之。"李绅《悯农》："春种一粒粟，秋收万颗子。四海无闲田，农夫犹饿死。"杜甫《忆昔》："忆昔开元全盛日，小邑犹藏万家室。稻米流脂粟米白，公私仓廪俱丰实。九州道路无豺虎，远行不劳吉日出。齐纨鲁缟车班班，男耕女织不相失。"从这些典故中可以看出古代粟在人们生存和生活中的重要地位。

2.4.2 小米营养概述

小米营养价值丰富，具有很强的保健功能，《本草纲目》记载：粟米"益丹田、补虚损、开肠胃"，主治养肾气、去脾胃中热、益气，它集中了滋补和治疗两大功能。《食疗本草》认为小米可促使妇女产后乳汁分泌，还具有养胃功能。小米含有较少的粗纤维，对肠胃的刺激较小，易消化；发芽的小米是一味中药，健脾和胃作用较为突出。中医还认为小米在健脾胃的同时还有助于缓解脑力不足、失眠易怒症状。相比其他食物，小米中色氨酸含量较高，色氨酸有助于改善睡眠质量、减少倦怠、提高人体情绪。长时间熬制小米粥浮于其上的黏稠物"粥油"有"代参汤"美誉，营养丰富，富含雌激素，是妇女产后调理身体、促进乳汁分泌的上乘之选。[23]

淀粉含量占小米干物质的57%~70%，是小米最主要的成分，小米的食用品质、加工品质与淀粉组成、分子量大小、结构与形态有相关关系。小米淀粉的显著特点是持水力强、凝胶稳定性好、糊化温度高、膨胀度高。蛋白质含量占小米干物质的 12%~15%，生物价为 57，消化率达 80%，显著优于其他谷物。小米蛋白中均含有人体必需的多种氨基酸，谷氨酸平均含量最高。血浆中高密度脂蛋白的浓度可以通过小米蛋白得到显著提高，抗动脉粥样硬化的功效较为明显；胆固醇的代谢也可通过小米蛋白得到调整；小米蛋白可修复由 D-半乳糖胺导致的肝损伤，具有保肝疗效。小米脂肪含量均值 4.5% 左右，属优质脂肪，如含有人必需且不能自身合成的亚油酸、亚麻酸，他们具有防血栓、抗癌、调节免疫力等功能，亚油酸与亚麻酸也可抑制淋巴肉瘤。小米中含有的酯化胆固醇可用来提高脑活力，预防高血压、高血脂等疾病。小米中膳食纤维具有提高免疫力、助消化、滋补、抑菌等作用。小米中膳食纤维可预防消化道疾病，促进肠道蠕动。小米中还富含铁、钙和硒等多种矿物质元素，其中铁含量比大米高出 1 倍，有补气血、通大便作用。小米中含硒量丰富，有助于防癌、抗衰老。除此以外小米还有黄酮、多酚、多糖、黄色素等有益元素。因此，小米是健康性很高的产品，是优良的杂粮甚至主食。[23-25]

2.4.3 食用小米品质、感知质量及来源

小米食用品质用营养品质、感官品质和加工品质三个方面来反映，受营养成分含量的显著影响，而理化指标又反映了小米的食用品质，所以从小米的营养成分和理化指标也能反映出小米的食用品质[24]。

淀粉的主要成分是支链淀粉和直链淀粉，其含量、分子量大小以及其两者之间的比例直接影响小米的食用品质。支链淀粉分子不易回生，分支多，空间阻碍大；直链淀粉分子易回生，空间阻碍较小。直链淀粉是影响食用品质最主要的因素之一，直链淀粉含量高的小米饭食用品质较低，感官评分低；直链淀粉含量低而支链淀粉含量高的小米饭食用品质和感官品质都较高。[23,25,26]

蛋白质含量很大程度会影响小米的食用品质，小米饭适口性低可能是由于蛋白质含量高，整体结构紧密，淀粉分子空隙小，蒸煮时米粒的吸水速度和吸水量变少减慢，淀粉糊化困难。脂肪酸的含量对小米食用品质有显著性影响。脂肪酸含量增加会导致在加热过程中被困在小米粥中的空气量增加使黏度降低。食味感官品质与脂肪含量呈显著正相关，这可能是因为脂肪含量高的小米的黏聚性、柔软性、滋味、适口性等指标较好。小米水分含量对米饭食用品质有显著影响，小米水分含量增加则小米饭硬度会减小，含水量的高低会影响小米饭的黏度。

实际上，针对小米品牌，更关注小米的感知质量，即一个品牌所承载的小米产品给消费者带来的效应。因此，借鉴 TSXITS 0005-2021《山西小米粥感官评价方法》、GB/T 11766-2008《小米》、TSXAGS 0010-2020《山西好粮油 小米》、中化集团《熊猫指南》[27]等标准，得出食用（粥）小米感知质量品评，即：色泽、均匀性、香气和滋味适口性，见图 2.12。

小米品质按其影响程度排序一般会认为主要由以下因素决定的：
（1）品种。不同品种，不同性状，这是第一决定因素。
（2）区域。"一方水土养一方小米"，资源禀赋（气候、土壤等）造就不同的小米

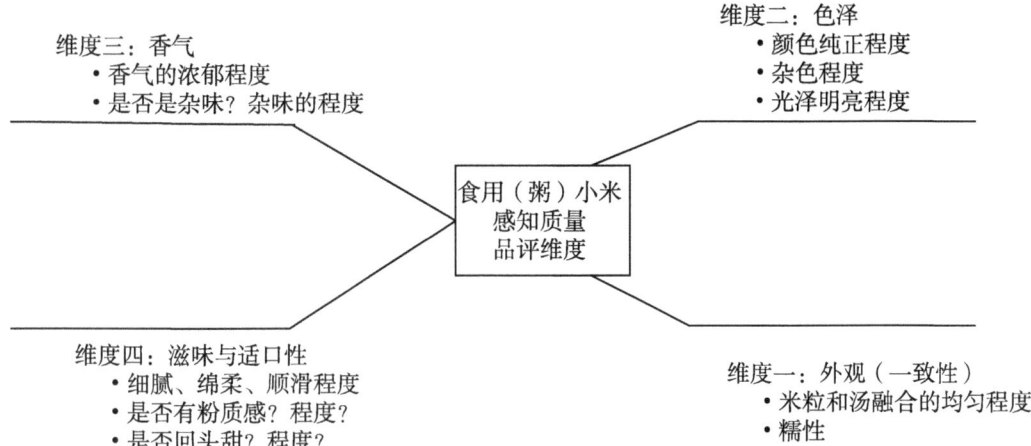

图 2.12 食用（粥）小米感知质量品评测度维度

品质。

（3）田地与种植技术。种植技术直接影响小米的品质。

（4）仓储、加工、包装等商品化处理。这是决定小米品质的又一重要因素。

2.4.4 小米品牌的内涵与外延

小米品牌是农产品品牌的子集，农产品品牌是产品品牌的子集。与农产品品牌界定一样，融合小米特征和品牌本质来给小米品牌定位。

通过 2.4.1 和 2.4.2 的分析可以看出，小米除具备 2.3 节中论述的农产品特征外还具备以下特征：

（1）同时具备食品与养生双重功能。小米除食用功能外具有健脾益胃、改善睡眠、适合产妇等保健功能。

（2）营养丰富。蛋白质、氨基酸、脂肪酸、微量元素等营养成分能远远高于其他谷物。

（3）感官品质独特，好的小米比其他谷物具备香、糯、绵、甜、匀、美等感官优势。

图 2.13 体现的是由小米特征和品牌本质相融合界定小米品牌内涵与外延的基本逻辑。小米品牌是消费者对某一个（或一类）小米产品的心智模式，包括消费者品牌认知和消费者品牌关系。具有以下特点：

（1）消费者品牌认知层面。小米季节性、周期性、地域性等自然特征，以及品种和地域禀赋所形成的品质差异性是最重要的再认和回忆要素，将成为形象系统和传播系统建设中的竞争性差异点。

（2）消费者品牌关系层面。以小米的品种、地域、生产管理、贮藏、运输、加工为主要内容的品质成因系统，以供应链管理和营销管理为核心的商业运营系统是品牌消费者关系来源，其强弱决定了小米品牌消费者关系的强弱，从而构成另一个竞争性差异点。

图 2.13　小米品牌概念形成逻辑

（3）根据小米特点及品牌的本质，将小米品牌分为区域公用品牌和企业自有品牌，前者区域内农民共同拥有，后者是企业独自享受品牌的知识产权。在 2.3.5 论述的农产品区域公用品牌和企业自有品牌的"痛点"，在小米品牌培育中同样存在，能不能找出一种方案解决"痛点"问题，仍然是摆在当前小米品牌培育与运营面前的核心问题，也是本书想破解的问题。

（4）按照小米产品的形态分类，可以分为小米品牌、小米加工品品牌（本质是食品品牌）。但是，严格意义上是讲，小米品牌不应该包含小米加工品品牌，本书按严格意义上的小米品牌为研究对象。

（5）小米属于食品，以品质和新鲜度为基础。

（6）小米品质评测具有很强的复杂性，单纯用检测数据和单纯用感官评测都难以反映其产品特征。这决定了小米品牌的消费者品牌认知和消费者品牌关系更多取决于消费者感知的复杂性。

（7）小米品质成因的复杂性导致很难稳定和标准化，这决定了小米品牌很难形成稳定的消费者品牌认知和消费者品牌关系。

2.5　本章小结

在梳理和述评主要流派品牌概念的基础上，基于系统观认为品牌是消费者对企业和市场供给物形成的心智模式，消费者认知和消费者关系构成消费者心智，消费者的心智模式来源于形象识别系统、产品等市场供给物对消费者的感知质量、消费者评价（包括口碑）、包括企业领导人在内的企业整体形象等环节构成的复杂大系统。通过梳理品牌价值（品牌资产）评估模型认为这些方法从一定程度上为测度品牌强弱提供理论依据和方法，但方法和指标体系更多的是从静态的结果层面来考虑的，没有从动态的成长演变层面来考虑，各指标相互孤立，基本不涉及对指标之间因果关系的判断。

农产品品牌是消费者对农产品的心智模式，包括消费者品牌认知和消费者品牌关系，分为农产品区域公用品牌和企业自有品牌。

小米品牌是消费者对某一个（或一类）小米产品的心智模式，包括消费者品牌认知和消费者品牌关系。在消费者品牌认知层面，小米季节性、周期性、地域性等自然特征,以及品种和地域禀赋所形成的品质差异性是最重要的再认知和回忆要素,将成为形象系统和传播系统建设中的竞争性差异点;在消费者品牌关系层面,以小米的品种、地域、生产管理、贮藏、运输、加工为主要内容的品质成因系统,以供应链管理和营销管理为核心的商业运营系统是品牌消费者关系来源,构成小米品牌的另一个竞争性差异点。根据小米品牌培育特性,将小米品牌分为区域公用品牌和企业自有品牌。

参考文献

[1]　Interbrand Group.World's greatest brands:an international review[M].New York:John Wiley,1992.

[2]　AAKER D A.Managing brand equity:capitalizing on the value of a brand name[M].New York:The Free Press,1991.

[3]　KELLER K L.Strategic brand management:building, measuring, and managing brand equity(Global edition, 5e)[M].New York:Pearson,2020.

[4]　何佳讯.长期品牌管理[M].上海:上海格致出版社,2016.

[5]　KAPFERER J N.The new strategic brand management:advanced insights and strategic thinking(5e)[M].London:Kogan Page Limited,2012.

[6]　何佳讯.战略品牌管理:企业与顾客协同战略[M].北京:中国人民大学出版社,2021.

[7]　张维迎.市场的逻辑[M].上海:上海人民出版社,2012.

[8]　陈春花.中国企业迈向"世界一流"的四个内在要素——基于经营行动的视角[J].清华管理评论,2019(Z2):106-113.

[9]　范秀成.品牌权益及其测评体系分析[J].南开管理评论,2000(1):9-15.

[10]　丁春玲,赵平.品牌资产及其测量中的概念解析[J].南开管理评论,2003(1):10-13,25.

[11]　卢泰宏,黄胜兵,罗纪宁.论品牌资产的定义[J].中山大学学报(社会科学版),2000,11(3):421-434.

[12]　李桂华.品牌价值评估理论与方法研究[M].北京:经济管理出版社,2020.

[13]　AAKER D A.Measuring brand equity across products and markets[J].California management review,1996,38(3).

[14]　AAKER D A.Building strong brands[M].New York:Simon and Schuster,2012.

[15]　中华人民共和国农产品质量安全法(2018修订版)[M].北京:中国法制出版社,2018.

[16]　田园,苏霞.我国农产品品牌建设中的风险防范[J].唐都学刊,2012,28(05):125-128.

[17]　张可成.我国农产品品牌建设:理论与实践[D].泰安:山东农业大学,2009.

[18] 孙莉娜.农产品品牌建设问题研究［J］.北方经济，2012（14）：25-26.

[19] 白光，马国忠.中国要走农业品牌化之路［M］.北京：中国经济出版社，2006.

[20] 胡晓云.中国农产品的品牌化：中国体征与中国方略［M］.北京：中国农业出版社，2007.

[21] 李敏.我国农产品品牌价值及品牌战略管理研究［D］.武汉：华中农业大学，2008：31.

[22] 王成敏.农产品品牌成因成长机理研究［M］.北京：经济科学出版社，2014.

[23] 郭琪.即食小米粥和小米粥油制备及功能特性研究［D/OL］.太原：山西大学，2021.DOI：10.27284/d.cnki.gsxiu.2021.000333.

[24] 乔玲，王欣.小米的营养、保健及药用特性［J/OL］.农业科技与装备，2015（11）：41-42.DOI：10.16313/j.cnki.nykjyzb.2015.11.018.

[25] 韦露露，秦礼康，文安燕，等.基于主成分分析的不同品种小米品质评价［J/OL］.食品工业科技，2019，40（09）：49-56.DOI：10.13386/j.issn1002-0306.2019.09.010.

[26] 李星，王海寰，沈群.不同品种小米品质特性研究［J/OL］.中国食品学报，2017，17（07）：248-254.DOI：10.16429/j.1009-7848.2017.07.031.

[27] 覃衡德，毛峰，贺大卓，等.熊猫指南［M］.北京：机械工业出版社，2018.

第 3 章　我国小米品牌现状的调查研究

第 2 章梳理和重新界定了本书涉及的理论与方法，在此基础上本章全面检索中国知网期刊数据库、谷歌搜索引擎、百度搜索引擎、各大电商平台，对部分品牌进行实地深度调研，基于"品牌定位—形象系统—产品与质量控制系统—传播系统—危机处置系统"的逻辑梳理我国小米品牌概况，重点剖析山西小米、敖汉小米、阳曲小米、沁州牌沁州黄小米、燕之坊黄小米五个典型小米品牌培育案例，总结小米品牌培育经验，提出并分析其不足。

3.1　我国小米品牌概况

本书把小米品牌分为区域公用品牌和企业自有品牌，基于全面检索信息和实地考察的不完全统计，截至 2021 年底，全国共有小米区域公用品牌 65 个，企业自有品牌 203 个，分布在 11 个省、52 个县（县级市）。

根据国家知识产权局有关规定，地理标志产品是指产自特定地域，所具有的质量、声誉或者其他特性本质上取决于该产地的自然因素和人文因素，以地理标志进行命名的产品，包括来自特定地域的种植、养殖产品以及材料全部来自特定地域或者部分来自其他地域并在特定地域按照特定工艺生产和加工的产品。从这个意义上讲，获评国家地理标志的产品属于区域公用品牌。有国家知识产权局背书，国家地理标志产品具有很大的公众认知力。截至 2021 年，获评国家农产品地理标志的小米产地有 52 个，形成规模的小米品牌达 100 多个，比如山东章丘的龙山小米、山东金乡的马坡金谷、山西沁县的沁州黄小米、河北蔚县的桃花米较为出名。

除地理标志产品以外，在消费者中有公信力的是有机食品认证和绿色食品认证。通过有机食品认证或绿色食品认证，是一个品牌的品牌价值来源之一。有机食品是指来自有机农业生产体系，根据国际有机农业生产要求和相应的标准生产加工的、并通过独立的有机食品认证机构认证的一切农副产品。绿色食品是指产自优良生态环境、按照绿色食品标准生产、实行全程质量控制并获得绿色食品标志使用权的安全、优质食用农产品及相关产品。在调研的小米品牌中，通过有机食品认证的有 83 个，分别是五女贞、隆化小米、沁州黄、吴阁老、晋味美、雁门清高、辉渠望山海、粮品工坊、塞翁福、八家子小米等；通过绿色食品认证的有 127 个，分别是隆化小米、沁州黄、汾都香小米、珍珠黄、晋沁田园香、乐土小米、大金苗小米、八家子小米等。

在区域公用品牌培育方面，省域公用品牌"山西小米"走在了全国前列。用 4 年时间山西小米被打造成山西特色农业的一张名片。截至2021年底,"山西小米"产业联盟产能26.9万t,产值8.26亿元,产值2 000万元以上的企业13个,年销售收入5 000万元以上的企业6个,授权企业的小米零售价和利润空间明显提高。在"山西小米"区域公用品牌带动下,小米龙头企业176个,年产值约30亿元,年产值1亿元以上的县7个,年业务收入1亿元以上的县11个,晋北、晋中、晋东南地区三大小米产业集群已具雏形。

商业化运营是推进小米品牌培育的核心动力。国内出现了一批诸如众恬、沁州、味思晋、燕之坊、桃花峁、半亩心选、雁门清高、蓝天谷源、南稻北麦等以商业化运营为主要目的企业自有品牌,形成了系统化的小米品牌营销系统。

3.2 我国小米品牌概况分析

本书基于系统的观点提出系统化培育小米品牌的观点,认为小米品牌培育需要定位与形象系统、产品系统、传播系统、商业运营系统与危机预防处置系统五大子系统协同。

(1) 定位与形象系统。包括品牌定位、LOGO、口号等形象识别系统。

(2) 产品系统。包括产品结构体系、质量标准体系、产品质量管控体系、产品质量追溯体系、"三品一标"等。

(3) 传播系统。包括广告、新闻发布会、新闻宣传、展会等传统传播手段,也包括微博、微信、公众号、抖音、快手、直播等数字化传播手段。

(4) 商业运营系统。包括供应链(冷链)建设、管理与配套,营销渠道规划与管理,商业定价体系,针对销售绩效的促销手段等。

(5) 危机预防处置系统。包括危机预防措施、危机处置措施等。

本部分以省为单位,以系统化培育小米品牌的五大子系统为维度,梳理部分小米区域公用品牌和企业自有品牌的培育现状(表3.1至表3.18)。①

表3.1 陕西省部分小米区域公用品牌培育现状

品牌名称	品牌所有者	产品系统	形象系统	传播系统	商业运营系统	危机预防处置系统
米脂小米	米脂县金颗粒小米专业合作社	√	√	√	√	无发现
神木小米	神木市农产品质量监督检查站	√	√	√	√	无发现

① 需要说明的是,本调查研究的小米区域公用品牌数据来自全网信息搜集,小米企业自有品牌数据来源于淘宝系、京东、拼多多等电商平台信息的搜集。由于受调研条件(没有对线下进行深度调研)和时间的限制,不可能调研所有小米品牌,请读者包涵。但是,这并不影响提出客观的研究结论。

第 3 章 我国小米品牌现状的调查研究

（续表）

品牌名称	品牌所有者	产品系统	形象系统	传播系统	商业运营系统	危机预防处置系统
延安小米	延安市农业科学研究所	√	√	无发现	√	无发现

表 3.2 陕西省部分小米企业自有品牌培育现状

品牌名称	品牌所有者	产品系统	形象系统	传播系统	商业运营系统	危机预防处置系统
米脂小米	榆林市正北紫萱杂粮食品有限公司	√	√	无发现	√	无发现
御厨妈妈	榆林市一座小院生态食品有限公司	√	√	无发现	√	无发现
西北小院	榆林市一座小院生态食品有限公司	√	√	无发现	√	无发现
梁家河	延安森海农产品商贸有限公司	√	√	√	√	无发现
禾煜	上海裕田农业有限公司	√	√	√	√	无发现
舌尖上的貂蝉	陕西银波农产品开发有限公司	√	√	√	√	无发现
北粮	北粮通达（天津）集团有限公司	√	√	√	√	无发现
予初	榆林盛高网络有限公司	√	√	无发现	√	无发现
黄土妈妈	米脂县黄土妈妈农产品开发有限公司	√	√	√	√	无发现
五女贞	榆林市东方红食品开发有限责任公司	√	√	无发现	√	无发现
十月小镇	榆林市一座小院生态食品有限公司	√	√	无发现	√	无发现
乡间佃户	陕西沃土良果农产品有限公司	√	√	√	√	无发现

表 3.3 山西省部分小米区域公用品牌培育现状

品牌名称	品牌所有者	产品系统	形象系统	传播系统	商业运营系统	危机预防处置系统
山西小米	山西小米运营中心有限公司	√	√	√	√	无发现

(续表)

品牌名称	品牌所有者	产品系统	形象系统	传播系统	商业运营系统	危机预防处置系统
隆化小米	翼城县隆化小米专业合作社	√	√	√	√	无发现
寿阳小米	寿阳县天田香杂粮种植专业合作社	√	√	无发现	√	无发现
西回小米	平定县东回镇西回村经济合作社	√	√	无发现	无发现	无发现
大宁红皮小米	大宁县永丰农业专业合作社	√	√	√	√	无发现
洪井三皇小米	黎城县洪井乡农村综合服务中心	√	√	无发现	无发现	无发现
沁水黄小米	沁水县土特产原产地保护协会	√	√	√	√	无发现
河峪小米	榆社县河峪小米专业合作社	√	√	√	√	无发现
阳曲小米	阳曲县农业技术推广中心	√	√	√	√	无发现
析城山小米	阳城县惠农小杂粮农民专业合作社	√	√	√	√	无发现
偏关小米	偏关县农产品质量安全检验检测中心	√	√	√	√	无发现
古县小米	古县金米协会	√	√	无发现	√	无发现
沁州黄小米	沁县沁州黄产业开发服务中心	√	√	√	√	无发现
昔阳小米	昔阳谷物协会	√	√	无发现	√	无发现
武乡小米	武乡县良种推广服务中心	√	√	√	√	无发现
汾州小米	汾阳市农业技术推广站	√	√	√	√	无发现
泽州黄小米	阳原县农业管理中心	√	√	无发现	√	无发现
兴县小米	吕梁市杂粮行业协会	√	√	无发现	√	无发现
代县小米	代县雁丰农产品协会	√	√	无发现	√	无发现

表 3.4 山西省部分小米企业自有品牌培育现状

品牌名称	品牌所有者	产品系统	形象系统	传播系统	商业运营系统	危机预防处置系统
众恬	山西众恬农业科技有限公司	√	√	√	√	无发现
桃花峁	山西老驼城工贸有限责任公司	√	√	√	√	无发现
羊肥小米	山西太行沃土农产品有限公司	√	√	√	√	无发现
蓝天谷源	平遥县蓝天谷源杂粮加工有限公司	√	√	√	√	无发现
味思晋	晋中鑫宝昌贸易有限公司	√	√	无发现	√	无发现
沁州	山西沁州黄小米（集团）有限公司	√	√	√	√	无发现
晋上人家	山西晋上人家农业科技有限公司	√	√	无发现	√	无发现
九鲤湖	莆田市九鲤湖食品贸易有限公司	√	√	无发现	√	无发现
野山坡	吕梁野山坡食品有限公司	√	√	无发现	√	无发现
汾都香	山西汾都香农业开发股份有限公司	√	√	√	√	无发现
吴阁老	沁县吴阁老土特产有限公司	√	√	√	√	无发现
芦芽农夫	宁武县瑞鑫宇农产品加工专业合作社	√	√	√	√	无发现
三品贡	朔州市顺华商贸有限公司	√	√	无发现	√	无发现
杂粮笔记	山西晋瑞食品有限公司	√	√	无发现	√	无发现
晨亿	山西晋荞米业股份有限公司	√	√	无发现	√	无发现
半亩心选	山西半亩科技有限公司	√	√	无发现	√	无发现
珍珠黄	屯留县珍珠黄御膳贡米有限公司	√	√	√	√	无发现
三晋川	山西三晋川食品股份有限公司	√	√	√	√	无发现
享米兔	怀珊	√	√	无发现	√	无发现

(续表)

品牌名称	品牌所有者	产品系统	形象系统	传播系统	商业运营系统	危机预防处置系统
东方亮	山西东方亮生命科技有限公司	√	√	无发现	√	无发现
晋味美	沁县晋味美食品有限责任公司	√	√	√	√	无发现
晋沁田园香	沁县田园香土产开发有限公司	√	√	无发现	√	无发现
雁门清高	山西雁门清高食业有限责任公司	√	√	√	√	无发现
禾咕咕	西安禾咕咕网络科技有限公司	√	√	无发现	√	无发现
塞上青禾	山西塞上青禾食品有限公司	√	√	无发现	√	无发现
浑州皇	浑源县沙圪坨镇兴胜杂粮专业合作社	√	√	√	√	无发现
悦谷百味	安徽省悦菇娘商贸有限公司	√	√	无发现	√	无发现
TCT	上海世华有机农产品发展有限公司	√	√	无发现	√	无发现

表3.5 山东省部分小米区域公用品牌培育现状

品牌名称	品牌所有者	产品系统	形象系统	传播系统	商业运营系统	危机预防处置系统
柳沟小米	青岛市柳沟镇	√	√	√	√	无发现
孙祖小米	沂南县孙祖小米种植专业合作社	√	√	√	√	无发现
龙山小米	章丘市优质粮食协会	√	√	√	√	无发现
高密毛家屋子小米	高密市金夏庄顺溪园有机谷物专业合作社	√	√	无发现	无发现	无发现
辉渠望海山小米	安丘市百泉春谷种植专业合作社	√	√	无发现	√	无发现
金鸽山小米	临朐县山旺镇小米协会	√	√	无发现	无发现	无发现
莒县南涧小米	莒县农业技术推广中心	√	√	√	√	无发现
五莲小米	五莲县农业技术推广站	√	√	√	√	无发现

(续表)

品牌名称	品牌所有者	产品系统	形象系统	传播系统	商业运营系统	危机预防处置系统
临淄边河小米	淄博临淄长盛农产品专业合作社	√	√	无发现	无发现	无发现
蓼坞小米	淄博市淄川区蓼坞小米协会	√	√	无发现	无发现	无发现

表 3.6　山东省部分小米企业自有品牌培育现状

品牌名称	品牌所有者	产品系统	形象系统	传播系统	商业运营系统	危机预防处置系统
呆呆菇娘	嘉祥永胜食品有限公司	√	√	√	√	无发现
包小年	冠县昶泽电子商务有限公司	√	√	无发现	√	无发现

表 3.7　内蒙古自治区部分小米区域公用品牌培育现状

品牌名称	品牌所有者	产品系统	形象系统	传播系统	商业运营系统	危机预防处置系统
赤峰小米	赤峰市农业技术服务中心	√	√	√	√	无发现
敖汉小米	敖汉旗农业农村局	√	√	√	√	无发现
夏家店小米	赤峰市松山区夏家店乡特色农产品协会	√	√	无发现	无发现	无发现
五家户小米	扎赉特旗新谷园杂粮产业协会	√	√	无发现	无发现	无发现
林东毛毛谷小米	巴林左旗供销合作社联合社	√	√	无发现	√	无发现
兴安盟小米	兴安盟农牧业产业化龙头企业协会	√	√	无发现	√	无发现

表 3.8　内蒙古自治区部分小米企业自有品牌培育现状

品牌名称	品牌所有者	产品系统	形象系统	传播系统	商业运营系统	危机预防处置系统
盖亚农场	北京和雅堂食品有限公司		√	√	√	无发现
乐土	宁城县志永米业有限公司	√	√	无发现	√	无发现

(续表)

品牌名称	品牌所有者	产品系统	形象系统	传播系统	商业运营系统	危机预防处置系统
粮班长	许昌晨百电子商务有限公司	√	√	√	√	无发现
福润东方	阿鲁科尔沁旗大地有机农业发展有限公司	√	√	√	√	无发现
燕之坊	合肥谷缘食品有限公司	√	√	√	√	无发现
柴火大院	五常市彩桥米业有限公司	√	√	无发现	√	无发现
蒙品汇	内蒙古鑫蒙品汇科贸有限公司	√	√	无发现	√	无发现
昔日印象	杭州花上春电子商务有限公司	√	√	√	√	无发现
五谷宣言	沈阳信昌粮食贸易有限公司	√	√	√	√	无发现
五芳斋	浙江五芳斋实业股份有限公司	√	√	√	√	无发现
刘僧	赤峰市刘僧米业有限公司	√	√	√	√	无发现
阿旗全丰	阿鲁科尔沁旗全丰米业有限责任公司	√	√	√	√	无发现
幸福宴	徐州金糯王粮油贸易有限公司	√	√	无发现	√	无发现
碧优源	寿光丰锦生物科技有限公司	√	√	√	√	无发现
芽芽乐	优加乐悦（广州）实业投资有限公司	√	√	√	√	无发现
壹升善粮	北京百瑞众康农业科技发展有限公司	√	√	√	√	无发现
赤农良品	管子辉	√	√	无发现	√	无发现
人民	成都人民食品有限公司	√	√	√	√	无发现
野农优品	北京野农优品科技有限公司	√	√	√	√	无发现
佟明阡禾	内蒙古佟明阡禾食品有限责任公司	√	√	√	√	无发现
黑熊农场	吉林云天化农业发展有限公司	√	√	√	√	无发现

(续表)

品牌名称	品牌所有者	产品系统	形象系统	传播系统	商业运营系统	危机预防处置系统
赤粮	赤峰今未商贸有限公司	√	√	无发现	√	无发现

表 3.9 辽宁省部分小米区域公用品牌培育现状

品牌名称	品牌所有者	产品系统	形象系统	传播系统	商业运营系统	危机预防处置系统
朝阳小米	朝阳市农业产业化龙头企业协会	√	√	√	√	无发现
化石戈小米	阜新蒙古族自治县现代农业发展服务中心	√	√	√	√	无发现
赵屯小米	大连瓦房店市赵屯金谷小米协会	√	√	无发现	√	无发现

表 3.10 辽宁省部分小米企业自有品牌培育现状

品牌名称	品牌所有者	产品系统	形象系统	传播系统	商业运营系统	危机预防处置系统
十月稻田	沈阳信昌粮食贸易有限公司	√	√	√	√	无发现
碌碌科	李怀志	√	√	无发现	√	无发现
田喜粮鲜	喜地农业（武汉）有限公司	√	√	无发现	√	无发现
北纯	农垦黑蜂（北京）科技有限公司	√	√	无发现	√	无发现
粮心事	仙桃谷稻佳食品有限公司	√	√	无发现	√	无发现
谷小满	沈阳婴汇经贸有限公司	√	√	无发现	√	无发现
盛耳有亩稻田	福建盛耳食品有限公司	√	√	无发现	√	无发现
旷野金农	旷野金农（北京）商贸有限公司	√	√	无发现	√	无发现
粮品工坊	辽宁田庄农业科技发展有限公司	√	√	√	√	无发现

(续表)

品牌名称	品牌所有者	产品系统	形象系统	传播系统	商业运营系统	危机预防处置系统
民夫果	何必民夫果农产品贸易有限公司	√	√	无发现	√	无发现
棒倍特	阿里巴巴集团控股有限公司	√	√	√	√	无发现
沐谷	建平县朱碌科镇沐谷农业科技发展中心	√	√	无发现	√	无发现
南稻北麦	北京永庆嘉成贸易发展有限公司	√	√	√	√	无发现
塞翁福	上海塞翁福农业发展有限公司	√	√	√	√	无发现

表 3.11　黑龙江省部分小米区域公用品牌培育现状

品牌名称	品牌所有者	产品系统	形象系统	传播系统	商业运营系统	危机预防处置系统
龙江小米	龙江县易兴谷子种植合作社	√	√	√	√	无发现
古龙小米	肇源县农业技术推广中心	√	√	无发现	√	无发现
托古小米	肇州县托古小米专业合作社	√	√	无发现	√	无发现
甘南小米	甘南县红古杂粮种植专业合作社	√	√	无发现	√	无发现
杨树小米	哈尔滨市阿城区金源绿色农畜产品协会	√	√	无发现	无发现	无发现
双城小米	双城市经济作物指导站	√	√	无发现	√	无发现
双榆小米	大庆市大同区双榆树乡农业技术服务中心	√	√	无发现	无发现	无发现

表 3.12　黑龙江省部分小米企业自有品牌培育现状

品牌名称	品牌所有者	产品系统	形象系统	传播系统	商业运营系统	危机预防处置系统
邹有才	牡丹江汇世电子商务有限公司	√	√	√	√	无发现
冯小二	牡丹江小冯电子商务有限公司	√	√	无发现	√	无发现

(续表)

品牌名称	品牌所有者	产品系统	形象系统	传播系统	商业运营系统	危机预防处置系统
山之鲜	北大荒农垦集团有限公司	√	√	无发现	√	无发现
食在有方	上海森蜂园蜂业有限公司	√	√	√	√	无发现
北大荒	北大荒农垦集团有限公司	√	√	√	√	无发现
八家子小米	黑龙江省八家子米业有限公司	√	√	无发现	√	无发现
裕道府	中农裕邦（北京）生态农业发展有限公司	√	√	√	√	无发现
兵小强	哈尔滨煜强食品有限公司	√	√	√	√	无发现
鲸小侠	哈尔滨健源薯业食品有限公司	√	√	无发现	√	无发现

表 3.13 河北省部分小米区域公用品牌培育现状

品牌名称	品牌所有者	产品系统	形象系统	传播系统	商业运营系统	危机预防处置系统
曲周小米	曲周县巨桥谷子种植专业合作社	√	√	√	√	无发现
黄粱梦小米	邯郸黄粱美梦谷类种植协会	√	√	√	√	无发现
武安小米	武安市农业农村局	√	无发现	√	无发现	无发现
蔚州贡米	蔚县农业农村局	√	无发现	√	无发现	无发现
南和金米	南和县农业农村局	√	√	√	√	无发现
藁城宫米	藁城市农业农村局	√	√	√	√	无发现
卢龙孤竹小金米	孤竹小金米合作社	√	√	√	√	无发现

表 3.14 河北省部分小米企业自有品牌培育现状

品牌名称	品牌所有者	产品系统	形象系统	传播系统	商业运营系统	危机预防处置系统
金龙鱼桃花米	益海嘉里粮油食品股份有限公司	√	√	√	√	√

(续表)

品牌名称	品牌所有者	产品系统	形象系统	传播系统	商业运营系统	危机预防处置系统
景蔚五谷香	蔚县景蔚五谷香米业有限公司	√	√	√	√	无发现
华瑞农源	河北华瑞农源小米加工有限公司	√	√	无发现	√	无发现
绿蔚/翠屏金谷	张家口萝川贡米有限公司	√	√	√	√	无发现
龙兴贡米	石家庄龙兴食品有限公司	√	√	√	√	无发现
初萃	中国华粮物流集团北良有限公司	√	√	√	√	√
牛城余味儿	邢台神海农产品销售有限公司	√	√	无发现	√	无发现
香满园	嘉里粮油（防城港）有限公司	√	√	√	√	无发现
米香乐金粟源	武安市金粟源米业公司	√	√	√	√	无发现
寿之本牌藁城宫米	河北惜康农业科技有限公司	√	√	√	√	无发现
黄旗小米黄旗皇小米	丰宁黄旗皇种植有限公司	√	√	√	√	无发现
磁山粟龙仓绿粟园晶秋	武安市德远商贸有限公司	√	√	√	√	无发现
乾丰小米	景县乾丰农业公司	√	√	无发现	√	无发现
傻根牌南和金米	傻根农业销售有限公司	√	√	无发现	√	无发现
自然农庄南和金米	邢台市自然农庄农产品公司	√	√	√	√	无发现
泥河湾小米	河北泥河湾农业发展股份公司	√	√	√	√	无发现
东储粮曲周小米	河北东粮农业科技股份有限公司	√	√	√	√	无发现
汇华金米	邢台市自然农庄农产品有限公司	√	√	√	√	无发现
沧泉山	孟村回族自治县恩荣米业有限公司	√	√	√	√	无发现

(续表)

品牌名称	品牌所有者	产品系统	形象系统	传播系统	商业运营系统	危机预防处置系统
黄粱梦	河北黄粱美梦米业有限公司	√	√	√	√	无发现
英辰	藁城区马庄永兴米厂	√	√	无发现	√	无发现
保荣	河北省威县保荣米业有限公司	√	√	无发现	√	无发现
祁夷水	蔚县蔚粮米业有限公司	√	√	无发现	√	无发现
巡天上谷	张家口巡天食品有限公司	√	√	√	√	无发现
全嘉谷	河北全嘉谷农业科技发展有限公司	√	√	√	√	无发现
优禾臻	张家口村网通农业科技有限公司	√	√	√	√	无发现
帅氏庄园	阳原县昊然种植专业合作社	√	√	√	√	无发现
富岗黄小米	河北富岗食品有限责任公司	√	√	√	√	无发现
翰九	张家口腾丰农业科技发展有限公司	√	√	无发现	√	无发现
杨氏田乡园	武安市同会现代农业园区	√	√	无发现	√	无发现
考山坡	行唐考山家庭农场	√	√	无发现	√	无发现

表 3.15 吉林省部分小米企业自有品牌培育现状

品牌名称	品牌所有者	产品系统	形象系统	传播系统	商业运营系统	危机预防处置系统
秋田满满	宜春十九度电子商务有限公司	√	√	√	√	无发现
寒态	黑龙江省溪树河畔生态农业发展有限公司	√	√	无发现	√	无发现
增盛永	吉林增盛永食品有限公司	√	√	√	√	无发现

表 3.16　河南省部分小米区域公用品牌培育现状

品牌名称	品牌所有者	产品系统	形象系统	传播系统	商业运营系统	危机预防处置系统
伊川小米	伊川县农产品质量安全监督检测站	√	√	√	√	无发现
清泉沟小米	三门峡市陕州区农业技术推广站	√	√	√	√	无发现

表 3.17　甘肃省部分小米区域公用品牌培育现状

品牌名称	品牌所有者	产品系统	形象系统	传播系统	商业运营系统	危机预防处置系统
庆阳小米	庆阳市农业技术推广中心	√	√	√	√	无发现

表 3.18　贵州省部分小米区域公用品牌培育现状

品牌名称	品牌所有者	产品系统	形象系统	传播系统	商业运营系统	危机预防处置系统
盘州小米	盘州市农业技术推广站	√	√	无发现	无发现	无发现

通过按省份梳理部分区域公用品牌和企业自有品牌，可以看出：

第一，区域不协调。较为知名的小米品牌集中在山西和内蒙古。在山西，形成诸如沁州黄、长治小米等全国知名的区域公用品牌，以及诸如汾都香、羊肥小米等全国知名的企业自有品牌。在内蒙古赤峰市就有塞上青禾、碧优源、乐土、福润东方、包小年、燕之坊等多家企业自有品牌，形成"一品（区域公用品牌）牵头、多品（企业自有品牌）并进"的竞争格局，敖汉小米也成为全国最知名的小米品牌之一。而同样是小米主产区的河北、河南、甘肃、陕西等地鲜有在全国叫得响的小米品牌。

第二，形象千篇一律，缺乏差异化。包装大多以黄色和黄绿色为整体色调。外观设计很难区分不同品牌，缺乏强调小米产地等消费者重点关注的信息，看不到鲜明的、基于准确定位的品牌口号，难以给消费者深刻印象。

第三，品牌传播力度远远不够。诸多企业没有形成自己的传播体系，区域公共品牌传播也仅限于开开新闻发布会、推介会、搞个路牌，缺乏系统规划和推广。一些区域公共品牌和企业自有品牌甚至没有自己的官网，更没有微信公众号、微博官方号和抖音官方号这些基本的现代传播手段，更不要说有系统化的传播体系。

第四，普遍缺乏危机预防与处置。不管是区域公共品牌还是企业自有品牌都缺乏对危机预防与处置重要性的认识，忽视危机预防与处置工作，而危机预防与处置工作是小米品牌建设中不可或缺的一项重要工作。

3.3 重点案例与运行机制分析

3.3.1 山西小米（省域公用品牌）

（1）品牌简介

山西是小米的故乡，山西夏县西阴村的古代遗存中发现距今约5万年的谷粒化石。《山西小米研究》记载，太行山以西、太岳山以东的地区，历来是山西小米的主产区，也是优质小米生长的地方。

山西因特殊的地理环境，培育出了众多品质一流的特色杂粮。山西小米以其突出的品质、品种优势，成为山西现代特色农业的一张"黄金名片"。山西被誉为"小杂粮王国"，小米尤为著名，素有"中国小米在山西，山西小米数第一"之美誉。

山西省地处我国华北西部的黄土高原地带，东邻河北，西接陕西，南接河南，北连内蒙古自治区。地理坐标为北纬34°36′~40°44′，东经110°15′~114°32′，东有巍巍太行山作天然屏障，西、南以滔滔黄河为堑，北抵绵绵长城脚下。因外河而内山，故有"表里山河"之称。

当前山西省谷子种植面积稳定在300万亩左右，总产量50万t左右。种植品种主要有晋谷系列、长谷系列和张杂谷系列。晋谷系列、长谷系列品种主要种植在太行山、吕梁山地区，种植面积约占全省谷子的75%，以沁州黄、汾州香、东方亮三大品牌为代表，主要品种有沁黄1号、沁黄2号、晋谷21号、晋谷29号、晋谷40号、长农35号、长生07、长生08等优质品种，其中晋谷21号以其突出的商品性、适口性长期为山西省种植面积最大的品种；张杂谷系列品种主要分布在晋西北地区，种植面积约占全省谷子的25%，主要品种有张杂谷3号、张杂谷5号、张杂谷10号、张杂谷13号等。晋谷系列与张杂谷系列相比，晋谷系列品种品质更佳，色泽金黄，谷香味浓，适口性好，但产量相对较低，为200~300kg/亩；张杂谷系列品种虽品质不如晋谷，口感稍差，但产量较高，能达到350kg/亩以上。

山西省有小米加工企业200余家，其中有自主品牌的小米加工企业90余家，省级龙头企业21家、市级龙头企业24家，著名商标24个，驰名商标3个，"三品一标"认证89家。30年老品牌"沁州黄"年销售收入增长30%，"沁州黄"小米品牌价值达到14.7亿元；入盟企业河曲县万家福小米销售额增长20倍；汾阳皇米业有限公司由做产品开始做品牌，投资4 500万元新建年加工能力年产3万t小米生产线，初步实现"好米变名米，名米卖好价"的目标。

2017年后，山西集中全省之力打造省域公用品牌"山西小米"，突出"优质"和"特色"两张牌，整合小米产业生态、品种、技术、功能、品牌五大优势，融入农耕文明、红色历史、传统旱作、制作工艺、养生保健、人文情怀等传统农业文化元素，充分将山西优质小米资源优势转化为产业优势和经济优势。"山西小米"已成为山西现代特色农业的一张"黄金名片"。山西省发布了《"山西小米"品牌建设实施方案》。由山西省粮食储备局牵头，设计注册"山西小米"商标，制定"山西小米"系列地方标准，建立质量追溯体系及"山西小米"商标授权使用管理办法。同时,由山西省粮食行业协会、山西省粮油交易中心、山西鹏昇昌农牧有限公司共同组建成立山西小米运营中心有限公司,通过品牌建设、市场运营、文化推广等手段,全力打造全国知名的"山西小米"。

(2)品牌定位

品牌形象定位是:天然有机旱作,地道山西小米。

"山西小米"以"小米虽小,但我们做的是头号大事,好米变名米,名米卖好价,好米出山西,共建好品牌"为口号,以"推动山西小米产业发展,推进山西小米品牌建设"为愿景,以"实现产业发展、企业增效、农民增收"为目标,以"吃山西小米、品灿烂文化、享养生之道"为品牌核心价值,通过"靠质量赢得市场,靠质量赢得天下;靠文化凝聚品牌,靠共建实现共赢"的经营理念,形成完整的山西小米品牌定位体系。

(3)符号系统

品牌口号:小米虽小,但我们做的是头号大事,好米变名米,名米卖好价,好米出山西,共建好品牌。

品牌形象:见图3.1。

图 3.1　"山西小米"标志

(4)产品与质量控制系统

"山西小米"品牌是省域公用品牌,证明商标,需要申请认证才能使用该商标,在其旗下将会聚集多个地市级、县级区域公用品牌和企业自有品牌。因此,在产品体系中更多是背书功能,代表山西大地孕育的小米的独特品质。

山西小米运营中心牵头,制定了一系列的标准体系,见表3.19。

表 3.19　"山西小米"标准体系

标准编号	标准名称	发布单位	实施时间
T/SXAGS 0001-2019	山西小米	山西省粮食行业协会	2019.12.1
T/SXAGS 0002-2020	"山西小米"谷子质量标准	山西省粮食行业协会	2020.1.31
T/SXAGS 0008-2020	"山西小米"谷子种植规程	山西省粮食行业协会	2020.5.6

（续表）

标准编号	标准名称	发布单位	实施时间
T/SXAGS 0010—2020	山西好粮油 小米	山西省粮食行业协会	2020.10.8
T/SXAGS 0003—2020	"山西小米"谷子仓储运输规范	山西省粮食行业协会	2020.1.17
T/SXAGS 0004—2020	"山西小米"加工技术规范	山西省粮食行业协会	2020.1.31
T/SXITS 0005—2021	山西小米粥感官评价方法	山西省粮食行业协会	2021.3.1

山西小米优势企业均是以优质谷子晋谷21号为主推品种，通过优质谷子品种、有机栽培技术、特色产区"三位一体"来培育中高端质量。"山西小米"旗下的羊肥小米、沁州黄小米、汾都香、山花烂漫等品牌小米严格按照有机栽培要求管理，不使用化肥、农药等化学制品，施用农家肥、有机肥，坚持三年轮作制度，保障了小米品质。羊肥小米是中国首家高端私人订制服务省级扶贫龙头企业，依据轮作年份，开发出3年、4年、5年不同档次的优质小米高端产品，并给予农户种植轮茬补贴。沁州黄小米公司严格实行统一地块标准、统一种植品种、统一技术规程、统一配方施肥、统一订单收购的"五统一"基地管理模式，确保小米质量。

（5）传播系统

"山西小米"在传播方面总体策略是：多平台借力借势扩大"山西小米"品牌影响力，发力线上线下，南征北战与中高端市场对接。

"山西小米"第一个传播途径是推介会、发布会等。2018年7月31日，在北京举办"山西小米·香飘京城"品牌推介活动。沁州黄、山花烂漫、东方亮等九家企业组成的"山西小米"品牌方阵，通过走进军营、座谈会、推进会、推介会等6场活动推介"山西小米"。2018年8月在哈尔滨举行"吉晋产好米·大小两相宜""吉林大米·山西小米联合推介会"，郭凤莲出面代言。2018年12月"山西小米"品牌第二次进京与武汉、郑州联合推介。时任山西省粮食和物资储备局局长王云龙在2018年举行的全国加快推进粮食产业经济发展现场会、中国粮油财富论坛上进行"山西小米"品牌分享，他走到哪里，就把"山西小米"的产品和故事带到哪里。2019年"山西小米"参加成都第100届糖酒会；举办"山西小米·相约津门"品牌推介活动，参加重庆"西洽会"，在重庆建立"山西小米"体验馆；参加第二届中国粮食交易大会，荣获2019中国粮油财富论坛暨第九届中国粮油榜"中国粮油影响力公共品牌"；参加香港关公节，在上海举行"山西小米·谷飘申城"系列推介活动。2020年，举办"山西小米"云端品牌宣传会，参加第二届全国小米品鉴大会，与中国粮食行业协会和国家粮食科学院达成合作。

第二个传播途径是路牌广告。在山西太原等地的高铁站、机场、高铁、航线广泛安置"山西小米"路牌广告，设置"山西小米"号动车。

第三个传播途径是多媒体整合传播。牵手央视、京东、百度，广泛传播"山西小米"，让"小米还是山西好"传遍各个媒体，传播广告置顶微信、微博、各个电商平台；举办文化旅游线上线下体验行，通过微电影、短视频、腾讯、新浪全天候播放，网红直播、云端互动实现新媒体全方位传播。

（6）商业运营系统

建立山西小米馆、微商城、天猫旗舰店、京东自营店等方式展开商业运营。

（7）尚可完善的问题

"山西小米"品牌培育在组织建设、制定标准、宣传与传播等方面做了大量工作，也取得了一定的成效。然而，"山西小米"品牌培育还有诸多可以完善的地方：

第一，"山西小米"作为一个省级的平台式品牌，还可以进一步加强对子品牌的平台式服务。

第二，品牌的本质是消费者心智，消费者形成的对"山西小米"的心智还可以进一步通过产品、品质和传播得以固化。

第三，"山西小米"在产品与质量控制方面，制定了一些标准，然而这些标准的"落地"、整体质量的稳定性、突破区域公用品牌"公地悲剧"任重道远。

第四，"山西小米"商业运营处于起步阶段，按照市场化、商业化、平台化模式运营好"山西小米"而不"自嗨"任重道远。

3.3.2 敖汉小米（县域公用品牌）

（1）品牌简介

敖汉小米是内蒙古自治区赤峰市敖汉旗特产，国家地理标志产品。内蒙古赤峰市的敖汉地区是中国古代旱作农业的起源地，也是欧亚大陆旱作农业的发源地，种植谷子和食用小米已有8 000年历史，是世界范围内种植谷子和食用小米延续时间最长的地区之一，被称为"世界小米之乡"。2014年，敖汉旗召开了第一届"世界小米起源与发展"学术会议。2013年5月24日，原国家质检总局批准对"敖汉小米"实施地理标志产品保护。

敖汉小米富含人体所需的氨基酸和钙、磷、铁等矿物质元素，营养丰富，质纯味正，香软可口，是平衡膳食、调节口味的理想食品，也非常适合孕期妇女及产后进补食用。敖汉旗的气候条件决定了根植于敖汉旱坡地的粟和黍具有耐干旱、抗倒伏、适应性强、品质优良等特点，致使当地谷子（粟）加工后的小米颗粒大、粒形圆、晶莹透明，其品质是其他地区无法比拟的，所以有"敖汉杂粮，悉出天然"一说。

被称为"全球环境500佳"的敖汉旗，地处燕山山脉努鲁尔虎山北麓，科尔沁沙地南缘，山坡地较多，北部平原开阔、丘陵起伏，沙地居多，是典型的旱作农业区，全旗三分之二耕地是旱地，是典型的雨养农业，独特的地理位置和气候条件使敖汉地区成为闻名的杂粮主产区域。

敖汉旗处于北纬41°42′~43°01′，东经119°32′~120°54′，四季分明，日照丰富，昼夜温差大，雨热同期，积温有效性高，是世界公认的蒙东辽西地区最适宜优质黍粟生长的黄金地带，在这种气候下生产出的杂粮品质优良，营养丰富，素有"中国杂粮出赤峰，绿色杂粮在敖汉"的美誉。

敖汉旗地貌类型"南山、中丘、北沙"，土壤中富含硼、锌、铜、硒等微量元素，谷子等杂粮杂豆大部分种植在山坡地和旱坡地上，农户世代传承着施农家肥、轮作、套种、人工除草等古老的耕作方式。

谷子在敖汉旗有着悠久的种植历史，迄今仍是敖汉旗及周边地区的主要种植作物之一，依然采用传统的耕种模式、耕种制度和耕作机制。敖汉旗已被列为全球重要农业文化遗产保护试点地区。

敖汉小米平均年种植面积在100万亩左右，总产量5亿kg，成为敖汉旗重要的地方特色产品，现已衍生出了黄金苗米、红谷米、四色米、月子米、石碾米等小米产品以及小米液、小米饮料、小米锅巴等一系列深加工产品，八千粟、兴隆沟、孟克河等一大批敖汉小米旗下的企业自有品牌畅销国内外。

（2）品牌定位

敖汉小米，熬出中国味。

（3）品牌符号系统

品牌口号：敖汉杂粮，悉出天然。

品牌形象：见图3.2。

图3.2　敖汉小米标志

（4）质量控制系统

敖汉旗自然环境适合谷子生长，建设以宝国吐、林家地为中心的谷子产业带，谷子生产逐渐形成区域化种植、规模化生产、产业化经营的格局。谷子施用农家肥，采用生物技术防治病虫害。制定DB15/T 965-2016《地理标志产品 敖汉小米》及《谷子标准化生产技术规程》，按照规程要求操作。加强谷子无公害生产基地的申请认证工作，认证无公害谷子品种8个、有机小米1个，已认证面积30万亩。

（5）传播系统

敖汉小米的传播主要聚焦于展会和媒体宣传。

2014年9月，由中国社会科学院考古研究所、剑桥大学麦克唐纳考古研究所、中国作物学会粟类作物专业委员会联合主办，敖汉旗人民政府承办首届"世界小米起源与发展会议"，从此多次承办各届"世界小米起源与发展会议"。敖汉还充分发挥农业文化遗产影响力，赢得了"世界小米之乡"称号。

敖汉小米旗下诸多子品牌企业、合作社参加各级各类农产品交易会、博览会，多次被评为"优秀产品奖""优秀品牌产品""金奖"和"最佳人气奖"。八千粟小米荣获第十二届中国国际农交会金奖及第十三届中国国际粮油产品及设备技术展示交易会金奖；兴隆沟小米在第十三届中国国际农产品交易会上喜获金奖；禾为贵小米在第十六和十七届中国绿色食品博览会上均获金奖。2015年敖汉小米以全球重要农业文化遗产产品的身份参展意大利米兰世博会。

2017年，在北京举办"农业优势特色产业·敖汉小米发展论坛"，农业部食物与营养发展研究所、中共敖汉旗委、敖汉旗人民政府发布了《敖汉小米食用指南》。

2018年，美国地理频道《寻脉》摄制组走进敖汉旗，用全新的视角向全世界讲述敖汉小米传承8 000年的动人故事。

2019年，敖汉小米入选中国农业品牌目录农产品区域公用品牌，经中国农产品市场协会、中国农业大学等单位评估，敖汉小米市场价值达113.5亿元；同时，作为中央广播电视总台"广告精准扶贫"项目的入选产品，在CCTV-1、CCTV-2、CCTV-3、CCTV-4等多个频道播出宣传片，每天播出高达20次。

2020年，以敖汉小米为代表的旱作农业减贫模式入选全球减贫最佳案例。开展了敖汉小米旗长网上直播推介活动，借助网络直播推介传播广、受众多、见效快的优势，推动敖汉小米推广。

2021年，敖汉小米与新华社民族品牌工程开展专项合作，新华社下属各服务机构和敖汉小米共同围绕地域品牌建设需求，整合各类优质资源，推进敖汉小米品牌建设升级。敖汉小米各类宣传片登上新华社、央视等各大传统媒体和新媒体。

（6）商业运营系统

2017年，敖汉旗与国内一家电商平台开展合作，推动电商扶贫，一些特色农产品生产和销售企业成为电商平台的签约供应商。建设敖汉小米产业园，成立了敖汉小米集团公司，现有小米生产加工企业76家。

（7）尚可完善的地方

敖汉小米具有其独特的资源禀赋、文化禀赋及产品禀赋，加上敖汉旗人民政府多年投入大量的人力、物力和财力用于培育敖汉小米品牌，使得敖汉小米成为当前国内最知名的小米品牌之一。在敖汉小米快速发展和取得这些成效的同时，我们也可以看到其在以下几个方面可以更加完善：

第一，能够落地的质量标准体系、质量追溯体系及质量控制体系有待进一步完善。

第二，线上线下两大市场上叫"敖汉小米"的小米很多，品质参差不齐，从根本上没有破解区域公用品牌"公地悲剧"的痛点。

第三，敖汉小米旗下缺乏强势子品牌，多数子品牌没有知名度，缺乏信誉。

第四，敖汉小米子品牌背后的龙头企业、农民专业合作社实力较弱，大多数是作坊式经营、家族式管理、封闭式发展、规模较小、带动能力较弱，没有形成规模经济和区域优势，市场竞争力较弱。

3.3.3 阳曲小米（县域公用品牌）

（1）品牌简介

阳曲属黄土丘陵地段，地处山西中部，位于东经112°12′~113°19′，北纬37°16′~38°25′，是一个以谷子等杂粮生产为主的贫困山区县。全县辖10个乡镇，124个行政村，总人口14万人，其中农业人口12.4万人，面积2 060km²，总耕地面积2.7万hm²，农业人口人均占有耕地0.22hm²。境内山岭沟壑纵横，丘陵起伏，平均海拔1 000m，垂直高差1 301.9m,有72.8%的耕地分布在海拔800~1 200m,全年降水450mm,主要集中在7、8、9三个月,无霜期120~160天,光照充足,土壤种类多,四季分明,是一个典型的丘陵旱作区,适宜于谷子等小杂粮生产。谷子等小杂粮品种多,面积大,历史上是一个小杂粮大县,是远近闻名的"小杂粮王国"。

阳曲县种植谷子历史悠久,有"谷乡"之称。阳曲盛产的小米称为"白马掌小米",大致有两个品种,一种叫东风亮,一种叫朱砂红。"东风亮"小米也叫"东方亮",在夏商时期就开始种植,因为它的谷穗形状像小茅草,所以又有个"毛尖谷"的绰号。白马掌小米的特点是米色金黄,有光泽,米粒饱满,蒸煮皆宜,米味香甜,熬成的米粥黏度恰到好处,米粒溶胀饱满,米粥与米粒浑然一体、香甜可口。根据检测指标显示:阳曲小米含有丰富的对人体有利的元素和18种氨基酸,经分析其营养价值高,蛋白质含量≥9.52g/100g、膳食纤维含量≥5.94g/100g、磷含量≥4.46g/kg、锌含量24.6mg/kg、维生素C含量≥9.7mg/100g、能量≥1 550kJ/100g,明显高于普通小米。阳曲小米已注册为国家地理标志农产品,为地域特色农产品资源。

阳曲小米有两个历史传说:一是太后香。1900年八国联军侵占北京城后,慈禧太后率光绪帝等换上了汉人的服装仓皇出逃。当9月9日两宫銮驾抵达阳曲县黄土寨(今阳曲县黄寨村)时,太原府知府许涵度、阳曲令白昶接驾,在此地驻跸一天。饥肠辘辘的慈禧喝了范庄小米粥后,连声称赞道:"香!实在是香!"就这样,"太后香小米"便流传了下来。二是白马掌。据传北宋年间的一天,杨六郎骑着白马巡游至晋阳湖,白马渴得厉害,一只前蹄踏进湖中,不一会儿白马蹄印处的水没了,且没水的地面不断地向外扩展,后来整个湖面变成了马蹄形的旱地。退水后的马蹄形小盆地三面环山、气候温和、土地肥沃湿润,非常适宜谷子生长。杨六郎指引一群遭灾逃荒的难民到此安居落户,后来人们为了感激杨六郎就把这块小盆地起名为"白马掌川",包括泥屯镇的思西、归朝、松树、苏村、伽东、泥屯、戴庄、中兵、南路、西沟、阳坡、芦家河、白家社、付家窑、杨家井、张家庄、东西青善以及尖草坪区的部分村庄。

(2)品牌定位

地道山西好小米。

(3)品牌符号系统

品牌口号:守本良心,品质天成。

品牌形象:注册阳曲区域公共品牌"首邑田园"(图3.3)。

图3.3 阳曲小米县域公用品牌标志

(4)产品与质量控制系统

种植品种以晋谷21号、晋谷29号、晋谷36号、晋谷42号为主。

阳曲小米产地生态环境执行NY/T 5010-2016《无公害农产品 种植业产地环境条

件》，质量标准执行 NY 5305—2005《无公害食品 小杂粮》。

小米生产环节做到投入品减量化、生产清洁化、废弃物资源化、产业模式生态化。推进有机肥替代化肥、畜禽粪污处理、农作物秸秆综合利用、废弃农膜回收、病虫害绿色防控等工作，申请"三品"认证2.5万亩。

加工环节购置了先进的石磨和机器生产线、日加工能力达到 5 万 kg，实现小米色选、抛光等诸多功能，低温研磨、粒粒甄选、粒粒真情，打造阳曲小米好品质。官网坚持现卖现碾现发货。

筹建阳曲小米可追溯系统，确保每一粒阳曲小米都是可追溯的和高品质的。以现代农业理念，提升阳曲小米产业链，统一种植、统一收获、封闭管理，做到一个新型主体，一套生产标准，一份生产档案，培育一批小米种植大户、专业合作社、小米龙头企业等新型主体；发展深加工，开发小米酒、小米醋、小米营养粉、小米方便粥、小米新制品；拓展阳曲小米休闲功能，通过三产融合把阳曲小米种成景观，打造快乐农场、黄土风情窑洞，实现全产业链升值。

（5）传播系统

2018 年，在首届"中国农民丰收节·丰收购物节"活动上，阳曲小米登上中央电视台，参加山西（太原·阳泉）特色农产品北京展示展销活动。

设计"首邑田园"县域公用品牌，以"米大爷"为主作为卡通形象，通过"米大爷的快乐生活"将阳曲小米文化娓娓道来。2018 年 CCTV-1 频道焦点访谈栏目《金秋时节庆丰收》上，播出县委书记淘宝直播推介阳曲小米的全过程。

拓展"直播带货销售"新渠道，县委书记亲自代言"阳曲小米"，阳曲小米 7 次走进知名直播间，成为网红小米。

（6）商业运营系统

培育 6 家小米企业、80 个农民专业合作社、150 个种粮大户从事或参与谷子小米产业，并与贡天下、格家网络、鸿新等线上线下企业深度合作。线上设立天猫、淘宝、京东等推广体验店、直销店，开通阳曲小米地标旗舰店；线下组建山西绿色山区农业产业联合体，"企业+合作社+种植户"大联合，推动小农户与阳曲小米大产业有机衔接、良性互动。

阳曲小米构建了从生产到销售的一条龙服务，帮助阳曲县小米企业解决了从种子化肥供应、测土配肥、收储、加工、品牌孵化、团队建设、线上线下销售难题。在销售环节采取线上线下相结合发展模式，线下依托贡天下实体店铺实现机场、高铁、主流商业街区全覆盖。建成 1 个县级电子商务运营中心，86 个村级电商服务站点。

阳曲小米与阿里巴巴集团深入合作，依托阿里系资源，从"产—供—销"全产业链赋能阳曲小米品牌升级：通过淘乡甜标准示范基地提升产业数字化，通过大数据赋能、消费标准输入提升阳曲小米加工、分选标准化，通过供应链输入帮助物流提效降本，通过新零售全域营销、村播计划、全链路溯源打通与消费者的有效互动。

（7）尚可完善的问题

阳曲小米在商业运营模式、与阿里巴巴深度合作、直播带货、生产管理等环节做得可圈可点，成效明显。然而，本书认为阳曲小米在以下方面尚可有完善的空间：

第一,小米县域公共品牌应聚焦地域名称,忌讳另起名称而引起消费者对品牌的心智混乱。阳曲小米品牌的意义在于给消费者传达"阳曲的资源禀赋所孕育小米的独特品质"这一消费者心智,另行构建"首邑田园"县域公用品牌,与阳曲小米共同使用,不利于品牌的一致化传播,更不利于形成固定的、稳定的、正面的消费者心智。

第二,通过检索各大电商平台及研究消费者评论发现,生产"阳曲小米"的加工厂很多,品质参差不齐,对阳曲小米毁誉参半,从此可以看出破解"阳曲小米"这一县域公用品牌"公地悲剧"问题任重道远。

第三,商业化运营和品牌传播缺乏系统性规划和执行,整体感觉是"头疼医头、脚疼医脚"。

3.3.4 沁州牌沁州黄小米(企业自有品牌)

(1) 品牌简介

沁州黄小米是沁县县域公用品牌,沁州牌是山西沁州黄小米(集团)有限公司的企业自有品牌。

山西沁州黄小米(集团)有限公司是以沁州黄小米为基础产业,以小米深加工产品为主导方向,集良种繁育、基地种植、科研开发、产品加工、市场营销于一体的全产业链的省级农业产业化经营重点龙头企业,山西省优势农产品谷子基地示范企业,全国谷子标准化生产示范区建设实施单位。

公司成立于1989年,2001年改为股份制,2002年组建集团,下设5个控股子公司,注册资金1.15亿元,现有员工2 000余人。实行"公司+基地+合作社+农户+标准化+品牌"的产业化经营模式,严格实行"五统一"基地管理办法,坚持抓科研、建基地、上项目、塑品牌、拓市场的发展战略,在沁县13个乡镇发展沁州黄绿色标准化基地6万亩,年产优质沁州黄谷子1.5万t,带动2万多农户,户均收入4.5万元,成为老区农民脱贫致富的支柱产业。2010年以来,该公司与中国农业大学、天津科技大学、中国科学院等科研院校联合研制开发了以沁州黄小米为主要原料的"谷之爱"营养小米粉系列产品,并获得三项国家专利,目前销售市场已覆盖全国28个省、区,200多个地级城市,终端销售店达到1万多个,并出口美国、加拿大等国家。产品获得了国家绿色食品认证、有机食品认证,被评定为"生态原产地保护产品""中国名牌农产品""中国优质产品"和"山西省名牌产品",多次在国内大型农产品博览会上荣获金奖。

据记载,早在明朝嘉靖年间沁州黄小米就成了宫廷贡米。清朝康熙年间,当朝宰相沁州籍人吴琠将家乡糙谷米带进宫内,康熙食后,神清气爽,龙颜大悦,当即赐名"沁州黄"。《沁县志》记载:1915年,沁州黄小米荣获巴拿马万国博览会金奖。

沁州黄品牌发展史,就是一部沁州黄小米保护史。1982年起选育优良品系使沁州黄得到大面积普及推广。1990年制定实施沁州黄种植技术规程、良种繁育技术规程。1992年注册沁州商标,并聘请全国谷子首席专家,成立科研攻关队伍对沁州黄进行全面分析研究。选育沁州黄新品系,运用等离子辐射和航天育种现代手段,对老品种进行促变。收集国内100多个优质品种,在产量、品质、色泽、抗病抗逆性等方面与沁州黄谷子进行对照,发掘更为适宜本地区种植的品种。

(2) 品牌定位
专业做好沁州黄,打造中国好小米。
(3) 品牌符号系统
品牌口号:沁州牌沁州黄,做好贡米30年。
品牌形象:见图3.4。

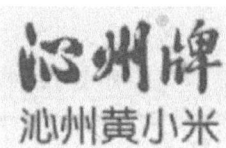

图 3.4　沁州牌沁州黄小米品牌标志

(4) 质量控制系统

沁州黄谷子严格实行标准化种植生产,建立以无公害生产和加工技术标准为核心的整套产品质量管理规程和标准体系,包括沁州黄有机绿色种植基地标准、种植技术规程、良种繁育技术规程、施肥标准、病虫害防治标准和田间管理标准等;种植基地严格实行"五统一"基地管理,即统一规划地块、统一种植品种、统一技术规程、统一配方施肥、统一订单收购。

发展质量管理机械化作业、垄密植半精量播种、宽窄行交叉种植、渗水地膜覆盖穴播等新技术,有效降低农民劳动强度和成本。

建造大型沁州黄谷子恒温贮藏库,使谷子原料常年保持在0~5℃的恒温环境中,保证谷子品质不变。

建立严密规范的质量管理体系和二维码质量追溯制度,利用信息化手段对全县种植沁州黄谷子的地块、品种、施肥、收割、轮作、加工、储藏、运输、销售,实现从农田到餐桌全程质量管控,从源头确保产品质量。

与山西省农业科学院专家合作,运用等离子技术对老品种进行改良,攻克地块贫瘠和肥力偏低的难关,生产出专用有机肥,确定科学的配方施肥方案,使沁州黄单产提高20%,保证沁州黄的品质。沁州黄坚持科技创新、科研攻关,把谷种选育、小米精深加工作为提高产品品质的工作重心,投入大量的资源进行谷种选育试验和新产品、新系列的开发。聘请国家、省、市相关专家与沁州黄公司科研人员组成科研攻关团队,先后选育出了产量高、品质好、抗病害、抗逆性强的沁州黄新品系7个,成功研制13个杂交组合。

在深加工层面,沁州黄通过市场调研、经科研攻关研发投产两款产品:"谷之爱婴幼儿营养米粉"和"谷之爱中老年营养米粉"。

通过不断的技术创新,沁州黄系列产品的种类更具多样化、差异化、精细化,产品的附加值得到进一步提升。

(5) 传播系统

沁州黄始终争当小米的价值标杆,坐实小米高端化,打牢小米品牌化,以独有的细分市场和定位占领高端小米市场。

在品牌文化方面，连续多年举办沁州黄小米文化节、沁州黄小米美食体验、沁州黄文化书法绘画展、沁州黄历史故事情景剧表演、沁州黄小米粉生产线参观、沁州黄小米产业发展高峰论坛等活动，筹建沁州黄小米文化博物馆，这成为沁州黄小米集团品牌的文化支撑。

沁州黄在央视媒体进行战略性投放，在产品销售重点区域进行聚焦性卫视传播；利用"沁州黄小米文化节"进行公关传播，在终端销售点进行常规性活动传播；积极利用各种平台加大对自身品牌的宣传和质量管理，如广交会、农博会、中博会、特色农产品交易博览会、国际孕婴童展会、绿色食品博览会等展会；采用多方位的传播形式，通过多种渠道提升品牌知名度及美誉度，扩大品牌影响力，被当地乃至全国的消费者所熟知和喜爱。

（6）商业运营模式

首先，采取订单收购的方式，与生产农户签订种植收购合同。采用"农户+公司+基地"的产业化组织模式，通过与农户、基地签订农产品合同来规定各自的权利与义务。农户按照与公司签订的合同进行标准化生产，并在规定时间内交售农产品。公司根据农产品市场行情来确定本年度农产品的产量、品质、品种及技术指标，并将这些信息传达给农户与基地，引导其合理生产。基地是连接公司与农户的桥梁，一方面组织农户共享知识技能，进行专业化生产，实现规模效益；另一方面与公司以合同的形式明确年度各种农产品的收购数量与价格。该模式实现了农户、公司、基地三方的合作共赢、知识技术共享、风险共担，农业生产更加趋于专业化。

其次，基地管理环节，基地管理员划区分片，包乡镇、包农户、包地块，明确任务，责任到人，严格把控基地生产的全过程。为种植农户提供"六项免费"服务：聘请专家给种植农民免费开展业务培训；免费提供播种机、脱粒机、割晒机、烘干机、无人遥控飞机等大量的农业机械化设备给农户使用；免费给农户运送沁州黄谷子专用肥；免费为交谷农民提供午餐，全额补贴农民交售谷运输费用；对有机轮作基地种植农户每亩每年补助300元；建档立卡贫困户，在享受上述五项的同时，免费提供并运送沁州黄优质谷种和谷子专用肥、喷施富硒肥和农药、上门脱粒收购谷子。为基地农户生产全过程提供一条龙服务，与农户结成经济利益共同体，调动基地农民种植积极性。

再次，线上线下一体化运营。线下市场做强山西、北京，稳住根基后向华东、华南市场拓展，形成山西、北京、华东、华南四大销售区域的战略布局。线上推出米联盟模式，成立爱米人联盟。邀请电商忠实顾客，成为爱米人联盟成员，爱米人联盟成员自身消费产品有一定的优惠，爱米人联盟成员成功转化线上用户还将有一定比例的提成。以管理微商的形式来维护客户，鼓励客户主动向外传播。有助于提高客户的稳定性，除去了中间环节，直接面对消费者，节省了大量的费用投入，降低企业对渠道和经销商的依赖，助力销量和利润提升。

最后，沁州黄公司把品牌营销作为企业的重要战略应用于企业整体经营当中。通过福来时代品牌咨询机构策划，沁州黄公司更加认识到品牌营销对企业经营发展的重要性，并逐步贯彻到每个部门、每个员工，增强全企业的品牌意识。

(7) 尚可更加完善的地方

沁州牌沁州黄小米是当前名声最好、实力最强的小米品牌之一，是在品牌定位、品牌形象、质量管控、宣传传播、商业化运营等方面做得最好的小米品牌。尽管这样，本书认为以下方面还有完善的空间：

第一，小米品质控制体系有待进一步提升。沁州黄小米在种植、加工、贮藏等品质控制方面较为完善，但在质量追溯体系建设、运输和终端市场贮藏等品质控制方面有待进一步加强。第二，产品类型需要更加丰富。目前沁州黄小米类型单一，需要细化消费人群，针对老年人、婴幼儿、学生等不同人群营养需要，开发更丰富的产品类型，构建更科学的产品结构。第三，市场规模仍有扩大空间。沁州黄小米已跻身全国小米一线品牌，但基地建设仍局限在沁县，限制市场规模扩大。

3.3.5 金龙鱼桃花小米（企业自有品牌）

(1) 品牌简介

金龙鱼桃花小米是益海嘉里集团助力乡村振兴，与河北省蔚县合作开发的"蔚州贡米""桃花小米"的企业自有品牌。益海嘉里以粮油业知名品牌金龙鱼作为桃花小米的品牌，优质小米搭配知名品牌，加上益海嘉里等资源大力助推，将实现"蔚州贡米""桃花小米"与"金龙鱼"的整合效应。

蔚县地处河北省北部，北京以西，县城距北京直线距离150km。蔚县历史悠久，古称蔚州，是"燕云十六州"之一，这里有着许多独特的资源，小米就是其中之一。蔚州小米在明清年间就作为全国"四大贡米"之一而久负盛名，尤其以桃花镇出产的小米品质最佳，称为"桃花小米"。

金龙鱼桃花小米颗粒大、色黄、味香，黏性大，含糖量高，营养丰富，用它烹制的米饭呈现黄、亮、油的特点，入口光滑米香、黏甜可口、香气浓郁，熬出来米粥色泽金黄、透明发亮、香味扑鼻、甘甜润口。

(2) 品牌定位

蔚县贡米·桃花米·助力乡村振兴。

(3) 品牌符号系统

品牌口号：用爱耕耘，只为这一碗满满的幸福。

品牌形象：见图3.5。

(4) 产品与质量控制系统

主栽品种为传统品种"桃花米"。

在品种控制上使用传统品种和地膜覆盖穴播简化栽培技术，实现农机农艺一体化作业，实施生态、有机农业工程，实行农业标准化生产，推行农产品质量可追溯制度，加强无公害农产品、绿色食品、有机食品和农产品地理标志"三品一标"的认证登记和使用。

(5) 传播系统

益海嘉里携手中国儿童基金会，用爱心扶植嘉禾，助学山区贫困儿童。益海嘉里集团每卖出一包爱心桃花小米，就捐一块钱给儿童基金会，这些基金将全部用于蔚县贫困

图 3.5　金龙鱼桃花小米包装形象

家庭以及儿童的成长、教育等方面。同时，儿童基金会将根据实地考察情况，在蔚县做试点，把更多更好的教育形式引到蔚县。"以花为媒，万爱互联"——益海嘉里集团通过推广金龙鱼"爱心桃花小米"建立起了一个爱心平台，通过与儿童基金会的爱心联合及线上线下的爱心联动，掀起一股与爱携手、精准脱贫的公益热潮。

张宁做客金龙鱼京东自营旗舰店直播间，为金龙鱼爱心桃花小米带货，并将该产品直播所得利润反哺给当地农户。这场以公益为主题的直播中，蔚县县委书记刘瑞格和益海嘉里金龙鱼电商事业部专业副总监付学飞也化身公益助推官，共同为蔚县乡村振兴加油。金龙鱼爱心小米宣传片在央视、北京卫视等传播平台展播，传播爱心小米理念与品牌信息。

同时，金龙鱼桃花小米是金龙鱼粮油品牌的业务单元之一，进入金龙鱼粮油品牌传播系统，实现单品的传播。

（6）商业运营系统

萝川贡米是益海嘉里在蔚县的合作企业，也是唯一的小米代加工厂。为了更好地对接益海嘉里，公司在基地建设上采取"公司+基地+农户"的运营模式，实行统一规划、统一供种、统一种植、统一标准方案、统一技术要求、统一收购仓储，与农户签订保护价收购合同，在宋家庄镇6个村建设有机贡米基地5 000亩。公司与益海嘉里共同在下宫村乡东庄头、西庄头、果庄子等村签订谷子种植协议5 000亩，带动农户2 600户。

200多家益海嘉里金龙鱼上下游合作伙伴、经销商共同助推"金龙鱼桃花小米"的商业化运营，全面进入金龙鱼粮油业务的营销渠道。

（7）尚可更加完善的地方

金龙鱼桃花小米是益海嘉里粮油品牌金龙鱼与蔚县县域公用品牌"蔚州贡米""桃花小米"联姻的结果，是将"桃花小米"地域禀赋形成的独特品质与金龙鱼品牌、运营、营销实现优势互补,通过市场化、商业化和品牌化来助力乡村振兴的典范。

本书认为,在消费者升级、消费者健康需求、小米需求大幅度增加、对小米需求由成本导向型转向品质导向型的背景下,益海嘉里可考虑在小米业务板块,复制金龙鱼桃花小米运营模式,在武安、沁县、敖汉等高品质小米主产区,形成"金龙鱼+区域公用品牌"品牌模式和运营模式,面对中产阶级及高端消费,形成规模优势,在壮大金龙鱼小米业务的同时,推动中国谷子产业和绿色健康产业的高质量发展。

3.4 我国小米品牌培育的问题分析

通过全面梳理我国的小米品牌,并对典型小米品牌案例进行深度研究,认为我国小米品牌培育过程中存在以下问题。

(1) 小米品牌培育意识薄弱

受传统生产经营观念的影响,大部分生产企业及生产经营者,生产产品多,运作品牌少,对品牌重要性及必要性认知不足,还未意识到品牌对小米附加值和市值的影响力,创建品牌的积极性不高,保护意识薄弱。"以假充真、以次充好"的现象时有发生,对信誉造成了不良影响,不利于品牌持久培育。农业生产者为获取最大利益,往往只注重产量而忽视质量,忽视品牌培育,认为品牌建设的性价比不高,需投入大量资金,但短期内很难看到效益。因此,小米在市场竞争中缺乏竞争优势,产品的辨识度较低。

(2) 缺乏系统性培育的理念与行动

对小米品牌培育有两大思想倾向:一部分人认为,培育小米品牌就是做好宣传;一部分人认为,培育小米品牌就是抓好质量。在调研中发现,很少有人基于系统观审视、理解和培育小米品牌。大多数小米品牌培育模式是:由当地政府引入咨询机构,做一套规划和形象识别系统,开几场新闻发布会、做一些传播和简单的营销活动。大多数小米品牌缺乏长远的、基于感知质量的生产与品控措施,更缺乏长远的、系统化的商业运营。两大不良的小米品牌培育倾向造成多数小米区域公用品牌培育往往"头疼医头、脚疼医脚"、政绩导向、"虎头蛇尾"而缺乏系统性培育。

(3) 各地小米品牌培育水平参差不齐

当前全国小米品牌培育水平参差不齐,大致呈现三类情况:第一类是政府非常重视,引入咨询机构,但仅限于做套设计、开场发布会,搞几个节庆,做几个宣传片,设计一套管理模式等,缺乏基于系统的长远的品牌培育。第二类是政府比较重视,也引入咨询机构,但毫无章法,品牌培育往往"虎头蛇尾"。第三类是政府不重视,小米品牌培育靠自然成长。

(4) 没有从根本上解决小米区域公用品牌培育中的"公地悲剧"问题

小米区域公用品牌培育的痛点是"公地悲剧"问题。在调研中发现,全国各省各县,尤其是非常重视区域公用品牌培育的县域都试图解决"公地悲剧"问题,有的靠认证和准入,有的靠生产技术服务和推广,有的靠建设联合体企业,但大多数不符合市场规律、从根本上没有破解"公地悲剧"问题。

(5) 很难处理好政府和市场的关系

在小米品牌培育过程中呈现两大现实：一是资源禀赋促成小米品质差异使区域公用品牌建设成为必要；二是绝大多数小米企业小、弱，靠自身力量难以大幅度实现品牌传播。考虑这两个现实，小米区域公用品牌培育与企业市场运营相结合才是小米品牌培育之道。但是在调研中发现，大多数地方政府、小米品牌企业和小米生产主体角色混乱、行为错位，三方没有实现系统化协同而形成合力，大多数小米品牌培育"虎头蛇尾"。

(6) 小米品牌形象不突出

小米品牌是某一款小米对消费者形成的心智，包含诸如品牌整体定位、外部符号名称、包装设计等细节。在调研中发现，品牌定位上，有些品牌定位过高，超出产品自身功能范围和消费者承受能力；有些品牌定位过宽，反而引起消费者的怀疑。品牌名称和形象设计上，同质化明显，雷同无个性，品牌识别力度不够。大多数小米的包装不符合定位，中高端包装设计粗俗，没有文化感和设计感，缺乏灵魂；中低端包装在成本约束下更是缺乏定位、文化感和设计感；从而影响小米品牌的整体推广力和营销力。

(7) 小米作为小米品牌的载体，品质不稳定

在调研中发现，大部分小米产品品种不稳定，同一品牌、同一款式、不同批次品质存在差异。小米种植、生产受自然环境影响大，大多数小米保鲜、贮运、加工环节相对滞后，基本上停留在粗加工上，对小米精深加工和深度开发不足，品牌附加值少，无法体现小米品牌优势，很难形成市场竞争力。小米加工方式没有太高的门槛，极易被竞争对手模仿，难以形成区别于对手的显著性差异化竞争优势。

(8) 标准化生产有待进一步落地

在调研中发现，小米品质不稳定的核心原因是缺乏标准化生产。目前除部分公司、合作社及先进村镇采取订单农业的做法，严格提供符合订单要求标准的小米外，绝大部分生产者（包括一些大型小米生产运营企业）的生产模式很难达到标准化，由此产生的小米品质不稳定将大大影响消费者的口碑评价，从而动摇小米品牌的根基。

(9) 小米品牌商业化运营理念与行动落后

运营品牌与经营产品不同，消费者对产品的认同主要来自对产品品质的认同，而消费者对品牌的认同则更多来自对品牌文化的认同。品牌文化是随着品牌的发展积淀形成的价值观、理念和个性等，需要较长时间的积累，需要小米生产企业不懈努力，使小米及其品牌中所包含的文化内涵或特定理念逐渐渗透到消费者的心智之中。不少小米经营者偏重短期效益，忽略长期发展，一些小米生产企业在业绩佳、发展势头好时，往往掉以轻心，忽略小米品质，忽视小米的升级换代，不会为小米品牌注入新的内容，更缺乏对品牌的长期维护与培育。

(10) 品牌传播存在短期行为，品牌影响力难以持续

由于各种主客观因素，很多小米品牌仅仅是注册，缺乏后续有效地传播和推广。不少地方把小米品牌建设搞成了面子工程、形象工程，止步于方案公布、LOGO 出街、广告语上墙。造成小米品牌培育"战略不落地，方案悬半空"。经历了短期的热闹之后，有的小米品牌归于寂静，有的乱局出现。有些地方遇到领导变动，工作停滞，前功尽弃，没有持续性。存续的小米品牌也仅仅注重识别功能和传播功能，品牌营销手段单

一、传统，大多依赖于政府门户网站的小米品牌专栏，品牌知名度不高，没有形成品牌美誉度和忠诚度，更没有形成线上、线下一体化的品牌营销推广体系。

（11）缺乏品牌危机意识、危机预防与处置预案

小米品牌与大多数品牌一样，同样会出现品牌危机，品牌危机一旦出现，往往会给品牌及背后的公司带来困境甚至走向万劫不复之境地，因此增强品牌危机意识，做好品牌危机预防与处置预案非常重要。在调研中发现，几乎所有的小米品牌培育者缺乏品牌危机意识，不重视品牌危机预防，更没有品牌危机预防与处置预案。

3.5 本章小结

基于品牌定位与形象系统、产品系统、传播系统、商业运营系统和危机预防处置系统五大维度分省份梳理了国内部分小米区域公用品牌和企业自有品牌，对山西小米、敖汉小米、阳曲小米三个小米区域公用品牌和沁州牌沁州黄小米、金龙鱼桃花小米两个小米企业自有品牌进行重点案例研究。基于本书全面检索信息和实地考察的不完全统计，截至2021年底，全国共有小米区域公用品牌65个，企业自有品牌203个，分布在11个省、52个县（县级市）。通过调查研究得出我国小米品牌培育中存在的问题：小米品牌培育意识薄弱；缺乏系统化培育的理念与行为；各地培育水平参差不齐；没有从根本上解决小米区域公用品牌培育中的"公地悲剧"问题；很难处理好政府和市场的关系；小米品牌形象不突出；小米作为小米品牌的载体，品质不稳定；标准化生产有待进一步落地；小米品牌商业化运营观念与行为落后；品牌传播存在短期行为，品牌影响力难以持续；缺乏品牌危机意识、危机预防与处置预案。

第4章 基于系统分析的小米品牌成长机理研究

本书2.1.3基于系统观界定了品牌的概念，认为品牌的本质是消费者对企业、产品、服务及形象的心智模式，即消费者对形成的各项思维能力的总和，主要包括消费者认知和消费者关系，塑造品牌是形成消费者心智模式的系统化逻辑，强势的品牌来源于品牌的系统化塑造。2.2节在梳理和评述当前典型的品牌价值评估模型基础上认为，当前的各种品牌价值评估模型从不同的角度揭示了品牌价值及来源，有区别，也有联系，有相通的地方，也有不同角度的诠释；然而，这些方法和指标体系更多的是从静态的结果层面来考虑的，没有从动态的成长演变层面来考察，各指标相互孤立，基本不涉及对指标之间因果关系的判断。在全面调研我国小米品牌现状基础上，3.4节梳理了小米品牌培育当前存在培育品牌就是做好宣传和培育品牌是抓好质量两大片面倾向，大多数小米品牌培育"头疼医头、脚疼医脚"，缺乏系统性培育。基于系统分析方法研究品牌成长过程的因素及各因素之间的因果关系，一方面可以丰富品牌理论与实证，另一方面可明晰地揭示品牌成长机理，为系统化培育品牌提供理论依据。

基于此，本章用系统动态分析方法，从品牌价值出发，构建品牌价值因果关系链，形成品牌价值成长机理逻辑模型，揭示品牌成长机理，在此基础上构建小米品牌成长机理逻辑模型，揭示小米品牌成长机理。

4.1 系统、社会系统与品牌成长系统

4.1.1 系统概述

系统是指由一些相互联系、相互作用、相互影响的组成部分构成并具有某些功能的整体，是能够反映和概括客观事物普遍联系的最基本和最重要的概念。系统的三个基本概念是系统结构、系统环境和系统功能。系统结构代表系统内部，系统环境代表系统外部。系统在整体上具有其组成部分所没有的性质，这就是系统的整体性。系统整体性的外在表现就是系统功能，系统整体性不是它组成部分性质的简单"拼盘"，而是系统整体涌现的结果，系统结构和系统环境以及它们之间关联关系，决定了系统的整体性和功能[1-2]。普遍意义上，系统具有以下典型的观点[3]：

（1）系统具有整体性。系统的整体性需要通过总体观察而获得，不会通过某一部分的分析而取得。

（2）子系统组成系统。子系统之间相互依赖。

（3）系统具有开放性。大多数系统具有开放性，与环境之间进行信息、能源或材料的交换。

（4）系统符合"输入—转换—输出"规律。任何开放系统都可以看成一个转换模型，与其环境间保持动态关系，它们从环境接收各类输入，以某种方式对它们进行转换，最后输出各类产出。

（5）系统具有边界。系统与其环境之间存在边界而相互分隔。边界的认定对理解系统极其周围环境极其重要。

（6）系统具有负熵性。系统都会走向无序的状态，导致熵的最大值并走向死亡。

（7）系统具有稳定状态和动态平衡。稳定状态和系统平衡是系统变化状态之一，而两者都与熵或负熵有密切关系。

（8）系统具有反馈性。反馈是把产出的信息或系统转换过程中的信息返回到系统输入中，从而导致转换过程或未来产出的变化，有正反馈和负反馈两类。

（9）系统具有调节性。组成系统的各个交互的要求需要通过某种方式的调整来使该系统达到预期目标。调节过程包括检测过程与目标的差异，并进行及时的矫正。

（10）系统具有层次结构。系统间或系统与子系统、各要素之间存在层次结构关系，每个系统由低阶子系统组成，最低阶子系统由各个要素组成，而每一个系统本身又都是上一阶系统的子系统。

（11）系统可以内部完善。开放系统发展趋势是趋向更大的差异化、精细化和更高层次的组织，向更高层次的有序化发展。

（12）系统追求多目标。生物和社会系统具有多种目标与意向。

（13）开放系统运行异途同归与异归同出。

4.1.2 社会系统概述

社会系统是开放的复杂巨系统，我们研究它的主要任务是研究系统结构与环境如何决定系统整体性和功能，揭示系统存在、演化、协同、控制与发展的一般规律。我们可以通过改变、调整系统组成部分或组成部分之间、层次结构之间以及与系统环境之间的关联关系，使它们相互协调与协同，从而在系统整体上涌现出我们满意的和最好的功能[1]。Talcott Parson（泰可特·帕森）把社会系统定义为由许多个替行为者所组成的，他们之间及其所处的某种物质性或非物质性环境间具有被文化结构及共有理念与表达方式做明确的关系及彼此间的相互作用，认为社会系统具有适应功能、制定未来目标功能、一体化融合功能和社会模式维持潜力功能[4]。王慧炯将社会系统定义为由个人及由个人组成的各类群体以某种固定关系连接组成（连接关系可以被复制为结构），该社会系统存在于一定物质与非物质环境中，存在于一定边界社会系统中的各群体，按"优化满足度"意图而相互作用（信息交流与行为），他们相互间及与边界外环境间的作用，受社会文化系统、共有理念及调控理念与措施的影响见图4.1。

4.1.3 品牌成长系统

由一个名不见经传的弱势品牌成长为知名度、美誉度和忠诚度都很高的强势品牌，

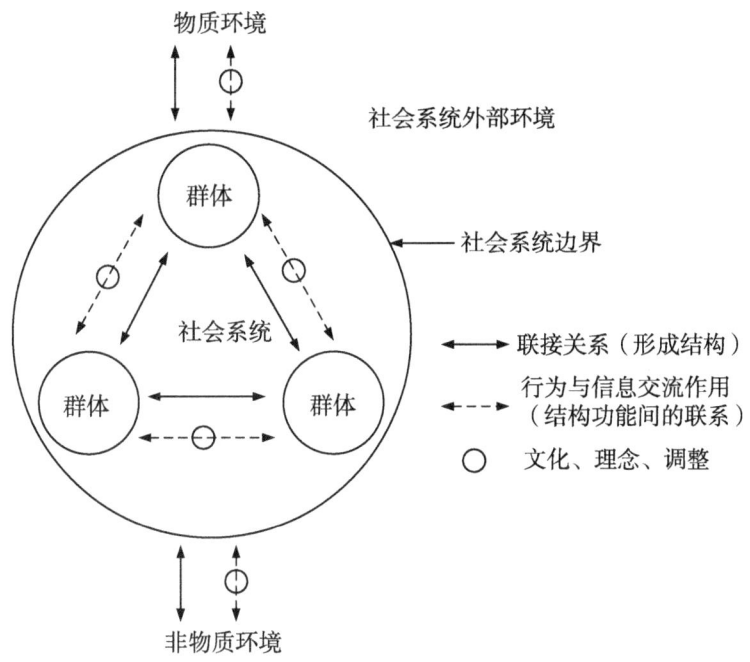

图 4.1 社会系统示意图

资料来源：王慧炯. 社会系统工程方法论 [M]. 北京：中国发展出版社，2015.

是内因和外因共同作用的结果。所谓内因是品牌所有者或使用者（所有者未必是使用者，反之亦然）培育品牌的各种行动和力量，外因是与品牌所有者或使用者之外（比如：消费者、供应商、公众等）的作用于品牌成长的各种因素和力量。因此，品牌成长系统是一个典型的社会系统，是一个开放的复杂巨系统，具有系统和社会系统所具备的任何特征，包括整体性、开放性、"输入—演变—输出"规律、反馈性、调节性、多目标性等，揭示品牌成长系统存在、演化、协同、控制与发展的一般规律有利于直面品牌成长本质，推动品牌培育工作。见图4.2。

4.1.4 系统分析研究品牌成长机理的可行性

系统分析是基于系统理论，旨在研究特定系统结构中各部分（或各子系统）及与环境各要素的相互作用、整体的行为、功能和局限，揭示其存在、演化、协同、控制与发展的一般规律，其目标是改善决策过程及系统性能从而达到系统的整体最优。系统分析采用定性分析基础上大量借用数学模型、数学分析、计算机模拟等定量分析方法，试图在具有不确定约束或边界条件的情况下，对系统要素进行综合分析、描述，得出较为准确或合理的结论。系统分析是系统理论一部分，是系统工程的重要程序和核心组成部分。

品牌成长机理是品牌成长系统各要素之间的关系与动态演变规则。基于品牌本质，品牌成长机理的核心节点是品牌价值，围绕品牌价值形成品牌成因链，成因链上各结点

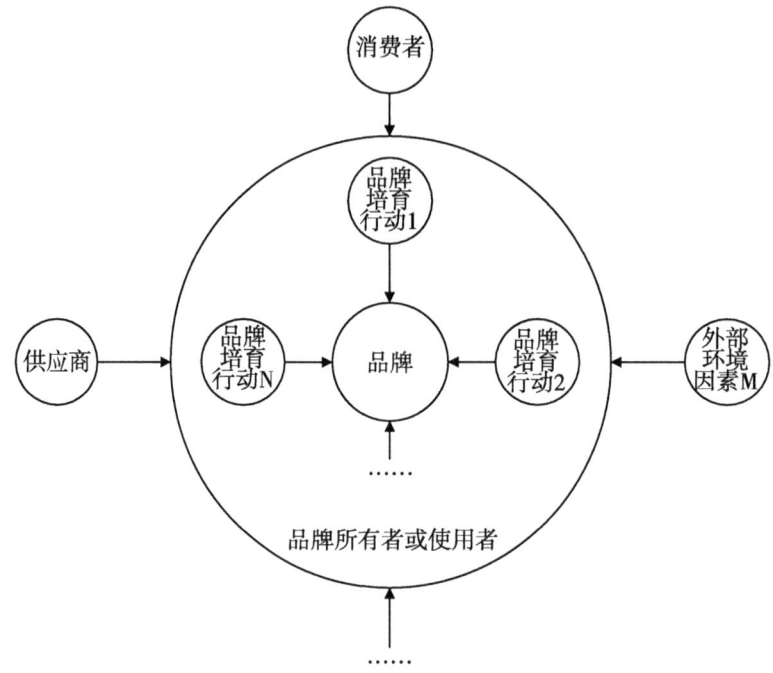

图 4.2 品牌成长系统示意图

有的来源于品牌成长系统内部，有的来源于外部环境，他们之间存在因果、递进、并列等关系，相互交错，互为联系，构成一个开放的复杂巨系统。因此，用系统分析研究品牌成长机理是可行的、有效的方法。

本章用定性的系统分析来研究品牌成长机理和小米品牌成长机理。

4.2 品牌成长机理逻辑模型与分析

4.2.1 主逻辑模型及机理分析

品牌价值是品牌强弱程度的货币化表示，品牌净收益是因品牌作用而形成的企业净收益。品牌净收益是品牌价值增加的直接原因，品牌价值同时促使品牌净收益增加。图 4.3 表示的是以品牌价值为核心节点的品牌成长机理的主逻辑模型。

品牌价值是由品牌净收益与消费者品牌心智强度共同决定。消费者品牌心智强度代表品牌引起的消费者心智变化所导致的品牌净收益持续增长的程度。

消费者品牌心智强度是由消费者品牌认知强度与消费者关系强度加权相加而得，其权重因行业不同而不同。其本质是：品牌关系和品牌认知共同构成消费者品牌心智模式，品牌心智模式是影响净收益持续增加的原因。

主逻辑模型有两个反馈环。第一个反馈环是正反馈：品牌价值引起品牌净收益增长率正相关变动，品牌净收益增长率引起品牌净收益正相关变动，品牌净收益引起品牌价

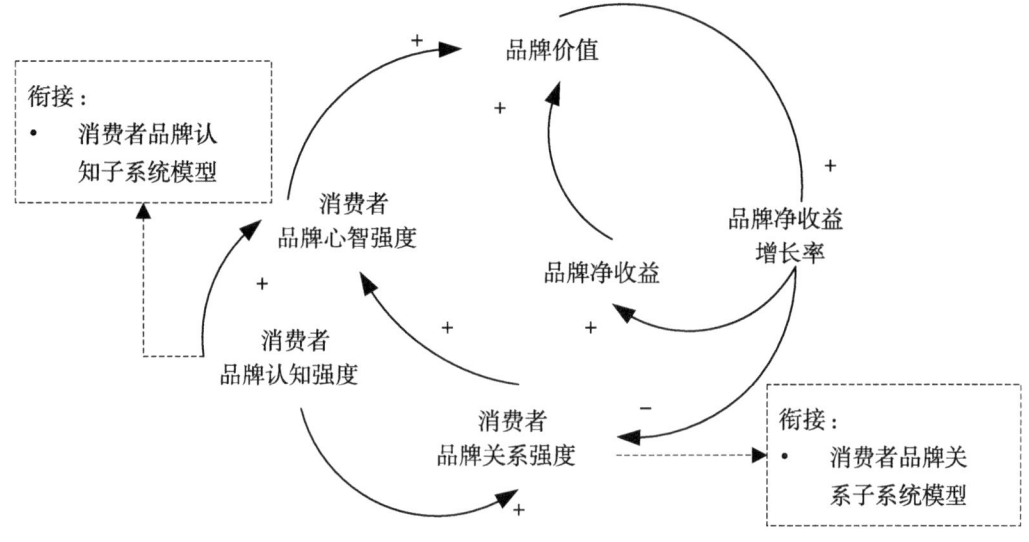

图4.3 品牌成长机理主逻辑模型

值的正相关变动。之所以品牌价值引起品牌净收益增长率正相关变动是因为品牌价值增加（或减少）会引起新顾客增加（或减少）、老顾客反复购买增加（或减少）、商品溢价等。

第二反馈环是负反馈：品牌价值引起品牌净收益增长率正相关变动，品牌净收益增长率引起消费者品牌认知强度负相关变动，消费者品牌认知强度引起消费者品牌关系强度正相关变动，消费者品牌认知强度和消费者品牌关系强度均引起消费者品牌心智强度的正相关变动，消费者品牌心智强度引起品牌价值的正相关变动。净资产增长率取决于因品牌价值增长所导致的购买频次、购买数量、品牌溢价的正相关变化；而消费者品牌关系强度与品牌净收益增长率之间的负相关变动是由以下原因造成的：第一，边际效用递减规律；第二，购买频次、数量越多，由于质量、服务等问题所引起的消费者不满意会越多；第三，品牌所引起商品溢价会引起消费者负反应。

4.2.2 消费者品牌认知子系统逻辑模型及机理分析

消费者品牌认知强度是消费者对品牌认知层次的定量化度量。从定性角度看，消费者认知由低及高依次为：没听说过某品牌，听说过某品牌但不了解，对某品牌（包括名称、符号、理念、口号、传播、产品与服务等）比较了解，对某品牌了解，对某品牌比较熟悉，对某品牌熟悉，对某品牌非常熟悉。消费品认知强度就是用定量的方法对消费者品牌认知赋值（比如：赋值1~100）来测度消费者认知程度。

图4.4揭示的是消费者品牌认知子系统逻辑模型，该模型以消费者品牌认知强度为核心节点。

决定消费者品牌认知强度的因素包括：品牌定位强度，形象系统强度，品牌传播强度，营销渠道强度，品牌净收益增长率。除品牌净收益增长率与消费者认知强度呈负相关关系外，其他因素均与之呈正相关关系。品牌净收益增长率与消费者认知强度之间的

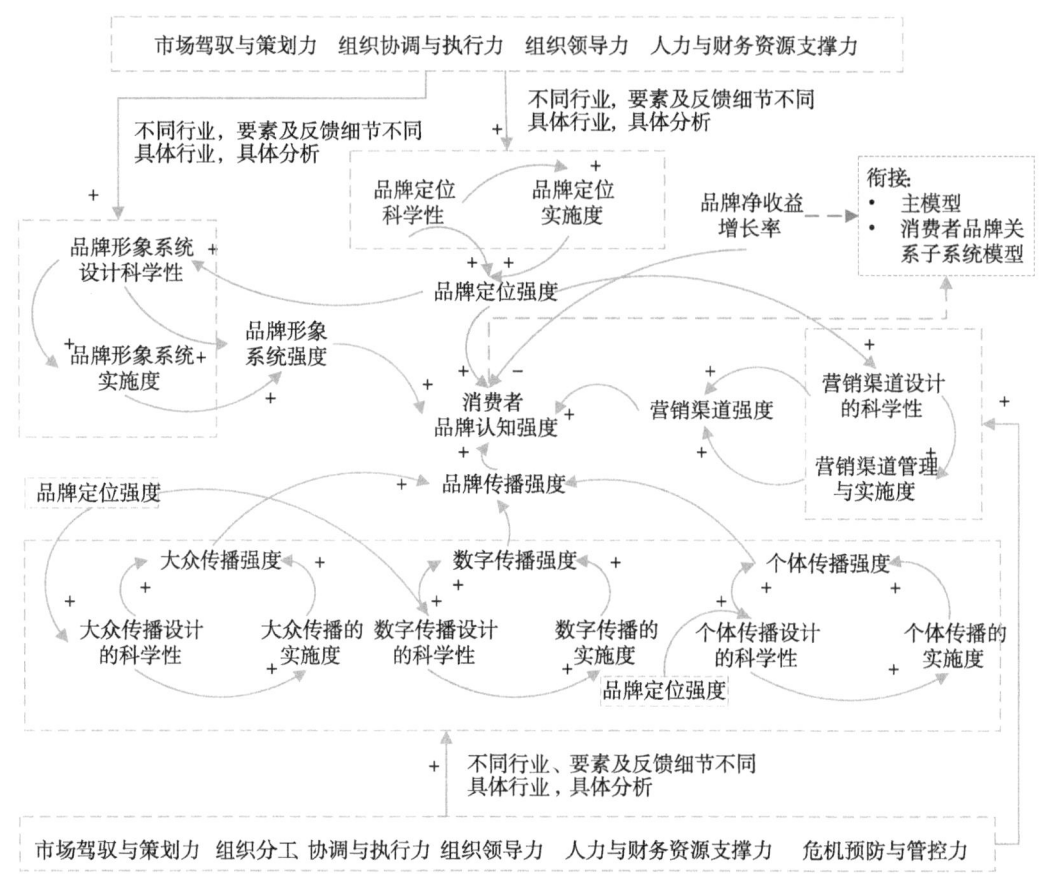

图 4.4　品牌成长机理—消费者品牌认知子系统逻辑模型

运行机理在 4.2.1 中进行了详细论述，本节重点论述其他因素与消费者认知强度之间的运行机理。

（1）品牌定位强度的因果链分析

品牌定位强度是对品牌定位科学性程度与执行程度的定量化测度，决定于两个因素：品牌定位科学性和品牌定位实施度，这两个因素与之呈正相关关系，影响权重因行业不同而不同，需具体行业做具体分析。同时，品牌定位的科学性决定了品牌定位的实施度，品牌定位强度决定了品牌形象设计的科学性、营销渠道设计的科学性和品牌传播设计的科学性。

（2）品牌形象系统强度的因果链分析

品牌形象系统强度是对品牌形象系统设计科学性和实施度的定量化测度，品牌形象系统设计的科学性和品牌形象系统实施度决定了品牌形象系统强度，呈正相关关系。品牌形象设计的科学性决定了品牌形象系统的实施度，并呈正相关关系。这两个因素对品牌形象系统强度的影响权重因行业不同而不同，需具体行业具体分析。

品牌所有者和使用者的市场驾驭与策划力、组织协调与执行力、组织领导力、人力与财务资源支撑力决定品牌定位的科学性、品牌定位的实施度、品牌形象设计科学性和品牌形象实施度,且呈正相关关系,从而决定品牌定位强度和品牌形象系统强度。这些资源和能力的影响权重、更具体的因素与影响权重因行业不同而不同,针对不同的行业需要做具体的分析。

(3) 营销渠道强度的因果链分析

营销渠道强度是对品牌所承载的市场供给物的营销渠道设计、管理与实施程度的定量化测度。营销渠道设计的科学性、营销渠道管理与实施度决定了营销渠道强度且呈正相关关系,同时品牌渠道设计的科学性决定了营销渠道管理与实施度。这两个因素对营销渠道强度的影响权重,因不同的行业而不同,不同行业需做具体分析。

(4) 品牌传播强度的因果链分析

品牌传播强度是对品牌传播科学性与实施度,即品牌传播效果的定量化测度。根据品牌传播类别的不同,品牌传播强度包括大众传播强度、数字传播强度和个体传播强度三个因素,三个因素对品牌传播强度的影响权重,因行业不同而不同,不同行业需通过具体分析来确定影响权重。每一种(大众传播、数字传播、个体传播)传播强度决定于传播设计的科学性和传播的实施度,且呈正相关关系,同时传播设计的科学性决定了传播的实施度。这两个因素对传播强度的影响权重,因行业不同而不同,需具体行业做具体分析。

品牌所有者和使用者的市场驱驾与策划力、组织分工、协调与执行力、组织领导力、人力与财务资源支撑力、危机防控与处置力决定各类品牌传播设计的科学性、各类品牌传播的实施度、营销渠道设计的科学性、营销渠道管理与实施度,且呈正相关关系,从而决定营销渠道强度和品牌传播强度。这些资源与能力的影响权重、更具体的因素与影响权重因行业不同而不同,针对不同的行业需要做具体的分析。

4.2.3 消费者品牌关系子系统模型及机理分析

消费者品牌关系强度是对消费者与品牌关系层次的定量化测度。从定性的角度,消费者品牌关系由低及高依次为:消费者对某品牌很讨厌,消费者对某品牌不满意,消费者对某品牌没感觉,消费者对某品牌比较满意,消费者对某品牌很满意,消费者对某品牌很忠诚。消费者品牌关系强度就是用定量的方式对消费者品牌关系赋值(比如:赋值0~100)来测度消费者品牌关系。

图4.5揭示的是消费者品牌关系子系统逻辑模型,该模型以消费者品牌关系强度为核心节点。

决定消费者品牌关系强度的有两个因素:消费者质量感知差值和消费者感知价值,这两个因素与消费者品牌关系强度均呈正相关关系。

(1) 消费者质量感知差值的因果链与反馈分析

消费者质量感知差值是消费者感知质量与消费者预期质量的差值,消费者感知质量与消费者感知差值之间呈正相关关系,而消费者预期质量与之呈负相关关系。

决定消费者期望质量的因素有两个:消费者品牌关系强度和消费者认知强度,这两个指标与消费者预期质量呈正相关关系。消费者认知强度来源于消费者认知强度子系统;消费者品牌关系强度与消费者期望质量、质量感知差值形成一个负反馈。

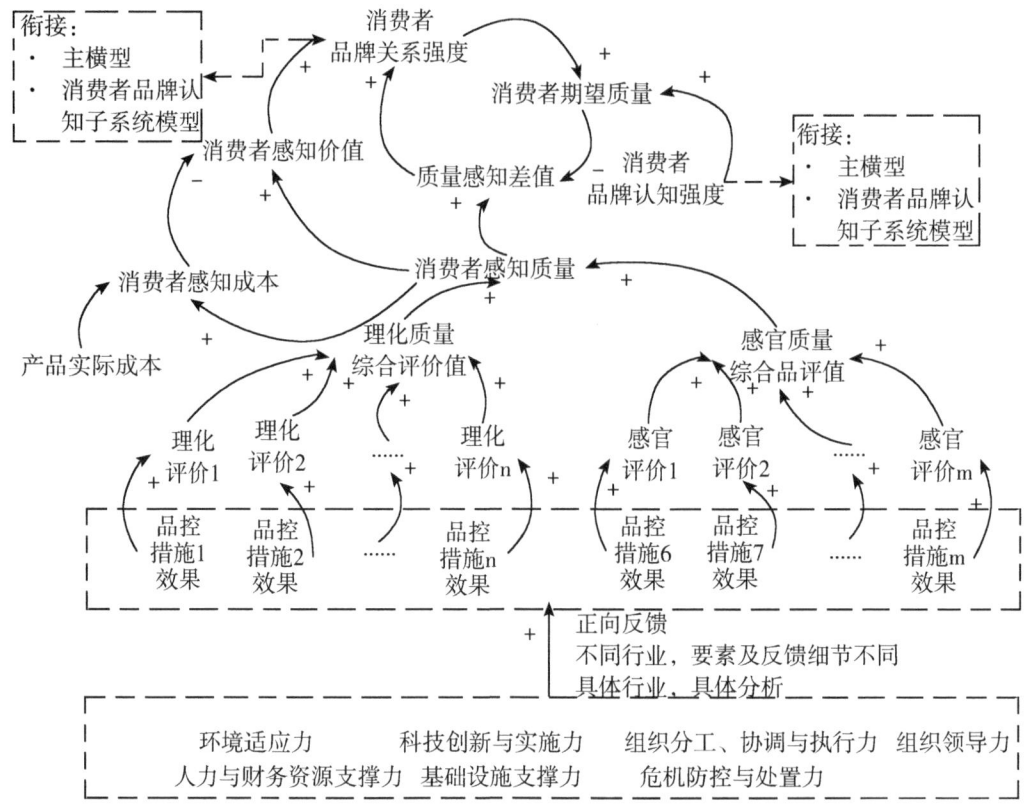

图 4.5　品牌成长机理—消费者品牌关系子系统逻辑模型

消费者感知质量从两个大指标值来测度：理化质量综合评价值和感官综合质量品评值，这两个指标值加权平均得到消费者感知质量。不同的行业、不同产品对两个指标值的权重不同，不同行业需要做具体分析。根据行业的不同的特点，通过调研和 AHP 的方式，得到理化质量指标体系、感官品评指标体系、指标权重、评价方法和评价过程。

各种品质控制的措施和效果决定了理化质量和感官品评指标的指标值，并呈正相关关系。

品质控制所依托的组织环境适应力、科技创新与实施力、组织分工、协调与执行力、组织领导力、人力与财务资源支撑力、基础设施支撑力、危机防控与处置力决定了各种品质控制的措施和效果。这些资源和能力对感知质量的影响权重和影响效能因行业不同而不同。通过对行业和产品的深度调研，得出影响品质控制的各种能力指标，从而对具体的行业做具体的分析。

（2）消费者感知价值的因果链分析

消费者感知价值是由消费者感知质量和消费者感知成本的差值，消费者感知质量与之呈正向关，消费者感知成本与之呈负相关关系。消费者感知质量的因果关系链条已在上文详细论述。

消费者感知成本由消费者感知质量和实际成本决定。消费者感知成本与消费者感知质量、实际成本呈正相关关系，实际成本是消费者的机会成本，包括货币成本、时间成本、精力成本等。

从以上分析中可以看出，消费者品牌关系强度是以消费者感知质量来达成消费者预期的结果，而消费者预期来源于品牌关系强度和品牌认知强度，同时，消费者品牌关系强度又是以消费者感知质量来弥补消费者感知成本的结果。

4.2.4　从逻辑模型到农产品品牌成长机理

从以上逻辑模型及因果链分析看出，包括环境适应力、科技创新与实施力、市场驾驭与策划力、组织分工、协调与执行力、组织领导力、人力与财务资源支撑力、基础设施支撑力等在内的品牌所有者和使用者的综合能力决定了品牌定位、品牌形象系统、各类传播和营销渠道的设计的科学性和实施度，决定了品牌定位强度、品牌形象系统强度、品牌传播强度、营销渠道强度，从而决定了品牌认知强度；同时也决定了由"品控措施—消费者感知质量—消费者质量感知差值和消费者感知价值"所构成的因果链条所形成的品牌关系强度。品牌认知强度、品牌关系强度与品牌净收益共同构成了品牌价值，而品牌认知强度和品牌关系强度是保持品牌净收益持续增长的动能。任何一个要素的变化会引起一条或多条因果链的变化，最终会引起品牌价值的变化。

一言以蔽之，组织（品牌所有者和使用者）欲望、资源、能力的大小决定各类品牌要素（品控措施、品牌定位、品牌形象系统等）行动的强弱，品牌要素行动的强弱决定各类品牌要素（感知质量、感知价值、品牌传播强度等）效果的好坏，品牌要素效果的好坏决定品牌认知强度和品牌关系强度的大小，从而决定品牌价值的大小。因此，品牌成长机理本质上是由"组织资源与能力—组织行动—行动效果—品牌价值"所构成的复杂的、多重因果关系链。

4.3　小米品牌成长机理逻辑模型

小米品牌是农产品品牌的一个子集，农产品品牌是品牌的一个子集。正如2.3.4、2.3.5和2.4.4所论述的，小米品牌具备以下特征：小米季节性、周期性、地域性等自然特征及品种和地域禀赋所形成的品质差异性是区分不同小米品牌的重要差异点；以小米的品种、地域、生产管理、贮藏、运输、加工为主要内容的品质成因系统，以供应链管理和营销管理为核心的商业运营系统是品牌消费者关系来源，是区分不同小米品牌的另一个重要差异点；将小米品牌分为区域公用品牌和企业自有品牌，前者区域内农民共同拥有，后者是企业独自享受品牌的知识产权；小米属于食品，其经营以品质和新鲜度为基础；小米品质评测具有很强的复杂性，单纯用检测数据和单纯用感官评测都难以反映其产品特征；小米品质成因的复杂性导致很难稳定和标准化。

基于4.2节品牌成长机理逻辑模型，结合小米品牌特征，构建小米品牌成长机理逻辑模型，揭示小米品牌成长机理。

4.3.1 主逻辑模型与机理分析

小米品牌成长机理主逻辑模型，整体上与通用的品牌成长机理模型是一致的。

某小米品牌的品牌价值是用货币化的形式来体现该小米品牌的品牌强弱程度。该小米品牌的品牌净收益是以该小米品牌的品牌力量为成因而形成的企业净收益，是该小米品牌的品牌价值增加的直接原因，反过来，该小米品牌的品牌价值增加同时促使该品牌的品牌净收益增加。图 4.6 体现了以该小米品牌的品牌价值为核心节点的品牌成长机理的主逻辑模型。

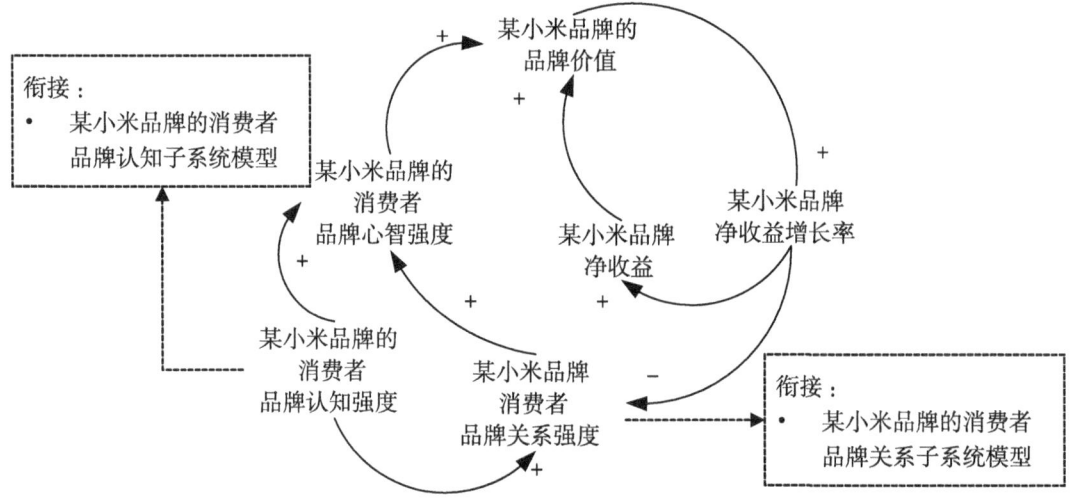

图 4.6　小米品牌成长机理主逻辑模型

该小米品牌的品牌净收益与该小米品牌的消费者品牌心智强度共同决定了该小米品牌的品牌价值。该小米品牌的消费者品牌心智强度指的是该小米品牌引起的消费者心智变化所导致的该小米品牌的品牌净收益持续增长的程度。

该小米品牌的消费者品牌认知强度与该小米品牌的消费者关系强度加权相加得到该小米品牌的消费者品牌心智强度，其权重可以通过熵权法、AHP 法配合调查研究测算得出。该小米品牌的消费者品牌心智强度的本质是：该小米品牌的品牌关系和品牌认知共同构成该小米品牌的消费者品牌心智模式，该小米品牌的品牌心智模式是影响该小米品牌的净收益持续增加的原因。

该小米品牌的品牌价值主逻辑模型有两个反馈环：

（1）第一个反馈是正反馈

该小米品牌的品牌价值引起该小米品牌的品牌净收益增长率正相关变动，该小米品牌的品牌净收益增长率引起该小米品牌的品牌净收益正相关变动，该小米品牌的品牌净收益引起该小米品牌的品牌价值的正相关变动。之所以该小米品牌的品牌价值引起该小米品牌的品牌净收益增长率正相关变动是因为：第一，该小米品牌的品牌价值增加（或减少）会引起新顾客增加（或减少）；第二，该小米品牌的品牌价值增加（或减少）会引起老顾客反复购买的增加（或减少）；第三，该小米品牌的品牌价值增加会使需求函数向外引动，从而在同样销量前提下实现溢价。

（2）第二反馈环是负反馈

该小米品牌的品牌价值引起该小米品牌的品牌净收益增长率正相关变动，该小米品牌的品牌净收益增长率引起小米品牌的消费者品牌认知强度负相关变动，该小米品牌的消费者品牌认知强度引其该小米品牌的消费者品牌关系强度正相关变动，该小米品牌的消费者品牌认知强度和该品牌的消费者品牌关系强度均引起该小米品牌的消费者品牌心智强度的正相关变动，该小米品牌的消费者品牌心智强度引起该小米品牌的品牌价值的正相关变动。该小米品牌的净资产增长率取决于因该小米品牌的品牌价值增长所导致的购买频次、购买数量、品牌溢价的正相关变化；而该小米品牌的消费者品牌关系强度与该小米品牌的品牌净收益增长率之间的负相关变动是由以下原因造成的：第一，该小米品牌的品牌净收益增加意味着购买者数量、频次、购买数量的增加，根据边际效用递减规律，随着购买数量和频次的增加，消费者效用呈递减趋势，该小米品牌的消费者品牌关系强度呈现递减状态，反之亦然；第二，消费者的购买频次、数量越多，由于质量、服务等问题所引起的消费者不满意会越多；第三，该小米品牌所引起商品溢价会引起一部分消费者的负反应。

该小米品牌的消费者品牌认知强度和该小米品牌的消费者品牌关系强度的成长机理分别通过子系统另行分析。

4.3.2　消费者品牌认知子系统逻辑模型及机理分析

通过系统分析看出，小米品牌与一般意义上的品牌，小米区域公用品牌与小米企业自有品牌在消费者认知子系统因果链中，引起消费者品牌认知强度的直接原因（品牌定位强度、品牌形象强度、品牌传播强度、营销渠道强度等）的大多数维度是一致的，而小米区域公用品牌和小米企业自有品牌在引起消费者品牌认知强度的组织性因素中存在很大差异。因此本部分分别对其构建逻辑模型和进行机理分析。

某小米品牌的消费者品牌认知强度用消费者对该小米品牌认知层次通过序数化赋值来进行定量化度量。从定性角度看，该小米品牌的消费者品牌认知由低及高依次为：没听说过该小米品牌，听说过该小米品牌但不了解，对该小米品牌（包括名称、符号、理念、口号、传播、产品与服务等）比较了解，对该小米品牌了解，对该小米品牌比较熟悉，对该小米品牌熟悉，对该小米品牌非常熟悉。

（1）小米区域公用品牌的消费者品牌认知子系统逻辑模型与机理分析

图 4.7 体现了小米区域公用品牌的消费者认知子系统逻辑模型。

引起某小米区域公用品牌的消费者品牌认知强度的主要因素有该小米区域公用品牌的品牌定位强度、品牌形象系统强度、品牌传播强度和品牌净收益率。而其深层次的组织原因是该小米区域公用品牌所有者和使用者，即当地政府和涉及部门的重视度、策划力、执行力、组织力和人力财力支撑力。除品牌净收益增长率与消费者认知强度呈负相关关系外，其他因素均与之呈正相关关系。品牌净收益增长率与消费者认知强度之间的运行机理在 4.3.1 中进行了详细论述，本部分重点论述其他因素与消费者认知强度之间的运行机理。需要特别说明的是,根据调研与本书观点,小米区域公用品牌只承担平台和传播功能,不承担营销等商业能力,因此,与普适品牌不同的是,影响小米区域公用品牌的消费品牌认知强度因素不包括营销渠道强度。

①某小米区域公用品牌的品牌定位强度的因果链分析。某小米区域公用品牌的品牌定位强度是对该小米区域公用品牌的品牌定位科学性程度与执行程度的定量化测度,由品牌定位科学性和品牌定位实施度两个因素共同决定,这两个因素与之呈正相关关系,影响权重可以通过熵权法、AHP结合实际调研获得。与此同时,该小米品牌的品牌定位科学性决定了品牌定位实施度,品牌定位强度决定了品牌形象设计的科学性和品牌传播设计的科学性。小米区域公用品牌的价值在于不同区域的自然禀赋、主栽品种等区域因素所形成的具有商业价值的小米品质差异性,同时不同区域具有不同的差异化文化,融合小米品质差异性与区域文化差异性往往成为某小米区域公用品牌的品牌定位的核心点,也是品牌定位科学性的重要依托。

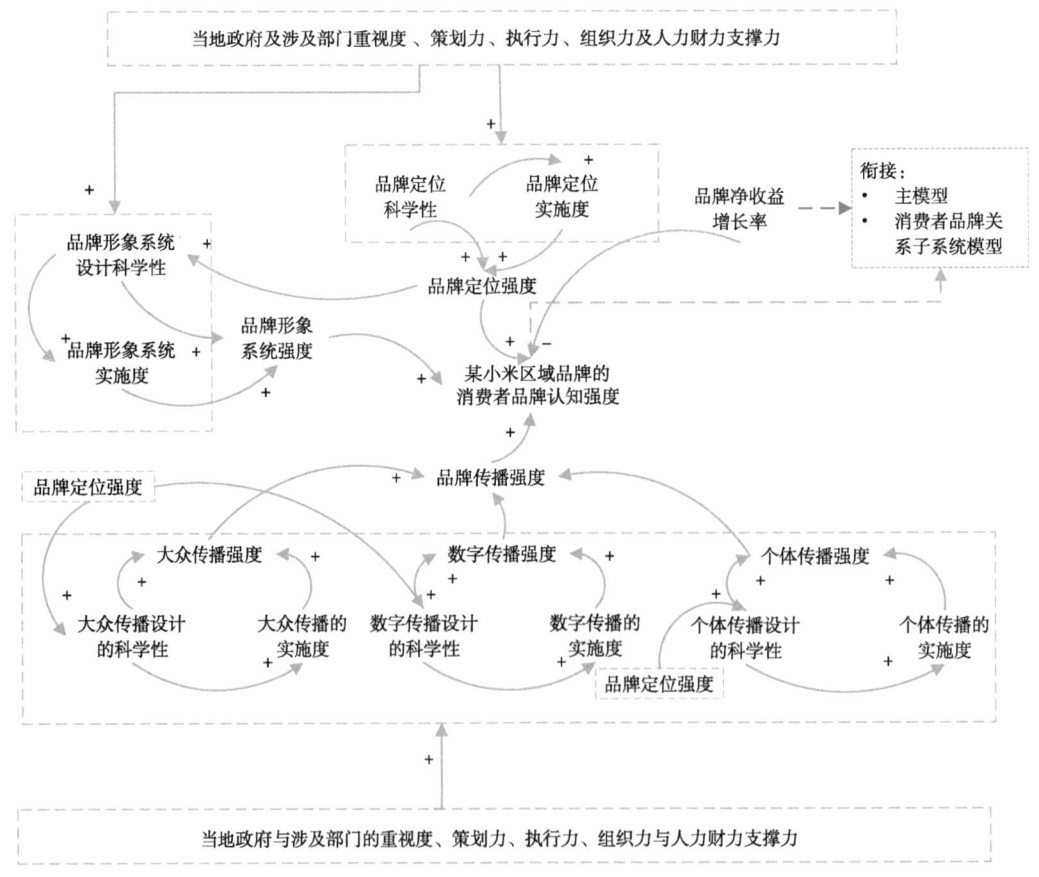

图4.7 小米品牌(区域公用品牌)的消费者品牌认知子系统逻辑模型

②某小米区域公用品牌的品牌形象系统强度的因果链分析。某小米区域公用品牌的品牌形象系统强度是对该小米区域公用品牌的品牌形象系统设计科学性和实施度的定量

化测度，该小米区域公用品牌的品牌形象系统设计的科学性和品牌形象系统实施度决定了该小米区域公用品牌的品牌形象系统强度，并呈正相关关系。该小米区域公用品牌的品牌形象设计的科学性决定了品牌形象系统的实施度，并呈正相关关系。这两个因素对该小米区域公用品牌的品牌形象系统强度的影响权重通过熵权法、AHP 配合调查研究得到。由于小米区域公用品牌的区域文化、区域自然禀赋、区域主栽品种、品质均具有差异性与区域优势，标志、标准字、标准色、主形象设计等核心设计中符合品牌定位，融入区域差异性与区域优势显得非常重要，是增加小米区域公用品牌的品牌形象科学性的重要因素。

③某小米区域公用品牌的品牌传播强度的因果链分析。某小米区域公用品牌的品牌传播强度是对该小米区域公用品牌的品牌传播科学性与实施度，即品牌传播效果的定量化测度。根据品牌传播类别的不同，该小米区域公用品牌的品牌传播强度包括大众传播强度、数字传播强度和个体传播强度三个因素，三个因素对品牌传播强度的影响权重，可以通过熵权法、AHP 法结合调查研究得到。每一种（大众传播、数字传播、个体传播）传播方式设计的科学性和传播的实施度决定了该方式的传播强度，并且呈正相关关系，同时传播设计的科学性决定了传播的实施度。这两个因素对该小米区域公用品牌的传播强度的影响权重，通过熵权法、AHP 法结合调查研究得到。需要指出的是，在小米区域公用品牌的品牌传播设计与实施中，需要把握几个基本思想：第一，基于预算，设计最大化效能的品牌传播方式与比例。在现有的小米区域公用品牌传播中，大多数通过新闻发布会、参加各类大型展会等方式传播。第二，顺应公众和消费者接收信息、进行沟通的模式变化，在以抖音、快手、微信公众号、今日头条为主要内容的数字化传播上有所突破，以新形式传播。第三，传播要持之以恒，忌讳"虎头蛇尾""一朝天子一朝臣""朝令夕改"。以上三个方面，直接决定了某小米区域公用品牌的品牌传播强度的大小。

④某小米区域公用品牌所有者和使用者，即当地政府和涉及部门的重视度、设计力、执行力、组织力和人力财力支撑力是重要的组织性因素，决定该小米区域公用品牌的品牌定位、品牌形象系统和品牌传播的设计的科学性和实施度，其影响权重可通过熵权法、AHP 法配合调查研究得到。当地政府和实际部门的重视程度决定了投入多大的人力资源和财力资源去支撑该小米区域公用品牌的传播，并为所在区域的小米生产主体构建服务平台。当地政府投入的人力资源和财力资源决定了用什么层次的人和团队来设计和运营该小米区域公用品牌，即决定了当地政府和涉及部门的设计力、执行力和组织力。需要特别指出的是，当地政府和涉及部门的组织力决定了为所在区域小米生产经营主体构建服务平台的能力，决定了所在区域小米生产经营主体通过保护品牌信誉、走出"公地悲剧"的自律性。

（2）小米企业自有品牌的消费者品牌认知子系统逻辑模型与机理分析

与小米区域公用品牌"一方水土养一方小米"这一区域禀赋特征相比，小米企业自有品牌的意义在于小米企业传达给消费者的信誉。小米企业自有品牌的本质是企业信誉，大多数小米企业（或生产经营主体）实力较弱，完全靠自身运营市场和培育品牌是很难的。小米企业自有品牌背书区域公用品牌形成"小米区域公用品牌+小米企业自有品牌"品牌建设模式才符合小米产业现实,从而实现小米区域公用品牌侧重"一方水土养一方小米"、企业品牌突出"信誉"的协同化培育。从小米品牌培育的理念和现实看,这种协同化培育对形成和提升消费者品牌认知强度显得非常重要。本节在此基础上构建小米企业自有品牌的消费者品牌认知子系统逻辑模型并进行分析。

图 4.8 表现的是某小米企业自有品牌的消费者认知子系统逻辑模型。

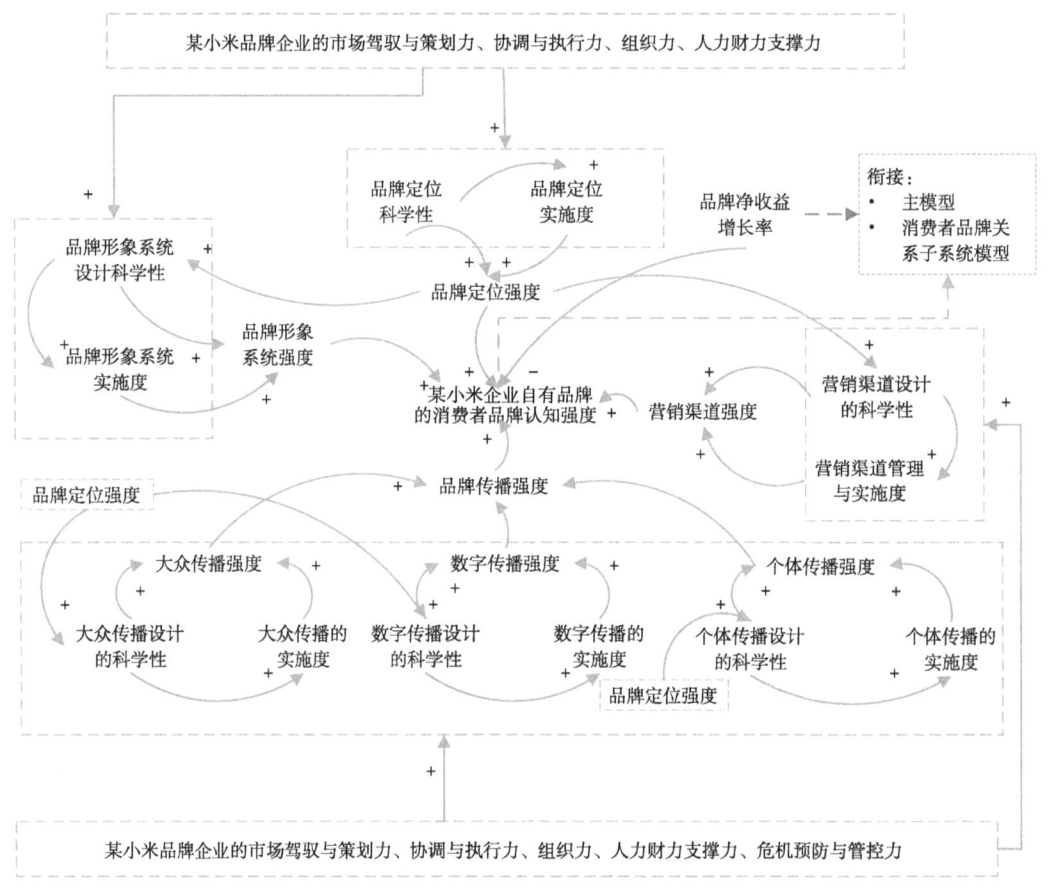

图 4.8　小米企业自有品牌的消费者品牌认知子系统逻辑模型

引起某小米企业自有品牌的消费者品牌认知强度的主要因素包括:该小米企业自有品牌的品牌定位强度;该小米企业自有品牌的品牌形象系统强度;该小米企业自有品牌的品牌传播强度;该小米企业自有品牌的品牌净收益率。而引起诸强度增加的深层次原因是品牌所有者和使用者的组织性因素,也就是该小米企业自有品牌的市场驾驭力与策划力、协调与执行力、组织力、人力财力支撑力及危机预防管控力。除该小米企业自有品牌的品牌净收益增长率与消费者认知强度呈负相关关系外,其他因素均与之呈正相关关系。品牌净收益增长率与消费者认知强度之间的运行机理在 4.3.1 中进行了详细论述,本节重点论述其他因素与消费者认知强度之间的运行机理。

①某小米企业自有品牌的品牌定位强度的因果链分析。某小米企业自有品牌的品牌定位强度是对该小米企业自有品牌的品牌定位科学性程度与执行程度的定量化测度,该

小米企业自有品牌的品牌定位科学性和品牌定位实施度决定了该小米企业品牌定位强度，品牌定位科学性和品牌定位实施度与该小米企业自有品牌的品牌定位强度呈正相关关系，两个因素对其的影响权重可以通过熵权法、AHP 等方法配合调查研究确定。与此同时，该小米企业自有品牌的品牌定位科学性决定了该小米企业自有品牌的品牌定位实施度，该小米企业自有品牌的品牌定位强度决定了该小米企业自有品牌的品牌形象设计科学性、营销渠道设计科学性和品牌传播设计科学性。

需要特别指出的是，某小米企业自有品牌在品牌定位时既要关注其背书的母品牌（某小米区域公用品牌）的品牌定位，更重要的是突出该小米企业（或生产经营主体）及企业家的信誉，而信誉的核心是给消费者的承诺并超预期兑现承诺，这是提升该小米企业自有品牌的品牌定位科学性及品牌定位强度的核心因素。

②某小米企业自有品牌的品牌形象系统强度的因果链分析。某小米企业自有品牌的品牌形象系统强度是对该小米企业自有品牌的品牌形象系统设计科学性和实施度的定量化测度，该小米企业自有品牌的品牌形象系统设计的科学性和品牌形象系统实施度决定了该小米企业自有品牌的品牌形象系统强度，并呈正相关关系。该小米企业自有品牌的品牌形象设计的科学性决定了该小米企业自有品牌的品牌形象系统的实施度，并呈正相关关系。这两个因素对该小米企业自有品牌的品牌形象系统强度的影响权重可通过熵权法、AHP 法等方法配合调查研究得到。

需要特别指出的是，某小米企业自有品牌的品牌形象系统设计与实施取决于该小米企业自有品牌的品牌定位。因此，该小米企业自有品牌在品牌形象系统设计时，其标志、符号、标准色、标准字及运用系统在充分基于品牌定位在融入母品牌（某小米区域公用品牌）形象设计基础上，突出该小米企业自有品牌特色，尤其是突出给消费者的信任感，更要巧妙地把母品牌特征和该小米企业自有品牌的形象特色融合到一起，互相支撑而不是互相搅和。这些是该小米企业自有品牌形象系统设计与实施中的核心点，也是提升该小米企业自有品牌的品牌形象系统强度的核心。

③某小米品牌企业自有品牌的营销渠道强度的因果链分析。小米实现商业化的主体是小米品牌企业（或生产经营主体），而不是政府、政府部门或政府背景的任何组织，这是在小米品牌培育及运营过程中的必须把握的原则。营销渠道设计与管理是某小米品牌企业品牌商业化运营的重点环节，其强弱程度直接影响该小米企业自有品牌商业运用的成败。

某小米企业自有品牌的营销渠道强度是对该小米企业自有品牌所承载的小米产品的营销渠道设计、管理与实施程度的定量化测度。该小米企业自有品牌的营销渠道设计的科学性、营销渠道管理与实施度决定了该小米企业自有品牌的营销渠道强度，并与之呈正相关关系。该小米企业自有品牌的品牌渠道设计科学性决定了该小米企业自有品牌的营销渠道管理与实施度。该小米企业自有品牌的营销渠道设计科学性和营销渠道管理与实施度这两大指标对营销渠道强度的影响权重，可通过熵权法、AHP 法等方法配合调查研究得到。

需要特别强调的是，该小米企业自有品牌在营销渠道设计、管理和实施过程中，必须考虑数字化赋能营销渠道设计与管理的现实，紧跟时代步伐，推动营销渠道设计与管理创新。既要考虑"某小米企业—批发市场—便利店（超市）—消费者""某小米企业—某超市—消费者"等传统的营销渠道模式，还要全方位考虑通过京东、淘宝系、拼多多、微店、社区团购平台等数字化背景下的渠道模式，构建符合该小米企业的整合营销渠道系统，并实现有效的管理，提升营销渠道效率。这些是影响该小米企业自有品牌营销绩效及商业化运营绩效的重要手段，也是提升该小米企业自有品牌营销渠道强度的核心因素。

④某小米企业自有品牌的品牌传播强度的因果链分析。品牌传播是品牌培育的重要手段，其核心是该小米企业与公众及消费者的有效沟通，使公众成为潜在顾客，使潜在顾客成为顾客和忠诚顾客。某小米企业自有品牌的品牌传播强度是对该小米企业自有品牌的品牌传播科学性与实施度，即品牌传播效果的定量化测度。菲利普·科特勒和凯文·凯勒将品牌传播分为大众传播（广告、公共关系）、个体传播（人员推销、营业推广、体验、口碑等）和数字化传播（移动化传播、网络广告、社交化媒体传播等）三大类。根据该分类，将该小米企业自有品牌的品牌传播强度分为大众传播强度、数字传播强度和个体传播强度三个因素，三个因素对品牌传播强度的影响权重通过熵权法、AHP法等方法结合调查研究得到。该小米企业自有品牌的每一类（大众传播、数字传播、个体传播）传播强度决定于该类传播设计及整合传播设计的科学性和传播的实施度，且呈正相关关系。该小米企业自有品牌的传播设计的科学性决定了该小米企业自有品牌的传播实施度。该小米企业自有品牌的传播设计科学性及实施度对传播强度的影响权重通过熵权法、AHP法等方法结合调查研究得到。

特别指出的是，大多数小米企业实力较弱，人力资源缺乏，缺乏市场运营意识，所以在传播过程中需要做到以下几个方面：第一，充分、合理、巧妙借母品牌（某小米区域公用品牌）传播之势，并运用到该小米企业自有品牌的传播上；第二，信誉是该小米自有品牌的本质，口碑是该小米自有品牌最高境界的传播，通过小米产品品质的"他无我有、他有我优"及全方位服务来构建和管理该小米企业自有品牌的口碑。第三，充分利用数字化背景下的低成本媒体（微信公众号、今日头条、抖音、快手、直播平台等）进行系统化传播和电商"引流"措施。这些是该小米企业自有品牌做好有效传播的必要手段，也是提升该小米企业自有品牌的传播强度的重要措施。

⑤某小米企业的市场驾驭力与策划力、协调与执行力、组织力、人力财力支撑力和危机预防控制力是重要的组织性因素，是最终形成该小米企业自有品牌的消费者品牌认知强度的核心力量。该小米企业的市场驾驭力与策划力、协调与执行力、组织力、人力财力支撑力决定该小米企业自有品牌的品牌定位科学性与实施度、品牌形象设计科学性与实施度，并呈正相关关系，进而决定了该小米企业自有品牌的品牌定位强度和品牌形象系统强度。该小米企业的市场驾驭力与策划力、协调与执行力、组织力、人力财力支撑力、危机预防控制力决定该小米企业自有品牌的各类品牌传播设计的科学性与实施度、营销渠道设计的科学性、营销渠道管理与实施度，且呈正相关关系，进而决定该小米企业自有品牌的营销渠道强度和品牌传播强度。这些资源和能力的影响权重、更具体的因素与影响权重根据熵权法、AHP法等方法结合调查研究得到。

需要特别指出的是，由于大多数小米企业（包括生产经营主体）实力较弱、人力资源匮乏,缺乏市场意识,因此他们的市场驾驭力和策划力较弱,协调和执行力、组织力参差不齐,人力财力支撑能力远远不能满足小米企业正常发展,更没有危机意识,危机预防控制力较差。这些直接决定了小米企业自有品牌的定位强度、形象系统强度、营销渠道强度和传播强度的水平,进而决定了小米企业自有品牌的消费者品牌认知强度的水平。

4.3.3 消费者品牌关系子系统逻辑模型及机理分析

小米品牌与一般意义上的品牌,小米区域公用品牌与小米企业自有品牌在消费者关系子系统因果链中,引起消费者品牌关系强度的直接原因都是消费者感知质量,而引起消费者感知质量的框架性维度是一致(消费者感知价值、消费者感知价值差值等),但是引起消费者感知质量的具体因素及组织性因素存在很大差异。因此本部分分别对小米区域公用品牌和小米企业自有品牌构建逻辑模型和进行机理分析。

某小米品牌的消费者品牌关系强度是对消费者与品牌关系层次的定量化测度。从定性的角度,该小米品牌的消费者品牌关系由低及高依次可以设定为:消费者对该小米品牌很讨厌,消费者对该小米品牌不满意,消费者对该小米品牌没感觉,消费者对该小米品牌比较满意,消费者对该小米品牌很满意,消费者对该小米品牌很忠诚。该小米品牌的消费者品牌关系强度就是用定量的方式通过赋值(比如:赋值0~100)来测度该小米品牌的消费者品牌关系。

(1)小米区域公用品牌的消费者品牌关系子系统逻辑模型及机理分析

图4.9表示了某小米区域公用品牌的消费者品牌关系子系统逻辑模型,该模型以该小米区域公用品牌的消费者品牌关系强度为核心节点。

该小米区域公用品牌的消费者品牌关系强度有两个决定因素:一是该小米区域公用品牌的消费者质量感知差值,二是该小米区域公用品牌的消费者感知价值,他们与该小米区域公用品牌的消费者品牌关系强度均呈正相关关系。

①某小米区域公用品牌的消费者质量感知差值的因果链分析。某小米区域公用品牌的消费者质量感知差值是该小米区域公用品牌的消费者感知质量与该小米区域公用品牌的消费者预期质量的差值,该小米区域公用品牌的消费者感知质量与该小米区域公用品牌的消费者感知差值之间呈正相关关系,而该小米区域公用品牌的消费者预期质量与之呈负相关关系。

该小米区域公用品牌的消费者期望质量由以下两个因素决定:第一,该小米区域公用品牌的消费者品牌关系强度,该小米区域公用品牌的消费者预期质量与之呈正相关关系,这是本子系统逻辑模型的核心节点,与该小米区域公用品牌的消费者期望质量、质量感知差值形成一个负反馈;第二,该小米区域公用品牌的消费者认知强度,同样该小米区域公用品牌的消费者预期质量与之呈正相关关系,这来源于该小米区域公用品牌的消费者认知强度子系统。

该小米区域公用品牌的消费者感知质量主要通过对该小米产品的感官质量品评来测度。根据2.4.4所论述的,小米产品感官质量品评指标包括以下四大维度:第一,外观及一致性,主要品评熬成米粥后米粒与汤融合的均匀程度及糯性程度;第二,色泽,主

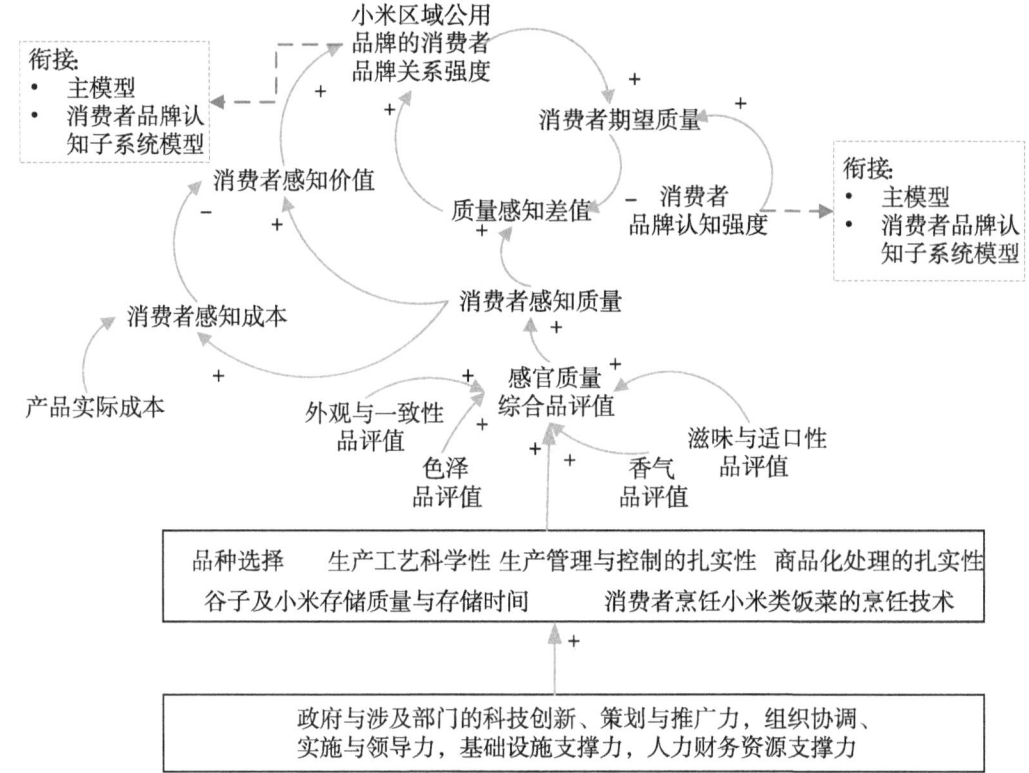

图 4.9　某小米区域公用品牌的消费者品牌关系子系统逻辑模型

要品评米粒颜色的纯正程度、杂色程度与光泽明亮程度；第三，香气，主要品评熬成粥或做成干饭后的香气浓郁程度及杂味的程度；第四，滋味和适口性，主要品评熬成粥后细腻绵柔顺滑程度、粉质感程度及干饭和米粥回口甜的程度。通过熵权法、AHP 法等方法配合调查研究给予四项指标的权重赋值。

该小米区域公用品牌的品质控制措施决定了该小米区域公用品牌的消费者感知质量，包括：

第一，谷子品种选择。谷子品种是在一定的生态和经济条件下，经自然或人工选择形成的具有相对的遗传稳定性、生物学及经济学上的一致性，并可以用普通的繁殖方法保持其恒久性的谷子群体，是谷子种质基因库的重要保存单位。从这个意义上讲，谷子品种是决定小米品质的最核心的原因，选择品质符合地域自然条件、符合消费者需求、产量稳定、品质稳定的谷子品种是最重要的该小米区域公用品牌的品质控制措施。

第二，谷子生产工艺的科学性。这是某小米区域公用品牌的品质控制的另一个重要措施。包括地块选择、整地施肥、适时播种、合理密植、田间管理（间苗除草、肥水管理、病虫防治、适时收获）等环节的科学性。

第三，政府及有关部门对生产管理与控制的扎实性。地方政府及涉及部门把科学的谷子生产工艺落实到谷子生产经营主体的田间地头的扎实程度，也是该小米区域公用品牌的品质控制的重要措施，落实措施包括技术服务、生产资料及物资补贴、必要的行政干预等。

第四，谷子商品化处理的扎实性。包括谷子碾米、去杂、小米包装、小米销售等环节的扎实程度，这直接决定了小米品质。

第五，谷子及小米存储质量与存储时间。谷子存储质量与时间直接决定了谷子品质和小米品质；小米存储质量与存储时间直接决定了熬成粥或做成干饭后的色泽、香气和适口性。谷子和小米最适宜低温贮藏，0~5℃是最合适的贮藏温度。谷子和小米存储时间越长，其品质就会越差。尤其是小米存储时间长会引起粥或干饭的颜色、米香和滋味。

第六，消费者烹饪小米类饭菜的烹饪技术。烹饪方式、食材比例、烹饪温度、烹饪时间、烹饪步骤等直接影响小米类饭菜的品质，直接影响该小米区域公用品牌的消费者感知质量。

以上六个方面的权重可以通过熵权法、AHP法等配合调查研究得到。

②某小米区域公用品牌的消费者感知价值的因果链分析。某小米区域公用品牌的消费者感知价值是该小米区域公用品牌的消费者感知质量和消费者感知成本的差值，该小米区域公用品牌的消费者感知质量与之呈正相关关系，该小米区域公用品牌的消费者感知成本与之呈负相关关系。消费者感知质量的因果关系链条已在上文详细论述。

该小米区域公用品牌的消费者感知成本由两个因素决定的：第一，该小米区域公用品牌的消费者感知质量，该小米区域公用品牌的消费者感知成本与之呈正相关关系，这是因为消费者感知质量越高，消费者预期就会越高，消费者感知成本就越高；第二，实际成本，该小米区域公用品牌的感知成本与之呈正相关关系，实际成本是消费者获得一定量小米产品所发生的机会成本，包括货币成本、时间成本、精力成本等。

一言以蔽之，该小米区域公用品牌的消费者品牌关系强度是以该小米区域公用品牌的消费者感知质量来达成该小米区域公用品牌的消费者预期的结果，而该小米区域公用品牌的消费者预期来源于该小米区域公用品牌的品牌关系强度和品牌认知强度，同时，该小米区域公用品牌的消费者品牌关系强度又是以该小米区域公用品牌的消费者感知质量来弥补该小米区域公用品牌的消费者感知成本的结果。

③某小米区域公用品牌所有者和使用者，即当地政府和涉及部门的组织性因素是决定该小米区域公用品牌的消费者品牌关系的组织力量和原动力，包括：

第一，科技创新、策划与推广力。这决定了品种选择、生产工艺选择、小米类饭菜烹饪的科学性，决定了生产管理与控制得扎实性。

第二，组织协调、实施与领导力。这决定了生产管理与控制和商品化处理的扎实性。

第三，基础设施支撑力。这决定了商品化处理和谷子小米存储的扎实性。

第四，人力财力资源支撑力。这决定了品种选择、生产工艺、小米类饭菜烹饪的科学性，生产管理与控制、商品化处理、谷子小米存储的扎实性。

以上四个方面的权重可以通过熵权法、AHP法等配合调查研究得到。

（2）小米企业自有品牌的消费者品牌关系子系统逻辑模型及机理分析

图4.10揭示了某小米企业自有品牌的消费者品牌关系子系统逻辑模型，该模型以

该小米自有品牌的消费者品牌关系强度为核心节点。

该小米企业自有品牌的消费者品牌关系强度由两个因素决定：第一，该小米企业自有品牌的消费者质量感知差值；第二，该小米企业自有品牌的消费者感知价值。这两个因素与该小米企业自有品牌的消费者品牌关系强度均呈正相关关系。

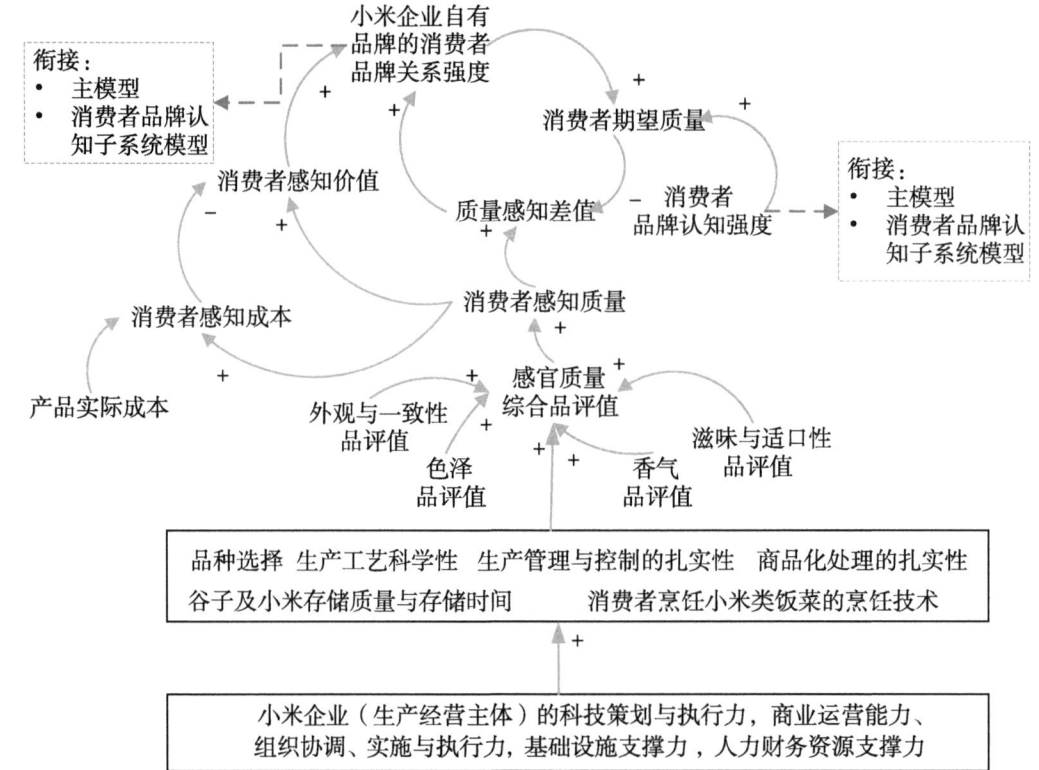

图 4.10　某小米企业自有品牌的消费者品牌关系子系统逻辑模型

①某小米企业自有品牌的消费者质量感知差值的因果链分析。某小米企业自有品牌的消费者质量感知差值是该小米企业自有品牌的消费者感知质量与该小米企业自有品牌的消费者预期质量的差值，该小米企业自有品牌的消费者感知质量与该小米企业自有品牌的消费者感知差值之间呈正相关关系，而该小米企业自有品牌的消费者预期质量与之呈负相关关系。

该小米企业自有品牌的消费者期望质量有以下两个决定性因素：一是该小米企业自有品牌的消费者品牌关系强度，该小米企业自有品牌的消费者预期质量与之呈正相关关系，这是本子系统逻辑模型的核心节点，与该小米企业自有品牌的消费者期望质量、质量感知差值形成一个负反馈；第二，该小米企业自有品牌的消费者认知强度，同样该小米企业自有品牌的消费者预期质量与之呈正相关关系，这来源于该小米企业自有品牌的消费者认知强度子系统。

该小米企业自有品牌的消费者感知质量主要通过对该小米产品的感官质量品评来测度。小米产品感官质量品评指标与小米区域公用品牌的品评指标是一致的，包括外观及一致性、色泽、香气和滋味适口性四大维度，具体细节参见小米区域公用品牌的消费者关系子系统逻辑模型与机理一节的论述，在此不再赘述。通过熵权法、AHP法等方法配合调查研究给予四项指标的权重赋值。

该小米企业自有品牌的品质控制措施决定了该小米企业自有品牌的消费者感知质量，包括谷子品种选择、谷子生产工艺的科学性、政府及有关部门对生产管理与控制的扎实性、谷子商品化处理的扎实性、谷子及小米存储质量与存储时间、消费者烹饪小米类饭菜的烹饪技术等六大维度。这六个方面的权重可以通过熵权法、AHP法等配合调查研究得到。

②某小米企业自有品牌的消费者感知价值的因果链分析。某小米企业自有品牌的消费者感知价值是该小米企业自有品牌的消费者感知质量和消费者感知成本的差值，该小米企业自有品牌的消费者感知质量与之呈正相关关系，该小米企业自有品牌的消费者感知成本与之呈负相关关系。消费者感知质量的因果关系链条已在前文中详细论述。

该小米企业自有品牌的消费者感知成本由两个决定性因素：一是该小米企业自有品牌的消费者感知质量，该小米企业自有品牌的消费者感知成本与之呈正相关关系，这是因为消费者感知质量越高，消费者预期就会越高，消费者感知成本就越高；第二，实际成本，该小米企业自有品牌的感知成本与之呈正相关关系，实际成本是消费者获得一定量小米产品所产生的机会成本，包括货币成本、时间成本、精力成本等。

该小米企业自有品牌的消费者品牌关系强度是以该小米企业自有品牌的消费者感知质量来达成该小米区域企业自有品牌的消费者预期的结果，而该小米企业自有品牌的消费者预期来源于该小米企业自有品牌的品牌关系强度和品牌认知强度，与此同时，该小米企业自有品牌的消费者品牌关系强度又是以该小米企业自有品牌的消费者感知质量来弥补小米企业自有品牌的消费者感知成本的结果。

③某小米企业自有品牌所有者和使用者，即小米企业（或小米生产经营主体）的组织性因素决定了该小米企业自有品牌的消费者品牌关系，是形成该小米企业自有品牌的消费者关系强度的组织力量和原动力，主要包括以下几个方面：

第一，小米企业（生产经营主体）的科技策划与执行力。这种力量有的借力于母品牌（当地小米区域公用品牌）的科技创新、科技传播与推广力，有的来源于生产经营企业（生产经营主体）自身的科技策划与执行力。这项能力直接决定了品种选择、生产工艺、消费者烹饪小米类饭菜烹饪技术的科学性。需要特别说明的是，消费者烹饪小米类饭菜的烹饪技术的科学性需要通过生产经营企业的各种传播手段传播给目标消费者，提升消费者感知质量的层级。

第二，小米企业（生产经营主体）商业运营能力。这种力量一方面借助母品牌（当地小米区域公用品牌）的组织协调、实施与领导力，尤其是要借助他们的平台服务能力，在上游生产环节和下游销售环节确保小米品质；另一方，来源于小米企业（生产经营主体）构建自己的营销渠道、传播模式、顾客关系与盈利模式，形成符合自身特点的稳定的商业模式。这决定了商品化处理的扎实性。

第三，小米企业（生产经营主体）组织协调、实施与执行力。这种力量一方借助母公司（当地小米区域公用品牌）的组织协调、实施与领导力，更重要的是来源于小米企业的组织协调、实施与执行力。这决定了生产管理与控制、商品化处理的扎实程度。

第四，基础设施支撑力。这一方面借力于母公司（当地小米区域公用品牌）的基础设施支撑力，同时也来源于小米企业自身的基础设施，比如小米加工车间、低温贮藏库等。这决定了商品化处理和储存能力的扎实性。

第五，人力财力资源支撑力。这一方面借助母公司（当地小米区域公用品牌）的人力财力资源，同时来源于小米企业自身的人力财力支撑。这决定了品种选择、生产工艺、小米类饭菜烹饪的科学性，生产管理与控制、商品化处理、谷子小米存储的扎实性。

以上五个方面的权重可以通过熵权法、AHP法等配合调查研究得到。

4.3.4 小米品牌成长机理

从小米品牌成长机理主逻辑模型、小米品牌（小米区域公用品牌与小米企业自有品牌分开论述）认知子系统逻辑模型、关系子系统逻辑模型及机理分析总结出小米品牌成长机理。

(1) 小米区域公用品牌成长机理

当地政府及涉及部门的重视度、策划力、科技创新力、领导力、执行力、组织力、基础设施支撑力和人力财力支撑力等某地方政府及涉及部门的综合能力，决定了某小米区域公用品牌的品牌定位、品牌形象系统、各类传播和营销渠道的设计科学性和实施度，决定了该小米区域公用品牌的品牌定位强度、品牌形象系统强度和品牌传播强度，最终决定了该小米区域公用品牌的消费者品牌认知强度；同时也决定了由"品控措施—消费者感知质量—消费者质量感知差值和消费者感知价值"这一因果链条所形成的该小米区域公用品牌的消费者品牌关系强度。该小米区域公用品牌的品牌认知强度、品牌关系强度与品牌净收益共同构成了该小米区域公用品牌的品牌价值，而该小米区域公用品牌的消费者品牌认知强度和消费者品牌关系强度是保持该小米区域公用品牌的品牌净收益持续增长的动力。任何一个要素的变化会引起一条或多条因果链的变化，最终会引起该小米区域公用品牌的品牌价值的变化。

(2) 小米企业自有品牌成长机理

小米企业市场驾驭与策划力、科技创新力、商业运营力、协调与执行力、组织力、基础设施支撑力、人力财力资源支撑力等某小米企业的综合能力，决定了某小米企业自有品牌的品牌定位、品牌形象系统、各类传播和营销渠道的设计科学性和实施度，决定了该小米企业自有品牌的品牌定位强度、品牌形象系统强度和品牌传播强度，决定了该小米企业自有品牌的消费者品牌认知强度；同时也决定了由"品控措施—消费者感知质量—消费者质量感知差值和消费者感知价值"这一因果链条所形成的该小米企业自有品牌的消费者品牌关系强度。该小米企业自有品牌的品牌认知强度、品牌关系强度与品牌净收益共同构成了该小米企业自有品牌的品牌价值，而该小米企业自有品牌的消费者品牌认知强度和消费者品牌关系强度是保持该小米企业自有品牌的品牌净收益持续增长的动能。任何一个要素的变化会引起一条或多条因果链的变化，最终会引起该小米企业自有品牌的品牌价值的变化。

总而言之,小米品牌所有者和使用者(当地政府及涉及部门,或小米企业)的欲望、资源、能力的大小决定各类小米品牌要素(品控措施、品牌定位、品牌形象系统等)行动的强弱,小米品牌要素行动的强弱决定各类小米品牌要素(感知质量、感知价值、品牌传播强度等)效果的好坏,小米品牌要素效果的好坏决定小米品牌的消费者认知强度和小米品牌的消费者品牌关系强度的大小,从而决定小米品牌价值的大小。因此,小米品牌成长机理本质上是由"组织资源与能力—组织行动—行动效果—小米品牌的品牌价值"所构成的复杂的、多重因果关系链。

4.4　本章小结

品牌成长机理是品牌成长系统各要素之间的关系与动态演变规则。基于品牌本质,品牌成长机理的核心节点是品牌价值,围绕品牌价值形成品牌成因链,成因链上各节点有的来源于品牌成长系统内部,有的来源于外部环境,他们之间存在因果、递进、并列等关系,相互交错,互为联系,构成一个开放的复杂巨系统。用系统分析研究品牌成长机理是可行的、有效的方法。

通过构建品牌成长机理逻辑模型和机理分析,得出品牌成长机理是:组织(品牌所有者和使用者)欲望、资源和能力的大小决定各类品牌要素(品控措施、品牌定位、品牌形象系统等)行动的强弱,品牌要素行动的强弱决定各类品牌要素(感知质量、感知价值、品牌传播强度等)效果的好坏,品牌要素效果的好坏决定品牌认知强度和品牌关系强度的大小,从而决定品牌价值的大小。因此,品牌成长机理本质上是由"组织资源与能力—组织行动—行动效果—品牌价值"所构成的复杂的、多重因果关系链。

小米品牌是品牌的特殊形式,由一般推演到特殊,将品牌成长机理逻辑模型推演到小米品牌成长机理逻辑模型。根据小米品牌的特殊性,分别构建小米区域公用品牌和小米企业自有品牌的品牌成长机理逻辑模型并进行机理分析,得出小米区域公用品牌的品牌成长机理和小米企业自有品牌的品牌成长机理。

参考文献

[1] 钱学森,于景元,戴汝为.一个科学新领域——开放的复杂巨系统及其方法论[J].自然杂志,1990(1):3-10.

[2] 于景元.钱学森系统科学思想和系统科学体系[J].科学决策,2014(12):1-22.

[3] 王慧炯.社会系统工程方法论[M].北京:中国发展出版社,2015.

[4] PARSONS T.The structure of social action[M].New York:Free press,1949.

第5章 基于系统动力学的小米品牌成长机理研究

第4章通过定性的系统动态分析方法分析了品牌成长系统的各要素及各要素之间的关系，构建了品牌成长机理逻辑模型，定性地揭示了品牌成长机理；由一般推演到特殊，根据小米品牌的特殊性，分别构建小米区域公用品牌和小米企业自有品牌的品牌成长机理逻辑模型，揭示了他们的品牌成长机理。本章在此基础上，进一步探讨社会经济系统的特征并引入系统动力学建模仿真方法，构建小米品牌成长的系统动力学模型，以沁州黄小米为例，在 AnyLogic 平台对其进行系统动力学仿真，通过仿真结果来揭示小米品牌成长机理。

5.1 用系统动力学来研究小米品牌成长机理的可行性

5.1.1 与系统动力学相关联的社会经济系统的特征

在 4.1.2 中我们概括性地论述了系统和社会系统的特征。为了进一步讨论用系统动力学建模仿真来揭示小米品牌成长机理的可行性，本节深入讨论社会经济系统特征以及系统动力学解决社会经济问题的可行性。

社会经济系统是社会系统重要的类型之一，是以人为核心，包括社会、经济、教育、科学技术及生态环境等领域，涉及人类活动的各个方面和生存环境诸多因素的巨系统。与系统动力学建模与仿真相关联的社会经济系统特征包括[1]：

（1）社会经济系统遵循因果律

因果律是社会经济系统的基本规律，是系统工程分析问题的基本点。对系统实施任何一个影响都会产生一定的效果（正面的或负面的影响）；反之，系统中任何结果的产生都可找到原因。系统工程工作者在分析社会经济系统问题时，要分清什么是原因，什么是结果，更要清楚某项原因产生的正向作用和负向作用。现实中，不仅大量存在着一因多果和一果多因，而且一个原因可能产生短期与长期的不同效果，或者直接和间接的不同效果。这对系统，尤其是像社会经济系统这样的复杂系统进行分析时要充分重视。这样，在考虑对社会经济系统实施某一政策时，不仅要计算某项政策带来的正效应，还要计算实施该政策的成本和实施该政策带来的负效应。与此同时，某些结果产生的原因是多样的，或者说任何系统结果的产生都有可能是几种政策的综合作用。所以，实施某项政策的效果不仅仅取决于该政策，还与相关政策有关，这是由系统相关性决定的。因此，解决某些问题往往需要一组的政策输入才可能见效。

(2) 社会经济系统具有多重反馈性

反馈是指因果关系的互动，当系统中的两个元素互为因果时，就构成了反馈。反馈分为正反馈和负反馈。正反馈是指系统 A 要素的增长会引起系统 B 要素的增长，而 B 要素的增长又使得 A 要素进一步增长，周而复始形成一个环路，不断推动系统发展。如果一个系统只有正反馈，它是不稳定的。负反馈是指系统 A 要素的增长会引起系统 B 要素的增长，而系统 B 要素的增长会抑制系统 A 要素的增长，使系统 A 要素回归到较低的水平。负反馈是保证系统稳定性的重要因素。存在各种反馈是社会经济系统一个重要特征。社会经济系统不但具有正反馈和负反馈，还具有多重反馈的特点。多重反馈是指系统的某一要素 A 增加或减少，引起系统要素 B 的增加或减少，而系统要素 B 的增加或减少又引起系统要素 C 的增加或减少……最终使 A 要素增加或减少，这一循环过程形成了一个多重反馈环。用因果关系环表示社会经济系统的反馈和多重反馈，是系统工程，尤其是复杂系统的常用的分析方法，同时也是系统建模的前提。只有准确地描述系统的行为才能有效地进行系统分析，才能得到正确的结论。

(3) 社会经济系统存在反直观性

社会经济系统与一般系统相比具有较高的复杂性，其因果关系特别复杂，"歪打正着""好心办坏事"是系统复杂性的表现。在社会经济系统里，反直观性是指某一项政策经过常规分析后被认为是一项好的政策，但政策实施后其效果不佳或出现了人们意想不到的后果。造成这一结局的原因首先可能是系统复杂程度太高，根据常规思维人们不容易进行有效的分析，或人们根据现有的资料用常规方法难以得到全面的认识，如心理问题；其次是系统分析人员在设计政策时分析欠深入，或被表面现象所迷惑，或基本假设与现实相差太大。社会经济系统的反直观性告诉人们，在分析社会经济系统问题时，要充分认识系统的复杂性，充分考虑社会学、心理学等问题，尤其是要考虑政策的短期性与长期性问题，将潜在的负作用因素充分考虑清楚，并综合考虑系统某些要素的正负效应。

(4) 社会经济系统具有较强的非线性特征

人们很容易观察到社会经济系统存在着大量的非线性现象。这里的非线性是指元素之间的因果关系呈现出非线性的特征。相对于线性关系而言，非线性关系反映了系统的一种复杂程度。较强的非线性特征是社会经济系统的一般规律。所以我们在研究社会经济问题时，只有充分认识社会经济系统的非线性特征，才能设计出科学合理的政策、规章制度和措施手段。在系统复杂性较高时，给系统的设计、系统优化带来了很大麻烦。因此，需要系统科学与工程学者不断努力，创造出非线性求解方法与技巧。目前在社会经济系统的系统设计、系统优化研究中常用的方法是系统动力学方法。

(5) 社会经济系统存在时滞/延迟效应

在社会经济系统里，实施一项政策的效果也需要很长时间才能得到反映，即具有较长的延迟效应，通常用周期来反映。如果不在实施前考虑这些政策可能产生的后果，一旦不良后果发生，则后悔已晚。这提醒我们在设计社会经济系统政策时要充分考虑政策的延迟效应。

(6) 社会经济系统存在较大惯性

惯性是物理学的一个基本概念,指事物保持原有运动形式的能力。惯性也是社会经济系统的又一大特点,通常用"习惯势力"来表示。由于惯性力太大,要改变系统运行需要有强大的推力或拉力。这告诉我们,在设计政策时要充分考虑传统习惯的抵抗力,要了解和熟悉当地的文化、风俗习惯,要充分考虑系统内各子系统的要求,协调子系统之间的利益冲突。与此同时,要加强政策的宣传力度,使系统内各子系统的管理者充分了解政策设计的目的和功能,达成共识,减少政策实施的阻力。

(7) 社会经济系统不适合做直接试验

人是社会经济系统的主体要素,人具有思想、智慧、感情和创造力,社会经济系统的其他要素不能与之相比。在社会经济系统政策设计时要特别慎重,不能随意进行试验和直接对人进行试验,要"以人为本",充分发挥人的创造性。因此,要充分应用系统仿真的方法,探索不同政策实施的后果;同时在进行信息收集、分析和处理时,要区分是一次性现象还是系统的一般规律,要发挥专家的作用。

(8) 社会经济系统的因果有时在空间上分离

在一般情况下,当系统发生问题时,研究者在系统内部和系统边界寻找产生问题的原因,但是在特定条件下,因果有时在空间上会分离。我们不要局限于在系统内部和系统边界上找问题,要从系统输入(信息、物质、能量)中找问题。

5.1.2 社会经济系统是动态复杂巨系统

社会经济系统具有动态复杂巨系统的特征,是典型的动态复杂巨系统。这就要求我们必须保持清醒的认识,对看似明显的解决方案往往不一定是问题的根本解决,甚至可能恰恰是导致问题的原因,所以对其进行定量研究有较大的难度。但是,社会经济系统具有明显的层次结构,并较好地遵循因果律。因此,如果我们也可以创新研究思路、模型化方式和研究方法,找到驾驭社会经济系统的规律,进而达到研究的目的。社会系统动力学为解决动态复杂巨系统问题找到了一条新出路,能够使我们的认知过程由关注片面走向关注整体;由在复杂的细节中迷失方向、不知所措走向系统的动态的均衡搭配和整体把握;由对现象做被动反应走向主动控制。进而找出投入小而效果大的杠杆点,获取合乎理性的决策规则,从而实现以小看大、以现象看本质、以局部看整体。

5.1.3 系统动力学是解决动态复杂巨系统的可行手段

动态复杂巨系统的信息多得使人无法全部吸收,事物之间的相互依存关系空前复杂。动态复杂巨系统变化微妙,只有当人们在扩大的时空范围内深入思考时,才能辨识它整体运作的特性。一个局部决策的小小改变,常常会使其他看似不相关的部分产生巨大的变化。如果不能洞察动态复杂巨系统的运行规律,当置身其中处理问题时,往往会难以达到预期的结果。

我们在应对一个动态复杂巨系统时,如何在一定方法指引下从整体上研究、得到深刻的见解,而不是被系统固有的复杂性迷惑呢?恰当的理论和方式是破解这些问题的"金钥匙"。系统动力学就是研究动态复杂巨系统的有效理论和方法。1961 年,福雷斯特（Forrester J. W.）提出了系统动力学方法（System Dynamics），以此来分析社会动态复杂大系统各要素之间的因果关系，揭示其运行机理。之后几十年，学者们不断探索系统动态分析的方法和工具，并运用到各类理论研究和各行各业的生产经营实践中，现今系统动力学已经成为分析动态复杂系统的重要方法之一。

系统动力学认为，系统的基本结构单元是反馈回路——即耦合系统的状态、速率（或称决策）与信息的一条回路。回路是组成系统的基本结构单元。通过系统分析，社会经济系统的结构可以抽象成"回路""积累""信息""延迟"和"决策"，这些因素之间的运动规律类似于流体在回路中流动所呈现的规律。流体在"回路"中流动必然要产生"积累"现象，堆积的物质就要产生压力，这种压力通过"信息"的传递作用于决策者，迫使决策者利用收到的信息，根据控制策略做出必要的"决策"去改变流速，从而改变积累的物质。由于物质和信息在传递过程中是需要时间的，于是产生了"延迟"问题，而正是因为延迟的存在使得系统状态产生波动，增加了系统控制的准确性和难度。这就是系统动力学的基本原理。这种思想将系统状态与决策紧密联系起来，使社会经济系统的模型化过程真正体现了人机共存的特点。系统动力学从系统的微观结构出发建立系统的结构模型，用回路描述系统结构框架，用因果关系图和流图描述系统要素之间的逻辑关系，用方程描述系统要素之间的数量关系，用专门的仿真软件进行模拟分析。整个分析过程从定性、半定量、定量，最后又把定量的数学模型简单地转换成计算机程序，利用计算机进行最终仿真分析。因此，系统动力学建模与仿真的方法既有一定的理论性，又简单实用，无论是专家、学者还是实际管理者都方便使用，能够有效地解决复杂的、非线性的和带有延迟现象的系统性问题。

动态复杂巨系统具有典型的复杂性、非线性和延迟性的特征，实践证明用系统动力学的方法研究动态复杂巨系统是可行的，其意义在于：一是通过提供结构化的思考方法，兼顾考虑各项因素，并选择全面视角，以照顾到细节的各个层次；二是作为用以获取已经处理好的复杂问题的图示化方法，系统动力学不失是一种有效的沟通工具，确保系统分析者所在的群体能够深刻地共享系统动力学平台，并通过该平台共同分析和认识系统的结构和特性；三是系统动力学最核心的问题，是通过对动态复杂系统建模与仿真来揭示系统演变机理，为决策提供理论支撑，通过这种方法把系统假设降到最低，提供了一种"政策实验室"，在最终做出决定之前用它来试验当前的行动、决策或政策的后果。

5.1.4 系统动力学基本方法

系统动力学的基本方法包括因果关系图、流图、方程和仿真平台。

（1）因果关系图

因果关系图用于描述系统要素之间的逻辑关系，其中，变量之间相互影响作用的性质用因果关系链来表示，因果关系链中的正、负极性分别表示了正、负两种不同的影响作用。如果事件 A（原因）引起事件 B（结果），AB 之间便形成因果关系。若 A 增加引起 B 增加，称 AB 构成正因果关系；若 A 增加引起 B 减少，则 AB 构成负因果关系。两个以上因果关系链首尾相连构成因果回路，它分为正因果回路和负因果回路。当回路中某个要素变化，通过回路的作用使这种变化加强，称其为正因果回路；反之，当回路中某个要素变化，通过回路的作用使这种变化减弱，则称其为负因果回路。由若干正、负因果回路构成的关系图成为因果关系图。

（2）流图

流图是描述系统要素的性质和整体框架。在社会经济和生态系统中，存量和流量是两种最基本的变量。存量是积累，表征系统的状态为决策和行动提供信息基础。流量则反映了存量的时间变化，流入和流出之间的差异随着时间累积而产生存量，存量通过流入和流出的积累所改变。存量和流量具有不同的性质，在系统中扮演着不同的角色。存量使得系统产生惰性并具有记忆功能，成为系统中动态失衡的源泉。因果关系图虽然能够描述系统反馈结构的基本方面，但不能反映变量的性质，而不同性质的变量对系统行为的影响完全不同。为了进一步揭示系统变量的区别，流图用不同的符号代表不同的变量，并把代表不同变量的各类符号用带箭头的线连接起来，便形成了反映系统结构的流图。因果关系图描述了反馈结构的基本方面，而流图则是在此基础上表示不同性质的变量区别。在因果关系图中，只能说明变量的增加或减少，而对变量之间的这些不同是不加以区分的。可见，流图是一种结构描述，它所承载的信息远远大于文字叙述和因果关系图，所表达的逻辑比叙述更为直观、准确。

（3）系统动力学方程

系统动力学方程是在流图的基础上对系统要素之间的关系定量描述的一组数学关系式，它是从一个已知的初始状态开始确定下一个状态的递推关系式。方程将系统要素之间的局部关系量化。系统动力学方程的实质是微分方程组，如果能求得其原函数，就可以运用数学工具进行精确分析。但是，实际中由于系统规模和非线性等原因，很难求得复杂系统的解析解，所以只能求其数值解。即将微分方程差分化处理，然后利用计算机进行仿真分析。将微分方程差分化处理是符合实际管理的运作规则的，因为实际管理中的任何一项决策都不可能每时每刻进行，而是按照一定的时间跨度进行。系统动力学方程共有五种，分别为水平方程（L）、速率方程（R）、辅助方程（A）、常量方程（C）和初值方程（N）。这五种方程各自对应着实际管理的状态和规则。分类的目的是为了更好地帮助我们根据现实系统的变化的自然规律和人们控制系统的主观愿望构造方程，同时深入地研究决策者对系统进行控制的策略和决策过程的相关标准等，进而剖析系统状态的变化规律。

（4）系统动力学仿真平台

仿真平台是将系统动力学模型输入计算机进行仿真和调试的环境。利用仿真平台，我们可以根据研究的目的设计不同的政策方案，对系统进行仿真。

（5）模型测试

模型是为人服务的，但是由于现实系统的复杂性，模型中会有理想性的假设，因此模型只是在一定条件下对现实世界的简化和抽象。任何一个模型都不可能完全反映现实，所以建立对模型的信任是非常重要的。模型的测试就是为了让我们相信模型对其有用，可以帮助我们理解、分析和解决问题。为了验证模型的可用性，我们需要确定在现实中观察到的规律、法则在模型中仍然成立。模型检验的途径就是运用正规的或不正规的方法来比较模型表现与检验指标是否契合，常用的比较的方法有：观察一系列的数据结果，看设立的条件是否符合涉及问题的定性描述；对模型假设进行敏感性分析；测试模型特性及特征模式的来源。模型测试具有证伪性，因此，从模型建立之初直到完成模型都要贯彻模型测试。

5.1.5 AnyLogic 是系统动力学建模与仿真的高效平台

AnyLogic 是运用广泛的对离散、系统动力学、多主体和混合系统进行建模和仿真的系统平台。AnyLogic 是一个创始于俄罗斯的独特仿真软件工具，它能够提供多智能体、离散事件系统和系统动力学三种仿真建模方法，并支持多方法的集成应用，为用户创造多方法集成应用提供了便利，可以帮助人们在复杂系统建模仿真实践中取得更好的效果。系统动力学通常用于长期的战略模型，并假设建模的对象高度聚合。在系统动力学模型中，人、产品、事件和其他离散项都是以数量代表，因此它们就失去了所有的个体属性、历史或动态变化。AnyLogic 采用系统动力学建模者所熟悉的方式来设计和模拟反馈结构，还为系统动力学仿真提供了一些重要的拓展功能。因此，AnyLogic 是系统动力学建模和仿真的高效工具，在 AnyLogic 系统仿真平台上运行模型并进行仿真实验是高效、可靠的。

5.1.6 用系统动力学研究小米品牌成长机理是可行的

小米品牌成长系统是由诸多因素组成的，遵循因果律、非线性、反馈性等特征的动态复杂巨系统，符合社会经济系统的特征，是典型的社会经济系统。通过上文论述得知，系统动力学是研究动态复杂巨系统及社会经济系统的可行、有效方法，系统动力学建模和仿真方法可以有效地分析小米品牌成长系统、构建小米品牌成长模型。AnyLogic 是系统动力学建模和仿真的高效工具，在 AnyLogic 系统仿真平台上运行模型并进行仿真实验是高效、可靠的。因此，用系统动力学研究小米品牌成长机理是可行的。

5.1.7 用系统动力学研究小米品牌成长机理具有创新价值

前文已论述，当前与品牌成长机理相关研究主要体现在基于实证的品牌机理研究、品牌价值（资产）评价研究和基于系统动力学的品牌资产模型三个方面。绝大多数基于实证的品牌机理研究通过社会研究方法证明品牌价值成因中一个小环节中的因果关系链，很难全面揭示品牌价值成因机理。大多数品牌价值（资产）评价方法能够系统揭示品牌价值构成和来源，但其指标体系是孤立的、静态的，很难揭示各因素之间因果关系及品牌成长演变机理。

当前基于系统动力学的品牌价值（资产）建模方面的文献较少。主要涉及品牌（资产）系统动力学模型包括：

（1）以阿克品牌五星模型为基础的系统动力学模型

包括：Otto P 等（2001）、Crescitelli E 等（2009）、Hidayatnoa A 等（2013）构建的模型。这三类模型以品牌资产为轴心构建了品牌认知、感知质量、品牌联想和品牌忠诚四个子系统，Otto P 等以选择产品与品牌的欲望、竞争压力、品牌吸引力、产品吸引力等指标，Crescitelli E 以口碑、各类传播投资等为指标，Hidayatnoa 以促销投资、购买欲望、竞争压力、产品吸引力等指标分别构建了品牌资产系统动力学模型,并进行了仿真实验。这三种方法尽管通过系统动力学模型发展了阿克的五星模型,但是与四个子系统及品牌资产相关联的各指标仅限于传播指标或企业内部能力及环境指标,难以全面涵盖品牌资产的成因逻辑。

(2) 以凯勒品牌资产模型为基础构建的系统动力学模型

Aleem M N(2012)引入系统动力学发展了凯勒的基于顾客的品牌资产模型,以此为基准构建了系统动力学模型并进行了仿真实验,该模型以潜在顾客、转换后的顾客、满意的顾客、认为某品牌是朋友的顾客、忠诚的顾客为存量、若干因素为存量、若干因素为流量、辅助变量和参数构建市场子系统,以没听过品牌数量、识别品牌的数量、回忆起品牌的数量、高级认知品牌的数量为存量、若干因素为存量、若干因素为流量、辅助变量和参数构建品牌认知系统,以营销渠道数量、总投资数量为存量、若干因素为流量、辅助变量和参数构建品牌资产子系统的系统动力学模型,三个子系统通过中间变量衔接成基于顾客的品牌资产系统动力学模型,仿真实验结果揭示了品牌资产各要素变动所引起的品牌资产变化趋势。这种方法尽管从一定意义上了揭示了品牌资产成长的原因,但是没有根本上解决凯勒品牌资产模型只关注顾客心智、不关注其背后成因的缺陷。

Gani A 等(2014)基于 AIDA(引发注意—产生兴趣—刺激欲望—形成)消费者行为链、ATS(注意—审视/购买)链和系统动力学揭示消费者资产与品牌资产的动力机理,搭建了从"营销活动—品牌资产—顾客资产—企业收益"的品牌资产生成链,以品牌资产和顾客资产为存量、以品牌排资产影响因素、顾客资产影响因素为变量构建系统动力学模型,并进行了仿真实验,这也揭示品牌资产成因的一个环节,没能全面反映品牌资产成因的机理。

可以看出,现有文献在全面系统揭示品牌成长机理方面还有待进一步完善。本书重点研究小米品牌,因此基于小米品牌这一品牌特殊形式,以多个小米品牌塑造案例数据为基础,关注小米品牌的特殊性,以品牌价值为逻辑起点,分析基于品牌价值的"策略(行为)—绩效—价值"因果关系链,构建小米品牌成长的系统动力学模型,基于AnyLogic 系统仿真平台[2],以"沁州黄"小米为例进行模型检验,以基准品牌策略情形、单一品牌策略情形、组合品牌策略情形为主要维度对品牌策略进行仿真实验,揭示和预测在不同品牌策略下小米品牌价值的成长和演变机理。

通过系统动力学对小米品牌成长系统进行建模与仿真,定性与定量结合揭示小米品牌成长机理,有利于丰富品牌系统理论,为破解小米品牌建设中的重点和"痛点"问题提供理论支撑,因此该研究问题和研究角度具有较强的创新价值,该研究是必要的。

5.2 小米品牌成长机理系统动力学建模

5.2.1 模型边界、基本假设与数据来源

(1) 模型边界

本书通过系统分析模拟构建小米品牌成长机理的系统动力学模型并进行仿真实验,

预测小米品牌的所有者或使用者不同品牌培育策略，单一策略或组合策略作用下小米净收益和小米品牌的品牌强度的成长与演变趋势规律。

构建模型的系统为小米品牌成长系统，由小米品牌所有者或使用者①的品牌培育策略构成小米品牌成长的内因，由小米品牌所有者或使用者之外的影响品牌成长的环境因素构成小米品牌成长的外因。影响小米品牌成长的内因和外因（组织行为和环境动能）促使小米品牌价值成因众多要素（认知众多要素、关系众多要素等）的变化，从而引起品牌价值的变化。由"组织行为和环境动能—品牌成因要素—品牌价值"形成的系统结构构成模型的系统边界。

根据小米品牌特征，模型仿真时间界限设定为2021—2030年，其中品牌价值和净收益以2020年为第0年开始计算，并以2020年的实际数值为初始值，以2013—2020年8年的数据设置表函数拟合相关涉及函数，仿真步长为1年。这构成了模型的时间边界。

（2）基本假设

本书通过系统动力学建模来模拟由于小米品牌所有者和使用者内外因素变化引起的小米品牌的品牌价值诸要素的变化，从而引起其净收益及品牌价值的变化趋势。本书做出如下基本假设：

模型假设1：小米品牌强弱用小米品牌的品牌价值来衡量。正如2.2节所论述，品牌价值是基于产品或企业的概念，是品牌资产的货币化形式，而品牌资产是反映品牌给市场供给物带来的超越其功能利益的附加价值。品牌价值的概念逐步替代了传统的财务视角和市场视角整合的品牌资产的概念。

模型假设2：小米品牌所有者和使用基于小米品牌的盈利能力用净收益来衡量。净收益是会计概念，小米区域公用品牌的净收益通过调查该小米区域公用品牌所辖小米产销量、平均市场价格、平均成本估算得到；小米企业自有品牌的净收益直接从该小米企业（或正常经营主体）的利润表来获取。

模型假设3：小米品牌的品牌价值变化将引起净收益变化，净收益的变化也将引起品牌价值的变化。这个假设是符合现实世界的，小米品牌的品牌价值本质是这个小米品牌给消费者带来的心智模式，包括认知模式和关系模式，某小米品牌带来的正向的心智模式有利于更多的消费者由公众变为潜在消费者，由潜在消费者变成消费者，由消费者变成忠诚消费者，同时也会促使现有的消费者、忠诚消费者重复购买，这样就导致业务收入与品牌价值变化，当成本不变（一般平均成本会变少）时，净收益就与品牌价值同向变化。同时，一般认为，品牌价值是未来品牌净收益与品牌强度系数的乘积，品牌净收益是净收益中品牌因素的部分，这样品牌价值会随品牌净收益同向变化。

（3）模型结构和数据的来源

小米品牌成长系统动力学模型来源如下。

---

① 注：需要特别说明的是，在前文已经论述，本书将小米品牌分为小米区域公用品牌和小米企业自有品牌，小米区域公用品牌的所有者和使用者是当地政府、涉及部门或授权的有关组织。小米企业自有品牌的所有者和使用者是小米企业或者小米生产经营主体。

第一，本书研究者对我国小米品牌的"扫街式"调研，并对小米品牌重点案例进行深度研究。在此过程中，深度洞察了"小米品牌所有者和使用者行为、环境因素—小米品牌的品牌价值要素—净收益和品牌价值"这一系统结构，这是构建小米品牌成长系统动力学模型的基础。

第二，本书研究者借助案例研究法等定性研究逻辑，通过对小米品牌尤其是重点品牌案例的深度剖析，挖掘出小米品牌的品牌价值成因要素与逻辑，然后形成该模型的因果关系图。

第三，本书研究者深入分析小米品牌的品牌价值成因要素的定量化性质及成因逻辑的函数关系，构建小米品牌成长系统动力学模型的存量、动态变量、辅助变量及参数，以及系统动力学方程。

本书用沁州黄小米案例在 AnyLogic 仿真平台对构建的小米品牌成长系统动力学模型上进行仿真实验。所需要数据的主要来源是对沁州黄小米的调研数据，包括他们的市场数据、企业经营数据和财务数据。相关参数的数据来源于调研的具体数据，以及通过熵权法或 AHP 法通过调查研究得到的评价值，作为存量的"沁州黄"品牌价值的初始值来源于"中国农业品牌目录·2019 农产品区域公用品牌品牌价值评估榜单"，净收益的初始值来源于沁州黄小米企业的财务报告。

5.2.2 系统分析与因果关系图

在第 4.3 节小米品牌成长机理逻辑模型基础上，定性与定量相结合，进一步深入分析各要素及要素之间因果关系，剔除一些对小米品牌的品牌价值影响不太大且难以量化的要素以保留核心要素，根据构建系统动力学中存量、流量、辅助变量及参数的需要设置一些中间性质的要素，分析他们之间的因果关系，最终形成因果关系图。

图 5.1 表示的是小米品牌成长系统的因果关系图。其中主要反馈环有两个：

（1）小米品牌的品牌价值→+小米企业净收益增长率→+小米企业净收益→+小米品牌未来净收益增长量→+小米品牌的品牌价值

这是一个正反馈环。

第一，小米品牌的品牌价值引起小米企业净收益增长率的同向增长。这是因为小米品牌的品牌价值的增加会引起顾客和忠诚顾客的增加，同时会引起现有顾客购买批次和数量的增加，而一般情况下单位成本随着销量的增加而减少，从而会引起小米企业净收益增长率增加，反之亦然。

第二，小米净收益增长率与小米企业净收益呈同向增长趋势。

第三，小米企业净收益与小米品牌未来净收益增长量呈同向增长。小米品牌未来净收益增长量是将来一段时期内（一般为 5 年）每年因小米品牌引起的收益增长量到当期的折现。某一个小米品牌在其企业净收益中的影响比率是相对稳定的，小米企业净收益增加会促成小米品牌未来净收益增长量的增加，反之亦然。

第四，小米品牌未来净收益增长量与小米品牌的品牌价值呈同向增长。这是由于品牌价值是未来净收益量与品牌强度系数乘积这一定义决定的。

(2) 顾客满意度→+顾客期望质量值→-顾客感知收益→+顾客感知价值→+顾客满意度

这是一个负反馈环。

首先，顾客满意度与顾客期望质量值之间呈现同向增长。一般的，人的欲望随着一个欲望的时间会上升到一个更高层级的欲望，顾客满意度越高，顾客对质量的期望就会越大，顾客期望质量值就会越高。反之亦然。

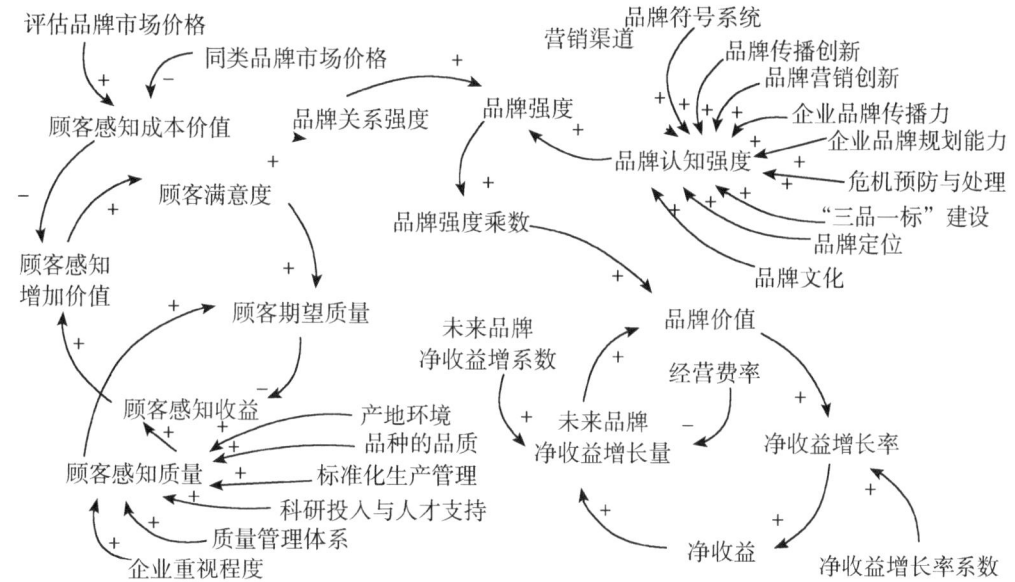

图 5.1　小米品牌成长系统的因果关系图

其次，顾客期望质量值与顾客感知收益呈负向变动。顾客感知收益实际上对小米品牌的产品、服务、人员和形象带给消费者的主观性效用，根据边际效用递减规律及人的心理特征，顾客期望质量值越大，顾客感知收益就越高。反之同理。

再次，顾客感知收益与顾客感知价值呈同向增长。这是因为顾客感知价值是顾客感知收益与顾客感知成本之差。

最后，顾客感知价值与顾客满意度呈同向增长。这是一条不用证明的公理。

(3) 除这两个反馈环以外，在小米品牌成长系统的因果关系中还有几个重要但不是反馈环的成因链条

①品牌强度成因链。包括品牌认知强度和品牌关系强度两大成因指标，他们与品牌强度之间呈同向增长关系。

②品牌认知强度成因链。包括企业品牌规划能力、品牌定位、品牌符号系统、品牌文化、"三品一标"建设、危机预防与处理、企业品牌传播力、品牌营销创新、品牌传播创新、营销渠道等成因指标，他们与品牌认知强度之间呈现同向增长关系。

③品牌感知质量成因链。包括品种适应性、产地环境、标准化生产管理、科研投入与人才支持、质量管理体系、企业重视程度等成因指标，他们与品牌感知质量之间呈同向增长关系。

④顾客感知成本价值成因链。包括评估品牌市场价格和同类品牌市场价格两个成因指标，他们与顾客感知成本价值之间呈同向增长关系。

⑤顾客感知增加价值。包括顾客感知收益和顾客感知成本价值两个成因指标，他们与顾客感知增加价值呈同向增长。

除此以外，还存在一些成因链条，在此不再一一论述。

5.2.3 流量存量图及主要方程

在小米品牌成长系统因果关系图的基础上，构建小米品牌成长系统的流量存量图及动力学方程，形成小米品牌成长机理的系统动力学模型。图5.2表现的是小米品牌成长系统流量存量图。

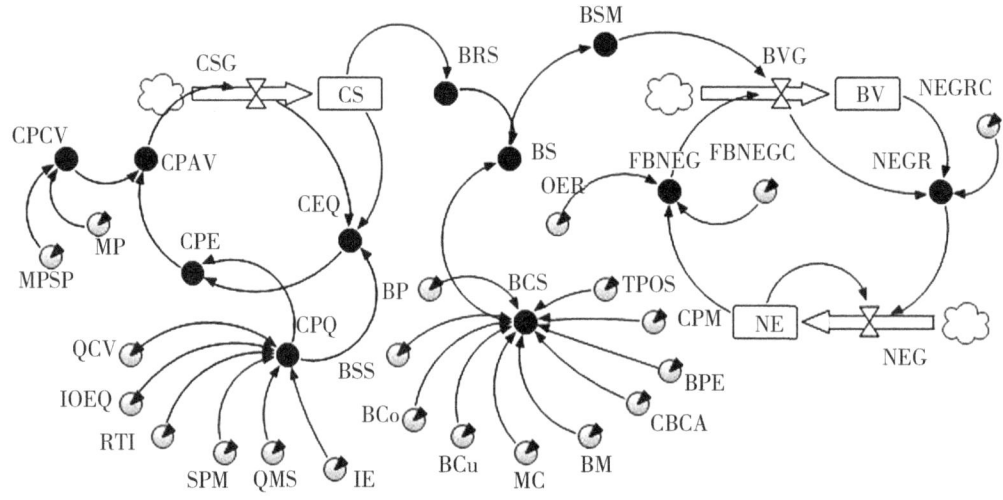

图 5.2 小米品牌成长系统流量存量图

表5.1罗列的是小米品牌成长系统动力学模型中的存量、流量、变量及对它们的释义。

表 5.1 小米品牌成长系统动力学模型存量和动态变量

变量符号	变量性质	变量名称	释义
BV	存量	品牌价值	品牌强弱程度的货币化表示
NE	存量	净收益	代表企业盈利能力
CS	存量	顾客满意度	顾客对于品牌满意程度的衡量指标
BVG	流量	品牌价值增长量	同比上期品牌价值的增加值
NEG	流量	净收益增长量	同比上期净收益的增加值
CSG	流量	顾客满意度增长量	同比上期顾客满意度的增加值
NEGR	动态变量	净收益增长率	当年留存收益增长额与年初净资产的比率

（续表）

变量符号	变量性质	变量名称	释义
FBNEG	动态变量	未来品牌净收益增长量	未来品牌给企业带来的净收益的增长值
BSM	动态变量	品牌强度乘数	由品牌强度决定，与品牌强度之间服从正态分布
BS	动态变量	品牌强度	与同行业其他品牌相比，被评估品牌的相对地位
BCS	动态变量	品牌认知强度	顾客识别品牌能力的程度
BRS	动态变量	品牌关系强度	品牌的顾客满意、顾客共鸣和顾客忠诚的程度
CEQ	动态变量	顾客期望质量值	顾客希望品牌能满足其需要的水平的衡量指标
CPE	动态变量	顾客感知收益	顾客感受使用品牌所获得的收益
CPAV	动态变量	顾客感知增加价值	顾客感受到品牌的收益与成本之间的差值
CPCV	动态变量	顾客感知成本价值	顾客感受使用品牌的总成本的衡量指标
CPQ	动态变量	顾客感知质量值	顾客对品牌的使用目的和需求状况的衡量指标

表 5.2 展示的是小米品牌成长系统动力学模型中的参数及其含义。

表 5.2 小米品牌成长系统动力学模型的参数及其含义

参数	含义
QCV	品种的品质特性与适应性
IOEQ	产地区域环境对品质的影响
RTI	科研投入与人才支持
SPM	标准化生产管理与执行程度
QMS	质量管理体系的完善与执行程度
IE	企业对于该品牌的重视程度
BP	品牌定位的契合性与鲜明性
BSS	品牌符号系统契合性、鲜明性与感观冲击力
BCo	品牌传播的创新
BCu	品牌文化知名程度
MC	营销渠道广度与深度
BM	品牌营销创新力
CBCA	企业品牌传播能力
BPE	企业的品牌规划能力
CPM	危机预防与处置能力

(续表)

参数	含义
TPOS	"三品一标"建设程度
NEGRC	净收益增长率系数,即品牌价值增长引起净收益增长的倍数
FBNEGC	未来品牌净收益增长系数,即净收益转化为未来品牌净收益的比例
OER	经营费率,即经营本品牌产品的年度全部投入占年产值的比例
MP	该品牌的市场价格
MPSP	同类产品品牌的市场价格

根据系统分析及小米品牌成长系统因果关系,构建品牌强度成因指标体系并确定其权重。根据小米品牌成长系统因果关系图,品牌强度由顾客感知质量与品牌认知强度两个二级指标,这两个二级指标分别由多个三级指标构成。通过德菲尔法确定品牌强度成因指标体系的权重。表5.3展示的是品牌强度成因指标体系与权重。

表5.3 品牌强度成因指标体系与权重设置

类别	成因指标	权重
顾客感知质量 (0.53)	品种品质特性	0.03
	产地环境对品质影响	0.05
	科研投入与人才支持	0.23
	标准化生产	0.26
	质量管理体系	0.26
	企业重视程度	0.17
品牌认知强度 (0.47)	品牌定位	0.06
	品牌符号系统	0.07
	品牌传播	0.08
	品牌文化	0.01
	营销渠道	0.16
	品牌营销创新	0.21
	企业品牌传播能力	0.20
	企业的品牌规划	0.09
	危机预防与处理	0.05
	"三品一标"建设	0.07

表5.4罗列的是小米品牌成长系统动力学模型的主要方程,体现指标之间的函数

关系。

表 5.4 小米品牌成长系统动力学模型的主要方程

变量	方程	含义
净收益增长率	BVG/（BV-BVG）*NEGRC	品牌价值增长率与净收益增长率系数的乘积
未来品牌净收益增长量	NE*FBNEGC*（1-OER）	净收益与品牌净收益增长系数与（1—经营费率）三者之积
品牌强度乘数	Math.pow（BS，2）/250	品牌强度的平方除250，借鉴英特公司品牌价值评估模型中计算方法
品牌强度	BRS*0.53+BCS*0.47	品牌认知强度和品牌关系强度分别相乘权重再相加
品牌认知强度	BP*0.06+BSS*0.07+BCo*0.08+BCu*0.01+MC*0.16+BM*0.21+CBC*0.2+BPE*0.09+CPM*0.05+TPOS*0.07	参数值乘相应权重再相加
品牌关系强度	CS	等于顾客满意度值
顾客期望质量值	（CS+CSG）*CPQ/CS	上期顾客满意度除本期顾客满意度再乘顾客感知质量值
顾客感知收益	CPQ-CEQ	顾客感知成本价值与顾客期望质量值之差
顾客感知增加价值	CPE-CPCV	顾客感知收益与顾客感知成本价值之差
顾客感知成本价值	（MP-MPSP）*100/MPSP	该品牌价格与同类产品价格之差除同类产品价格再乘100
顾客感知质量值	QCV*0.03+IOEQ*0.05+RTI*0.23+SPM*0.26+QMS*0.26+IE*0.17	参数值乘相应权重再相加

5.3 模型检验与仿真实验设计

5.3.1 沁州黄小米简介

本书在3.3.4详细剖析了"沁州牌"沁州黄小米，此处的沁州黄小米属于区域公用品牌，该品牌为沁县所有的小米生产经营者公用，沁县农业农村局受沁县政府委托管理该区域公用品牌。在此简要概述与本仿真实验相关的沁州黄小米情况。

沁州黄小米原名"糙谷"或"爬山糙"，产自山西省长治市北部的沁县。沁县位于北纬36°~37°，全境属黄土高原半干旱丘陵山区，四面环山、河流众多，属于暖温带大陆季风气候有，昼夜温差大。沁州黄小米生长区域平均海拔1 100m以上，且具有特殊的品种和品种特性，只生长在沁县慈村乡檀山、王朝、石料、钞沟等十几个自然村，约1 000多公顷的土地上。因沁县得天独厚的地理位置、自然环境和独特的品质造就了沁州黄小米独有的优良品质。清康熙皇帝御赐"沁州黄"，以皇家贡米而久负盛名，系山西小米的代表，享有"天下米王"和"国米"之尊号。沁州黄小米色泽蜡黄，晶莹透亮，颗粒圆润，状如珍珠，绵软可口，米油丰富，味道香美，营养丰富，其所含的脂肪量、氨基酸、蛋白质、可溶性固形物均高于普通小米。民间谚语谓"金珠子"，被人们称为"金珠不换沁州黄"，"太行观雁舞，汾水听嘤声。梁买沁州黄，酒沽杏花村"形象地反映了沁州黄小米的历史地位和文化传统。2019年，沁州黄小米入选"中国农业品牌目录"。

沁州黄小米作为区域公用品牌，拥有很多企业自有品牌，最大的企业自有品牌是"沁州牌"沁州黄小米，除此之外还有众多不同规模的企业自有品牌。排行榜123网依托全网大数据，根据品牌评价以及销量评选出了2021年沁州黄小米十大品牌排行榜，前十名由强到弱分别是沁州、吴阁老、九鲤湖、谷之爱、栗升源、林弘堂、玖品、檀山皇、汇力多和乡情谷缘。

经调研，得到2020年沁州黄小米区域公用品牌的品牌价值为24.06亿元，净收益为3.085亿元，经营费率为0.27①。

5.3.2 模型有效性检验

（1）模型直观检验

小米品牌成长系统动力学模型是在分析小米品牌成长系统结构的基础上构建的，避免了系统性错误，变量、参数、因果关系图、流图设置合理；公式设置合理、无遗漏；数据来源真实可靠。本模型可以通过直观检验。

（2）模型运行检验

以沁州黄小米为例，在AnyLogic系统仿真平台上运行小米品牌成长系统动力学模型，将该模型进行构造模型检验，检验显示构建模型完毕，证明模型中变量、公式等设置合理并且可运行，故此模型通过运行检验。

（3）模型的灵敏度分析

本研究以经营费率（OER）作为变化参数，来研究参数变化对于模型的影响。图5.3为以经营费率（OER）变化参数进行的灵敏度分析仿真结果，横轴0~10表示仿真时间，依次对应为2020—2030年，纵轴表示品牌价值或净收益的值（单位：元），横轴下方表示参数的值对应图中的曲线。当OER为0时，曲线最陡峭位于图中最上方，

---

① 注：沁州黄小米的品牌价值2020年数据来源于"中国农业品牌目录·2019农产品区域公用品牌品牌价值评估榜单"，该榜单数据是2019年数据，考虑一年内其品牌价值变化不大，将2019年数据用于2020年。

沁州黄小米的净收益来源于对沁县农业农村局业务人员的调查后的核算，调查项目有：2020年沁州黄小米产销量、单位平均售价、单位平均成本。

经营费率按2020年生产经营沁州黄小米的全部投入占年产值的比率核算，数据来源于对沁县农业农村局业务人员的调查。

因为此时经营本产品的年度全部投入为 0，故此时净收益和品牌价值为最大值。随着 OER 的增大，曲线逐渐平缓，因为年度全部投入占总产出比例的不断增大，从而导致净收益与品牌价值下降。当 OER 为 1 时，品牌价值与净收益曲线均为一条直线，因为此时年产出全部为经营年度投入，所以经济效益不会增长。通过灵敏度分析说明模型在系统边界范围内运行是稳定的。

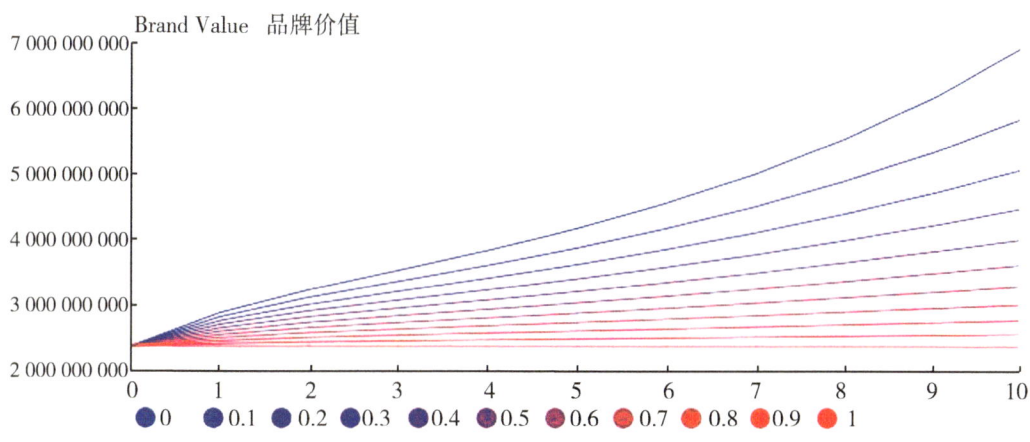

（a）品牌价值仿真结果

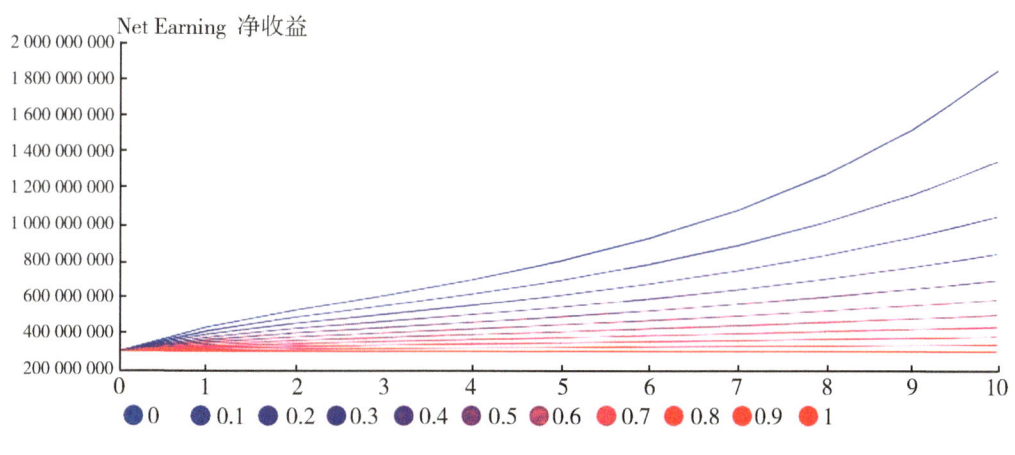

（b）净收益仿真结果

图 5.3　灵敏度分析仿真结果

5.3.3 仿真实验设计

（1）基准实验

基准实验以沁州黄小米区域公用品牌为例进行，即以 2020 年沁州黄小米现有情景，不施加任何策略进行实验。基于前文的指标体系，邀请业内 12 名专家对沁州黄小米现有情景进行打分，将得分情况整理后得到相关参数的数值和。经过调研和评分得到沁州黄小米区域公用品牌基准实验的主要变量和参数的数值。表 5.5 罗列了沁州黄小米基准实验参数数值。

表 5.5 沁州黄小米基准实验参数数值

参数名称	数值	参数名称	数值
品种品质特性	50.00	营销渠道	100.00
产地环境对品质影响	38.00	品牌营销创新力	79.00
科研投入与人才支持	73.00	企业品牌传播能力	65.00
标准化生产	59.00	企业的品牌规划	75.00
质量管理体系	67.00	危机预防与处理	70.00
企业重视程度	39.20	"三品一标"建设	63.00
品牌定位	50.00	净收益增长率系数	1.50
品牌符号系统	31.00	未来品牌净收益增长系数	0.10
品牌传播	60.00	经营费率	0.27
品牌文化	59.00	该品牌市场价格（元/kg）	22.30
同类产品市场价格（元/kg）	11.60		

（2）单一营销策略情形

本研究设置六种单一营销策略情形，分别是：完善品牌文化（A）、完善品牌符号系统（B）、强化危机预防与处理能力（C）、提高品牌营销创新（D）、完善质量管理体系（E）、提高企业品牌传播能力（F）的仿真实验，探索不同单一品牌策略情形作用下，沁州黄小米区域公用品牌的品牌价值成长演变趋势。

（3）组合品牌策略情形

设置三类双品牌策略情形分别为：加深品牌印象（Ⅰ）、加大质量管理力度（Ⅱ）、加大品牌营销力度（Ⅲ），来研究对于品牌绩效的影响。具体类别的相应参数设置方案如表 5.6 所示。

表 5.6 双策略情形行为参数设置方案

策略名称	行为名称	参数设置									
加深品牌印象	品牌文化	0	10	20	30	40	50	60	70	80	90	100
	品牌符号系统	0	10	20	30	40	50	60	70	80	90	100

(续表)

策略名称	行为名称	参数设置										
加大质量管理力度	危机预防与处理	0	10	20	30	40	50	60	70	80	90	100
	质量管理体系	0	10	20	30	40	50	60	70	80	90	100
加大品牌营销力度	品牌营销	0	10	20	30	40	50	60	70	80	90	100
	品牌传播	0	10	20	30	40	50	60	70	80	90	100

多品牌策略情形因考虑策略实施需要耗费大量的人、物、财力，同时加大全部行为策略的力度必然会极大促进品牌成长进程，但也会带来巨大的成本，未必是最高效的策略组合，故本研究选择 6 个行为的策略组合探究对小米品牌价值和小米企业净收益的影响。表 5.7 显示的是多策略情形行为参数设置方案。

表 5.7 多策略情形行为参数设置方案

行为名称	参数设置										
品牌文化	0	10	20	30	40	50	60	70	80	90	100
品牌符号系统	0	10	20	30	40	50	60	70	80	90	100
危机预防与处理	0	10	20	30	40	50	60	70	80	90	100
质量管理体系	0	10	20	30	40	50	60	70	80	90	100
品牌营销	0	10	20	30	40	50	60	70	80	90	100
品牌传播	0	10	20	30	40	50	60	70	80	90	100

5.4 仿真结果分析

5.4.1 基准品牌策略分析

在保持现有策略及作用力度不变的情况下，得到基准策略情况下沁州黄小米区域公用品牌成长系统的仿真结果。表 5.8 罗列了沁州黄小米基准实验仿真结果。在该模式下沁州黄小米的品牌发展趋势总体较好。品牌价值方面，2020 年沁州黄小米的品牌价值为 24.06 亿元；根据仿真实验得到的预测趋势，2021—2030 年 10 年间稳步增长，增速约为 2 亿元/年；2030 年沁州黄小米的品牌价值约增长至 2020 年品牌价值的 2 倍。净收益方面，沁州黄小米的净收益也呈现逐年递增的趋势，2020 年净收益约为 3.085 亿元，2021 年净收益约为 3.906 亿元，同比去年增长 0.821 亿元；2022—2025 年，每年约增长 0.5 亿元；2026—2030 年增速逐年增加，2030 年沁州黄小米净收益约增长至 2020 年的 3 倍。综上可知，品牌价值的增加将引起净收益的增加。

表 5.8 沁州黄小米仿真基准实验仿真结果

年份	品牌价值（万元）	净收益（万元）
2020	240 600	30 850
2021	275 400	39 060
2022	297 300	44 230
2023	314 500	48 380
2024	331 400	52 540
2025	349 200	57 090
2026	368 500	62 170
2027	389 500	67 890
2028	412 500	74 370
2029	437 700	81 750
2030	465 500	90 190

5.4.2 单品牌策略分析

通过六种单一策略情形，探索不同单一策略情形作用下，对"沁州黄"小米区域品牌经济效益的影响。图 5.4（a）为品牌价值仿真结果，横轴表示仿真时间，依次对应为 2020—2030 年，纵轴表示品牌价值的值（单位：元）。图 5.4（b）依次为净收益仿真结果，横轴表示时间，依次对应为 2020—2030 年，纵轴表示净收益的值（单位：元）。基准情况下沁州黄小米 2030 年品牌价值为 46.55 亿元、净收益为 9.019 亿元。

（1）完善品牌文化（A）

图 5.4 为对沁州黄小米实施完善品牌文化策略的仿真结果，整体表现相对平稳。两图中为参数"品牌文化（BCu）"的值为 59~100 进行仿真，其对应的品牌经济效益趋势依次上移，实施 A 策略对于沁州黄小米品牌成长的促进作用均略优于基准情景，且品牌价值不断增加。在 A 策略实施最大化情况下，沁州黄小米 2030 年品牌价值为 46.95 亿元、净收益为 9.155 亿元，同比 2030 年基准情况下品牌价值只增长了 0.5 亿元、净收益增长了 0.136 亿元。从图像分布来看，实施 A 策略的图像分布最为密集，故实施 A 策略虽然对于品牌价值有正向促进作用，但为六类策略中作用最小。

（2）完善品牌符号系统（B）

图 5.5 为对沁州黄小米实施完善品牌符号系统策略的仿真结果，整体表现最具优势。两图中为参数"品牌符号系统（BSS）"值为 31~100 仿真结果，其对应的品牌经济效益趋势均依次上移。由此可知，实施 B 策略对于沁州黄小米品牌成长的促进作用均优于基准情景，且不断增加。在 B 策略实施最大化情况下，沁州黄小米 2030 年品牌价值为 51.91 亿元，同比基准情况下品牌价值增长了 5.36 亿元，是 A 策略的 10.72 倍；净收益为 10.91 亿元，同比基准情况下增长了 1.891 亿元，是 A 策略的 13.9 倍。B 策略的品牌价值和净

收益增长值为六类中最大，因此，实施 B 策略对于品牌价值有正向促进作用，且为六类策略中作用最大的策略。分析 B 策略对沁州黄小米品牌成长的促进作用最优原因为：基准情况下，沁州黄小米区域公用品牌的品牌符号系统的评分为六类中最低，具有最大的进升空间，从而能在最大水平上促进品牌成长。

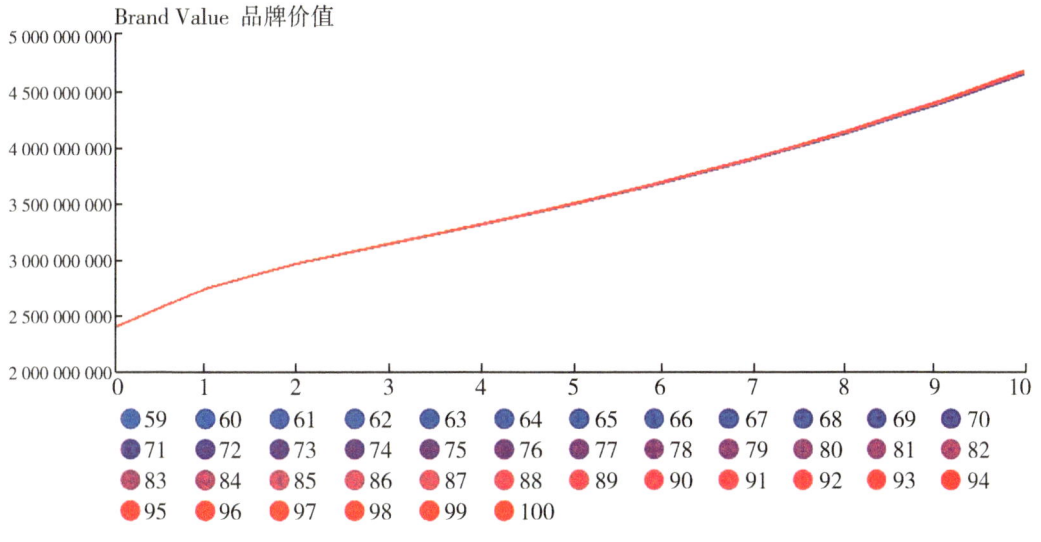

(a) 品牌价值仿真结果

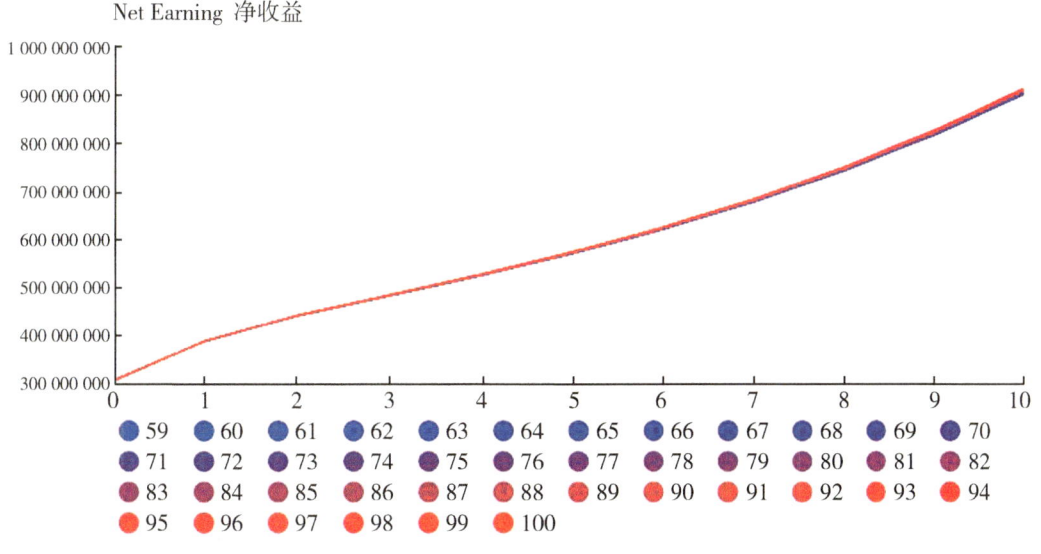

(b) 净收益仿真结果

图 5.4 实施 A 策略仿真结果

中国小米品牌研究

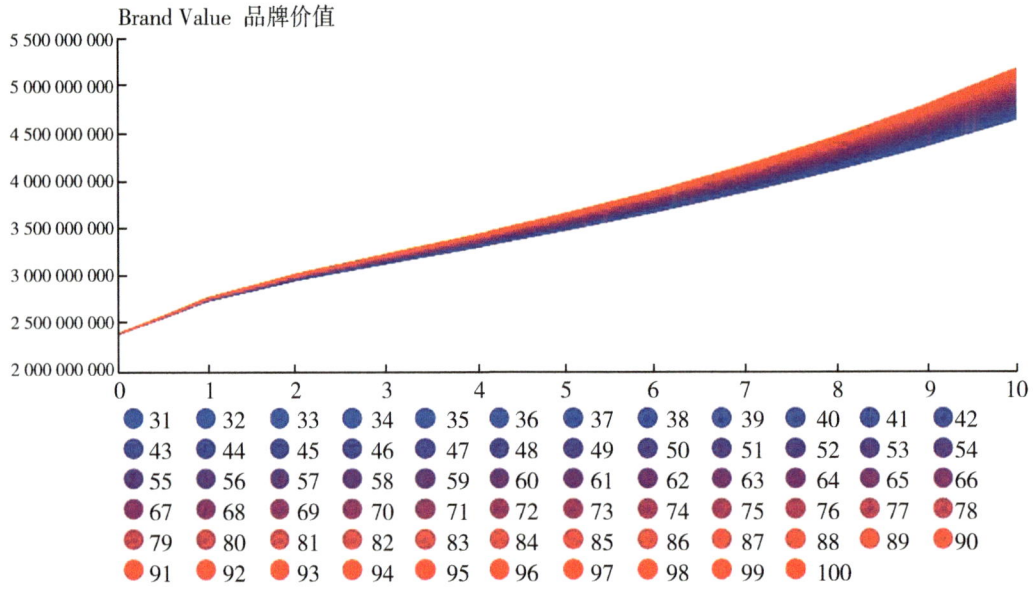

（a）品牌价值仿真结果

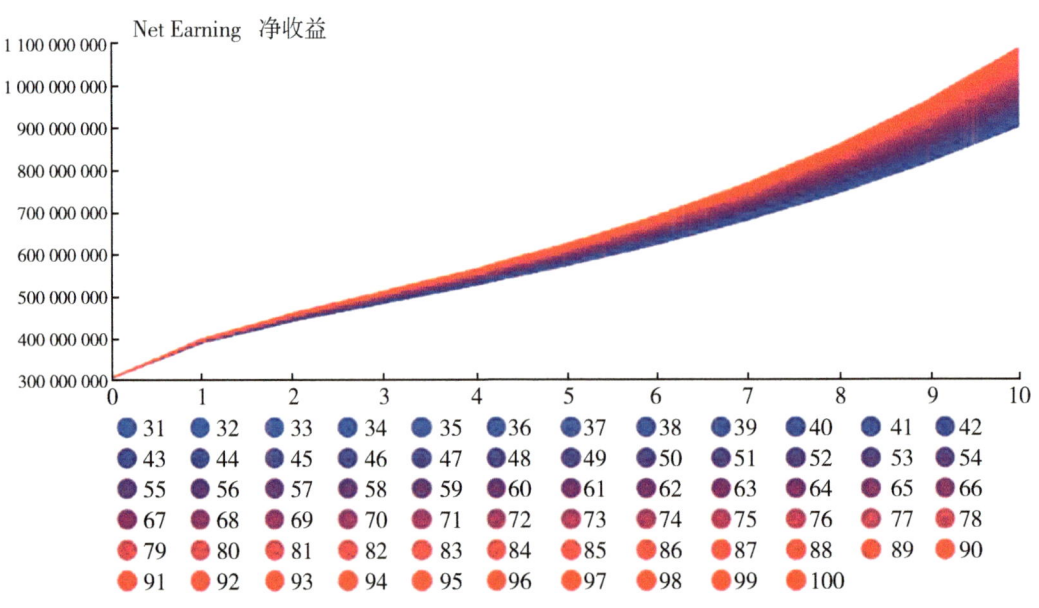

（b）净收益仿真结果

图 5.5　实施 B 策略仿真结果

（3）强化危机预防与处理能力（C）

图 5.6 为对沁州黄小米实施强化危机预防与处理能力策略的仿真结果，整体趋势表现相对较好。两图中为参数"危机预防与处理（CPM）"值为 70~100 仿真结果，其

对应的品牌经济效益趋势依次上移。在 C 策略实施最大化情况下,沁州黄小米 2030 年品牌价值为 48.06 亿元,同比基准情况下增长了 1.51 亿元,是 A 策略的 3 倍、B 策略的 1/3.55;净收益为 9.535 亿元,同比基准情况下增长了 0.516 亿元,约是 A 策略的 3.79 倍,B 策略的 1/3.66。由此可知,实施 C 策略对于沁州黄小米品牌成长的促进作用均优于基准情景,且有正向促进作用。

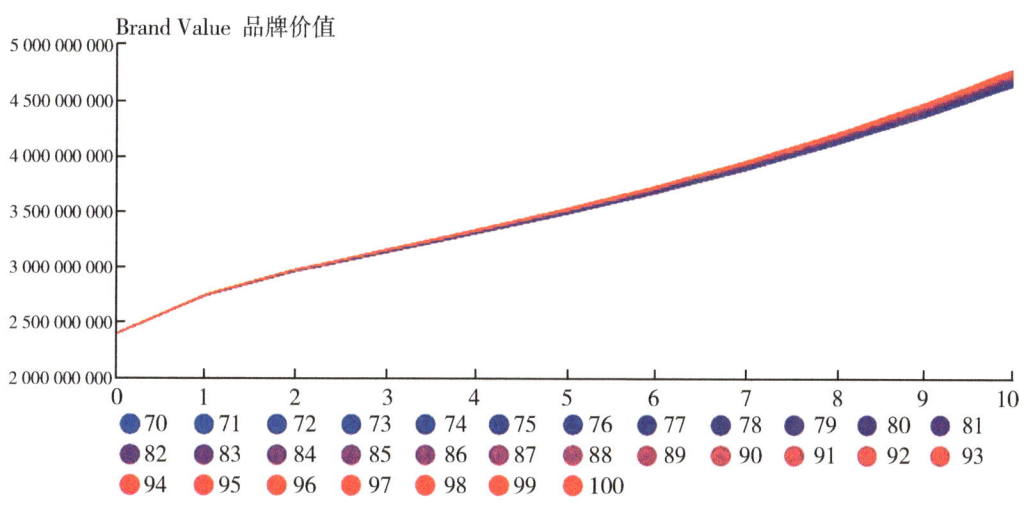

(a)品牌价值仿真结果

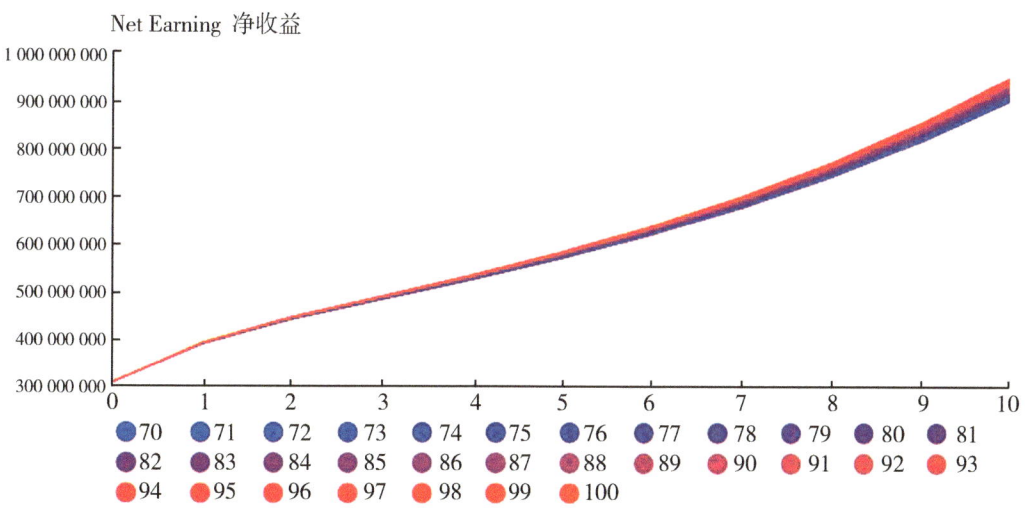

(b)净收益仿真结果

图 5.6 实施 C 策略仿真结果

(4)提高品牌营销创新力(D)

图 5.7 为对沁州黄小米实施提高品牌营销创新力策略的仿真结果,整体表现有明显

优势。两图中为参数"品牌营销创新力（BMI）"值为79~100仿真结果，其对应的品牌经济效益趋势依次上移。在D策略实施最大化情况下，沁州黄小米2030年品牌价值为51.38亿元，同比基准情况下品牌价值增长了4.83亿元，仅次于B策略的增长值，D策略的品牌价值增长值为A策略的9.66倍、C策略的3.2倍；净收益为10.72亿元，同比基准情况下增长了1.701亿元，仅次于B策略。基准情况下沁州黄小米的品牌营销创新力评分为六类策略中最高，但当沁州黄小米的品牌营销创新力的分值每增加1个单位，至2030年其品牌价值仍平均增加0.23亿元、净收益平均增加0.081亿元。结合图中可以看出D策略的图像分布最为稀疏。综上可知，在不考虑实施成本的情况下，实施D策略能实现品牌经济效益增长效用最大化。

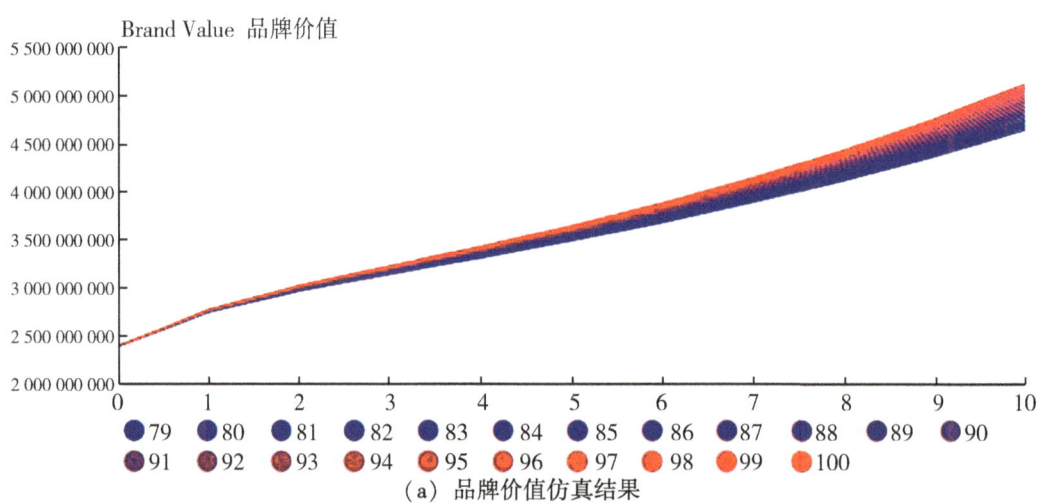

(a) 品牌价值仿真结果

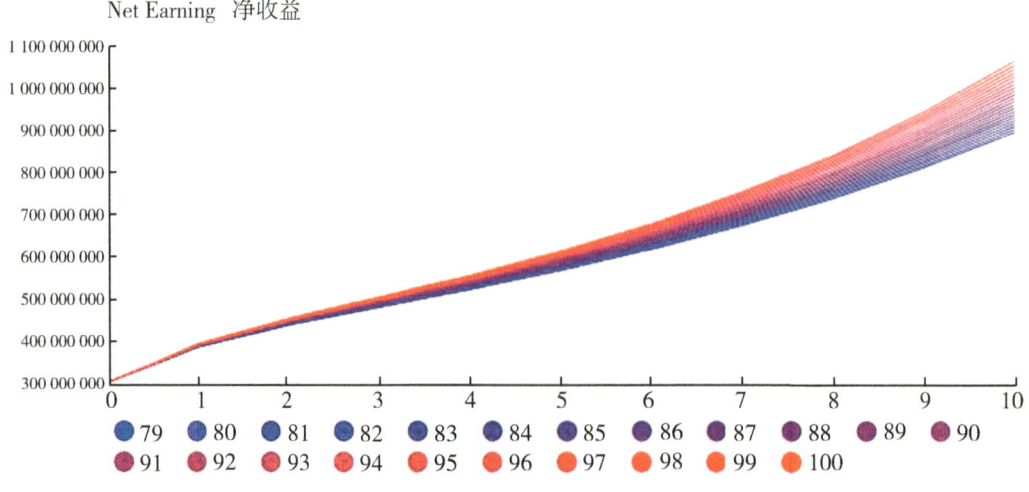

(b) 净收益仿真结果

图5.7 实施D策略仿真结果

(5) 完善质量管理体系（E）

图 5.8 为对沁州黄小米实施完善质量管理体系策略的仿真结果，整体表现幅度较小。两图中为参数"质量管理体系（QMS）"值为 67~100 仿真结果，其对应的品牌经济效益趋势依次上移。在 E 策略实施最大化情况下，沁州黄小米 2030 年品牌价值增长至 47.39 亿元，同比基准情况下增长了 0.84 亿元，是 B 策略的 1/6.38、D 策略的 1/5.75；净收益为 9.31 亿元，同比基准情况下增长了 0.291 亿元。实施 E 策略对于沁州黄小米品牌成长的促进作用均优于基准情景，但促进作用较小。

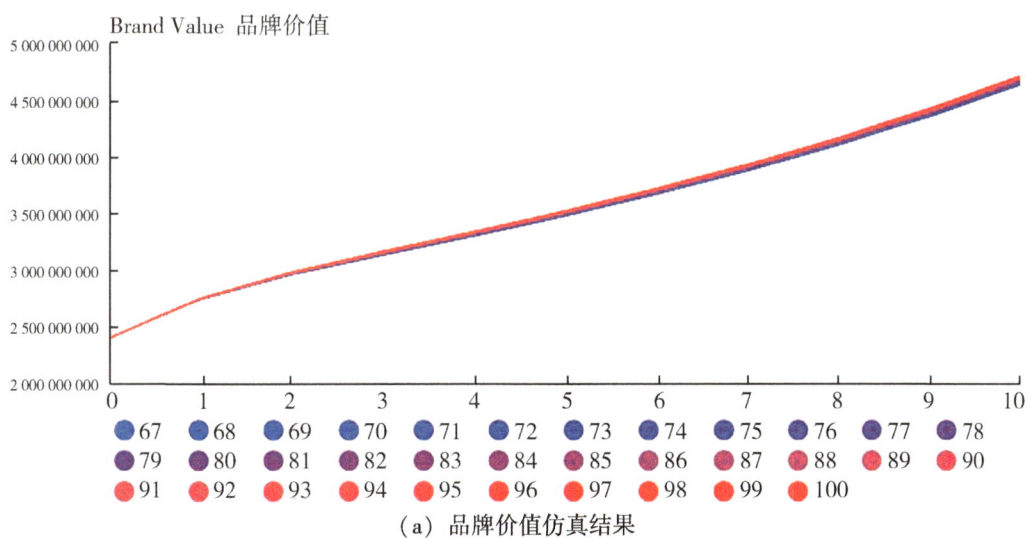

(a) 品牌价值仿真结果

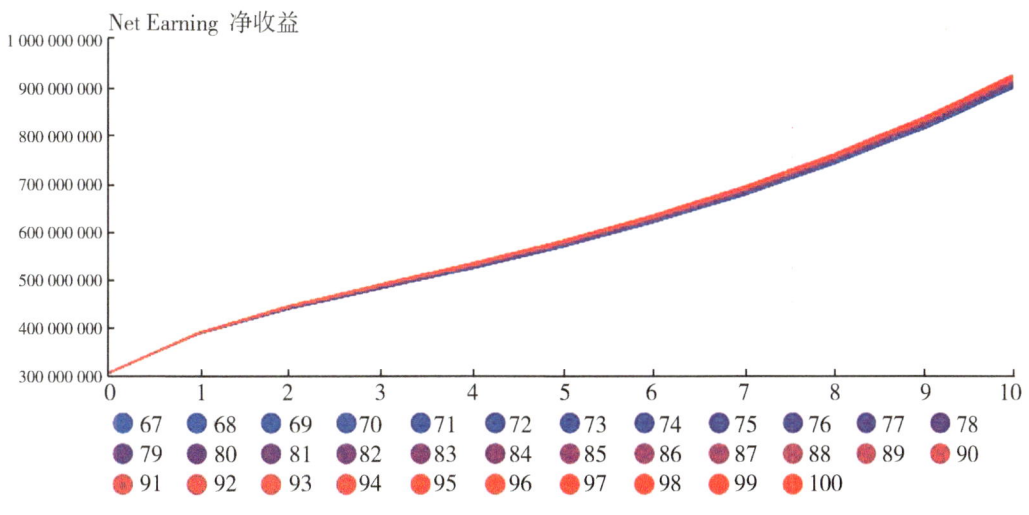

(b) 净收益仿真结果

图 5.8 实施 E 策略仿真结果

(6) 提高企业品牌传播能力（F）

图 5.9 为对沁州黄小米实施提高企业品牌传播能力策略的仿真结果，整体表现相对较优。两图中为参数"品牌传播（BCo）"值为 60~100 仿真结果，其对应的品牌经济效益趋势依次上移。在 F 策略实施最大化情况下，沁州黄小米 2030 年品牌价值为 49.94 亿元，同比基准情况下品牌价值增长了 3.39 亿元，是 A 策略的 6.78 倍、C 策略的 2.25 倍；净收益为 10.19 亿元，同比基准情况增长了 1.171 亿元。实施 F 策略对于沁州黄小米品牌成长的促进作用均优于基准情景，但作用次于 B、D 策略。

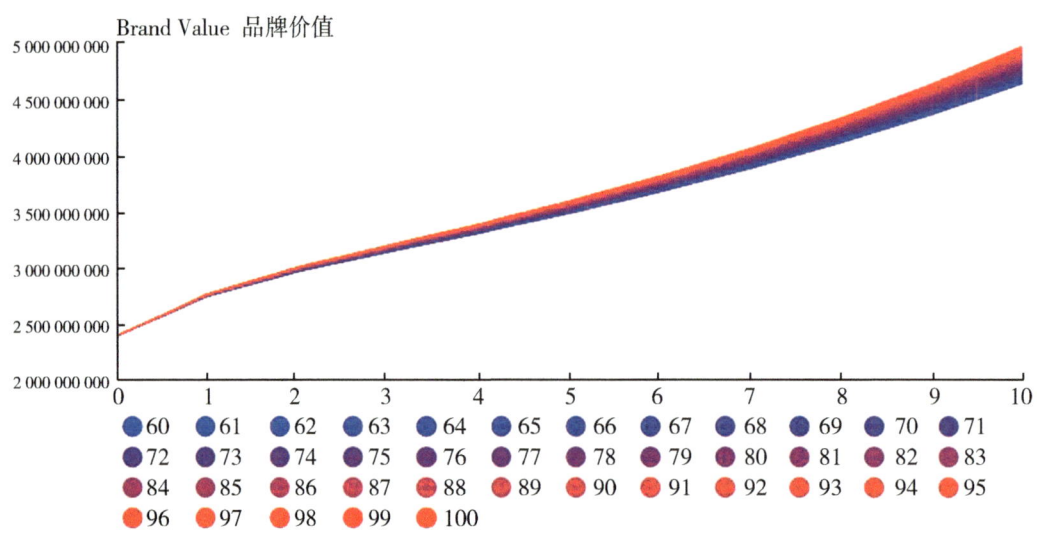

(a) 品牌价值仿真结果

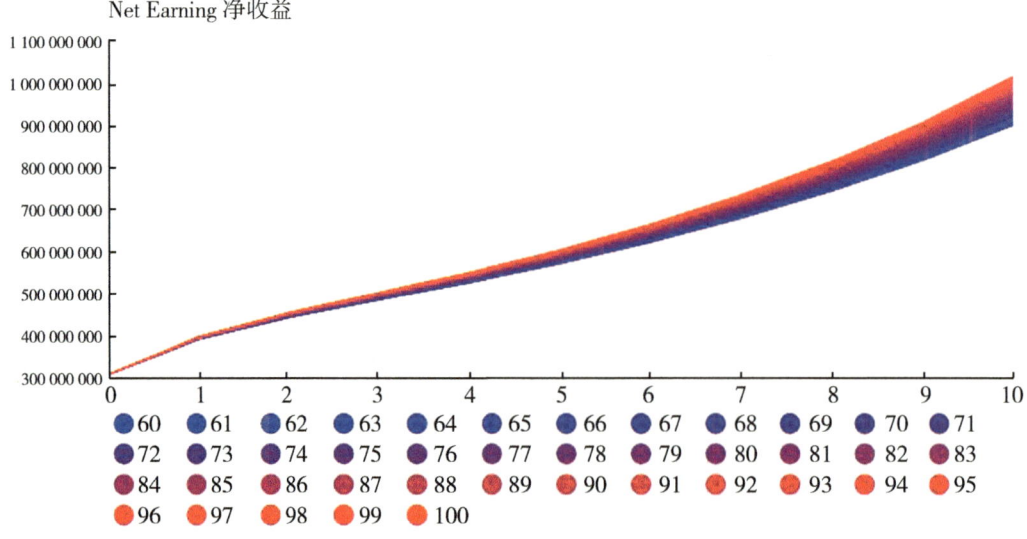

(b) 净收益仿真结果

图 5.9 实施 F 策略仿真结果

5.4.3 组合品牌策略分析

(1) 双品牌策略情形分析

根据上文的双品牌策略情形设计,此处研究的品牌策略情景共三种,根据品牌价值和净收益来衡量沁州黄小米品牌成长的成效,分析不同策略组合的仿真结果。图 5.10 至图 5.12 为实施三类策略情景的仿真结果,横轴表示时间,依次对应为 2020—2030 年,纵轴表示品牌经济效益的值(单位:元),Run0—Run10 依次对应为参数组合数值为 0~100(步长为10)的曲线。当某一策略进行实验时,其余策略参数保持基准情况下的数值不变。

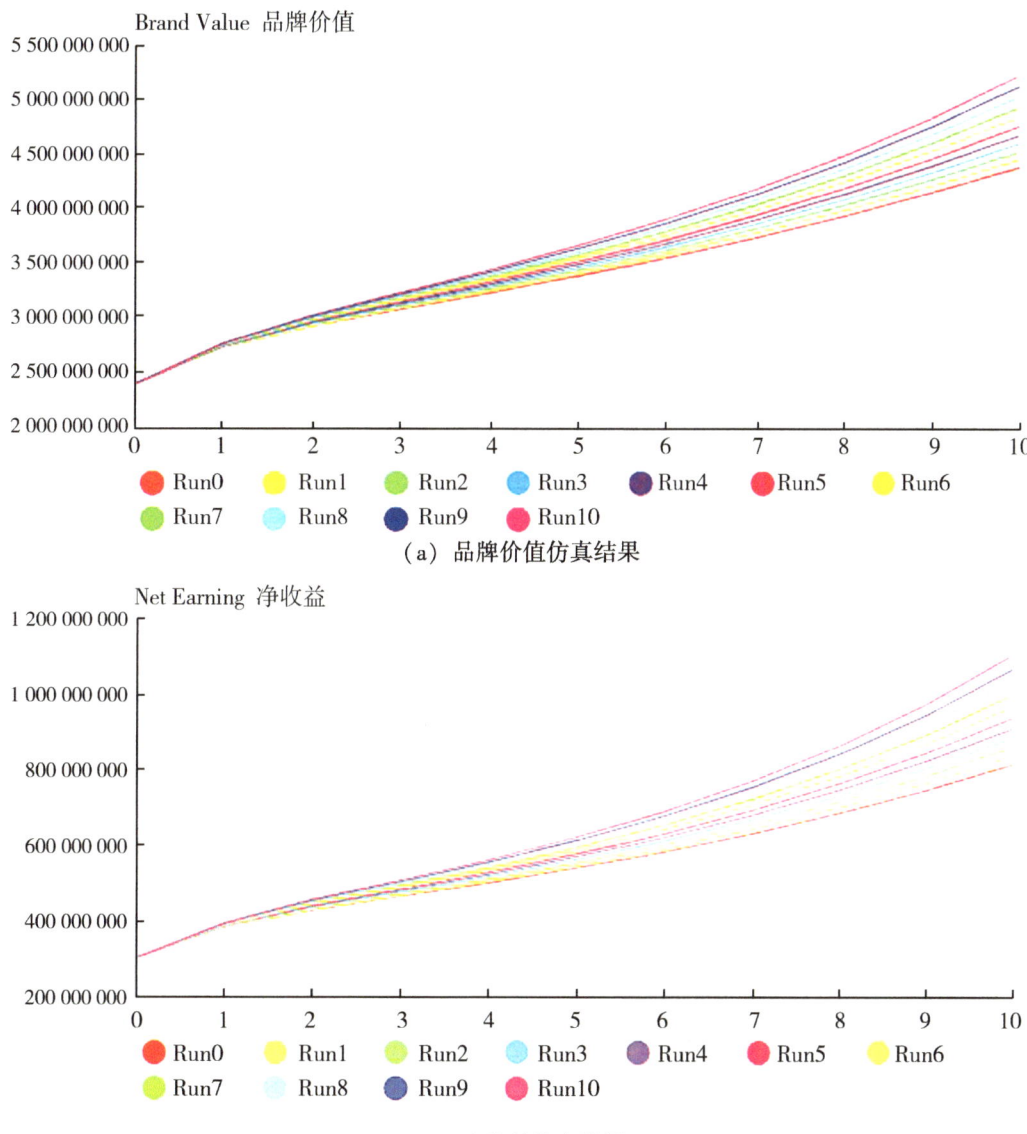

图 5.10 实施加深品牌印象策略仿真结果

图 5.10 为实施加深品牌印象策略品牌价值和净收益（Ⅰ策略）的仿真结果。由图可知，Run0—Run10 对应曲线依次上升，说明加大品牌印象策略的实施强度对品牌经济效益升涨具有正向促进作用。当Ⅰ策略的实施强度为 0（即 Run0 曲线）时，沁州黄小米 2020 年品牌价值为 24.06 亿元，2030 年品牌价值为 44.05 亿元；2020 年净收益为 3.085 亿元，2030 年净收益为 8.202 亿元。不断加大Ⅰ策略实施强度，到Ⅰ策略的实施强度为 100（即 Run10 曲线）时，沁州黄小米 2030 年品牌价值为 52.44 亿元；2030 年净收益为 11.11 亿元。图 5.11 为加大质量管理力度策略后品牌价值和净收益（Ⅱ策略）

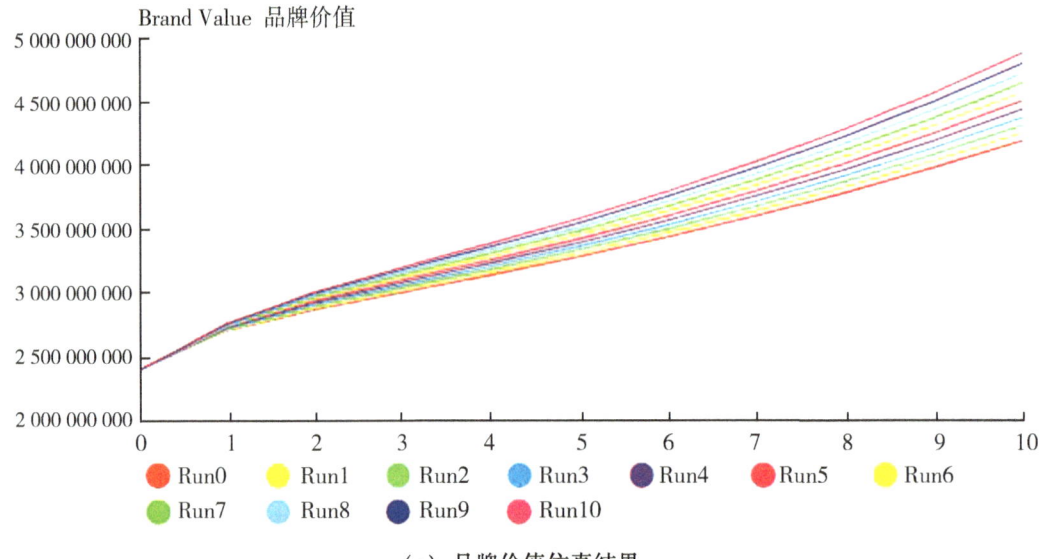

（a）品牌价值仿真结果

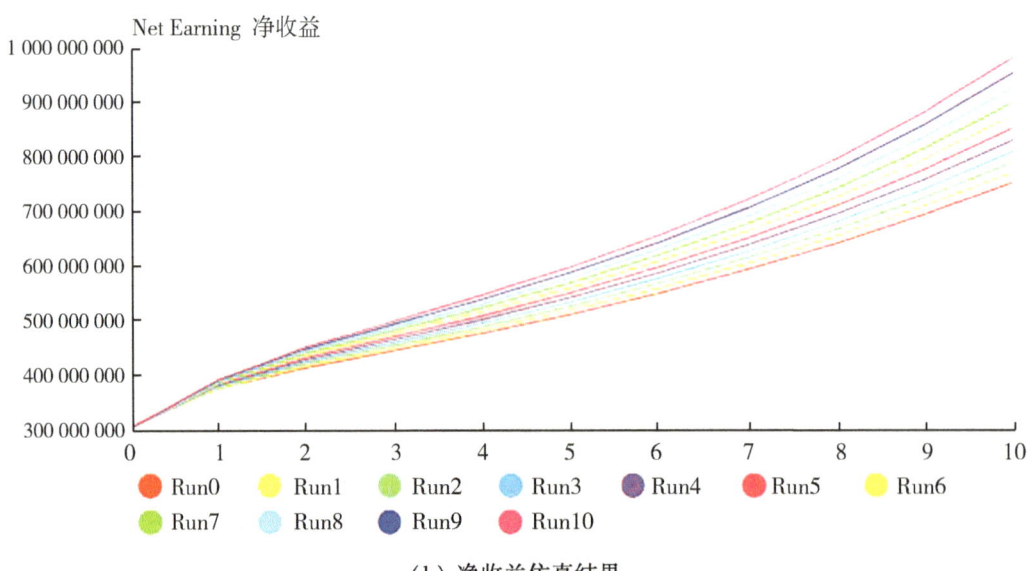

（b）净收益仿真结果

图 5.11 实施加大质量管理力度策略仿真结果

的仿真结果。两图中 Run0—Run10 对应曲线依次上升，说明加大质量管理力度策略的实施强度对品牌经济效益升涨具有正向促进作用。当Ⅱ策略的实施强度为 0（即 Run0 曲线）时，沁州黄小米 2020 年品牌价值为 24.06 亿元，2030 年品牌价值为 42.05 亿元；2020 年净收益为 3.085 亿元，2030 年净收益为 7.572 亿元。不断加大Ⅰ策略实施强度，到Ⅰ策略的实施强度为 100（即 Run10 曲线）时，沁州黄小米 2030 年品牌价值为 48.98 亿元；2030 年净收益为 9.859 亿元。图 5.12 为实施加大品牌营销力度策略品

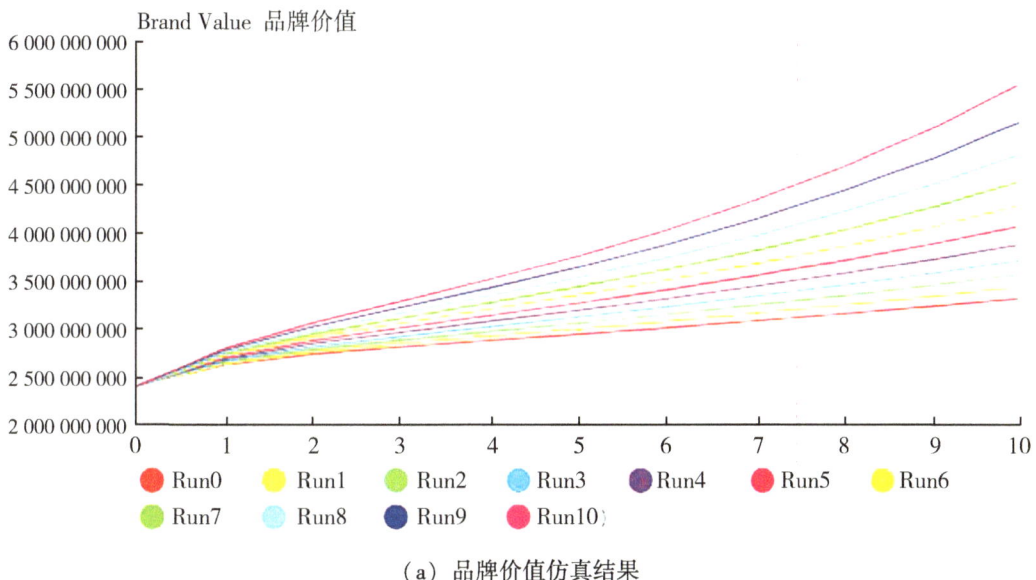

（a）品牌价值仿真结果

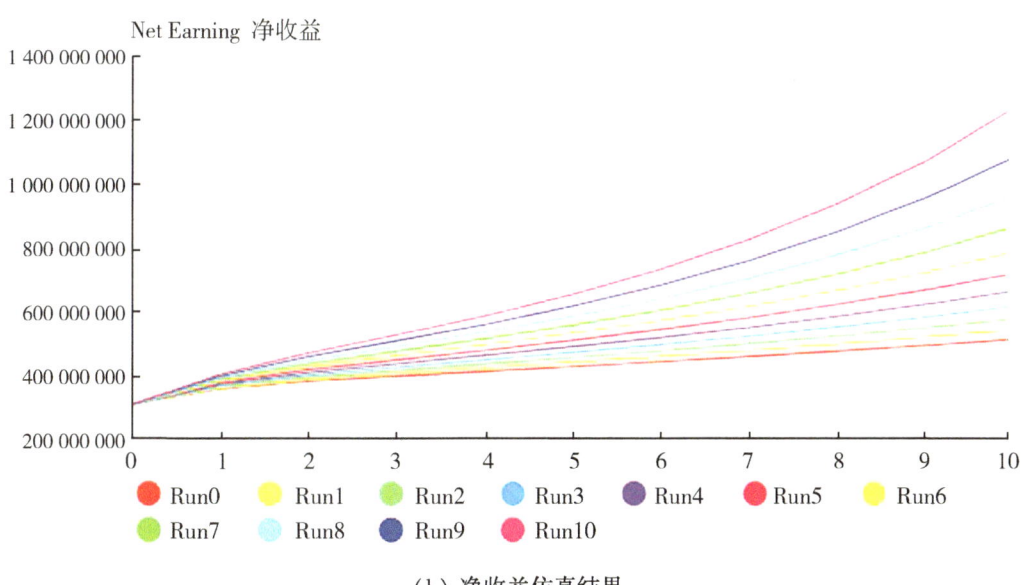

（b）净收益仿真结果

图 5.12　实施加大营销力度策略仿真结果

牌价值和净收益（Ⅲ策略）的仿真结果。两图中 Run0—Run10 对应曲线依次上升，说明加大品牌营销力度策略的实施强度对品牌经济效益升涨具有正向促进作用。当Ⅲ策略的实施强度为 0（即 Run0 曲线）时，沁州黄小米 2020 年品牌价值为 24.06 亿元，2030 年品牌价值为 33.29 亿元；2020 年净收益为 3.085 亿元，2030 年净收益为 5.147 亿元。不断加大Ⅲ策略实施强度，到Ⅲ策略的实施强度为 100（即 Run10 曲线）时，沁州黄小米 2030 年品牌价值为 55.76 亿元；2030 年净收益为 12.39 亿元。

纵向对比在不同策略实施强度下 2030 年的品牌价值和净收益，随着策略实施强度的增大，三类策略 2030 年的品牌价值和净收益均依次增大，且增长量也逐渐增大。当品牌策略实施强度为 0 时，到 2030 年实施Ⅲ策略的品牌价值和净收益均为三类中最低。但随着强度的增大，到策略实施强度为 100 时，到 2030 年实施Ⅲ策略的品牌价值和净收益均为三类中最高。综上可知，在不考虑实施成本的情况下，加大品牌营销力能有效提高品牌经济效益，促进品牌成长。

(2) 多品牌策略情形分析

根据上文多策略情形设计，选择品牌经济效益衡量沁州黄品牌成长的成效。图 5.13 为实施多策略情景的经济效益仿真结果，横轴表示时间依次对应为 2020—2030 年，纵轴表示经济效益的值（单位：元），Run0—Run10 依次对应为参数组合数值为 0~100 的曲线。在本小节中，设置六种行为参数数值均为 0 的情形为本节的基准情形，命名为基准情形 O，即图中 Run0 为基准情形 O 的仿真结果。

从图像纵向来看，曲线上移趋势明显，随着实施强度的增加，品牌价值和净收益曲线越陡峭。在基准情形 O 情况下，Run0 对应的品牌价值和净收益曲线趋于平缓，沁州黄小米 2020 年品牌价值为 24.06 亿元，2030 年增长至 30.58 亿元，增长了 10.52 亿元；2020 年净收益为 3.085 亿元，2030 年增长至 4.487 亿元，增长了 1.402 亿元。到多策略实施强度达到最大时（即 Run10 对应的曲线），沁州黄小米 2030 年的品牌价值增长至 71.04 亿元，同比基准 O 情况下 2030 年的品牌价值，增长了 40.46 亿元；净收益增长至 19.37 亿元，同比基准 O 情况下 2030 年的净收益，增长了 14.883 亿元。综上所述，多策略的实施有助于沁州黄小米经济效益的增加，能够正向促进品牌成长。在不考虑实施成本的情况下，多策略实施强度越大，越有助于经济效益的提升。

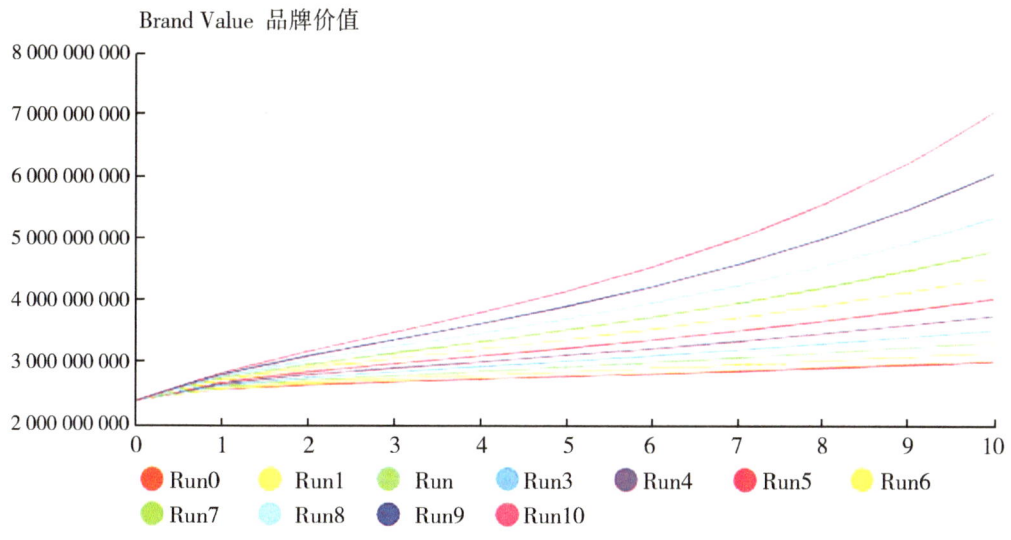

(a) 品牌价值仿真结果

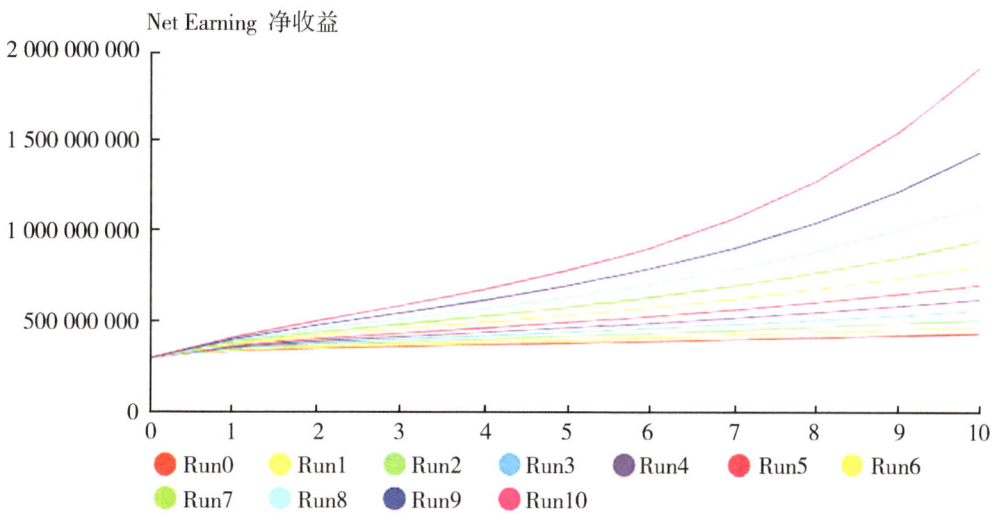

(b) 净收益仿真结果

图 5.13 实施多策略仿真结果

5.5 本章小结

小米品牌成长系统是动态复杂巨系统，通过系统动力学建模与仿真能够有效分析小米品牌成长系统、揭示小米品牌成长机理，有利于丰富品牌系统理论与实证，为破解小米品牌培育中的重点和"痛点"问题提供理论支撑。本研究分析了小米品牌成长系统的系统结构，构建了因果关系图、流图及系统动力学方程，以沁州黄小米为案例，进行模型检验，以基准品牌策略情形、单一品牌策略情形、双品牌策略情形和多品牌策略情形为主要维度对小米品牌的品牌价值和对应小米企业净收益演化机理进行仿真实验。得到以下主要结论：

（1）在基准品牌策略下，沁州黄小米未来10年间品牌价值和净收益将稳步增长，到2030年品牌收益将是2021年的2倍，净收益将是2021年的3倍。

（2）在单一品牌策略情形下，完善品牌文化、完善质量管理体系对品牌价值和净收益增长表现不显著，完善品牌符号系统、提高企业品牌传播能力对品牌价值和净收益增长表现比较显著，强化危机预防与处理能力、强化品牌营销创新能力对品牌价值和净收益增长表示最为显著。

（3）在双品牌策略情形下，三类双品牌策略情形对品牌价值与净收益均呈正相关趋势；当品牌策略实施强度为0时，品牌营销力度（品牌营销，品牌传播）对品牌价值与净收益增长的趋势最弱；随着加大品牌策略实施强度，品牌营销力度（品牌营销，品牌传播）对品牌价值与净收益增长的趋势最强。

（4）在多品牌策略情形下，品牌策略的实施强度对品牌价值和净收益显著提升。

综上，由特殊到一般，单品牌策略情形和双品牌策略情形下，加大品牌营销力度能显著提升品牌价值和净收益；在多品牌策略情形下，加大品牌策略强度能大幅度提升品牌价值与净收益。这给品牌所有者和使用者在资源约束下选择品牌策略提供了理论依据。

本部分创新之处是定量揭示了小米品牌成长机理，揭示了不同品牌策略倾向下小米品牌成长演变机理，由特殊到一般，同时揭示了不同品牌策略倾向下小米品牌成长演变机理。不同的品牌策略执行者高效协同推动小米品牌成长的机理与机制的研究，将成为后续研究重点。

参考文献

[1] 李旭.社会系统动力学—政策研究的原理、方法和应用［M］.上海：复旦大学出版社，2009.

[2] 刘亮,陈永刚.复杂系统仿真的AnyLogic实践［M］.北京：清华大学出版社，2019.

第6章 小米品牌的品牌价值评价研究

第4章和第5章分别从定性和定量两个角度，引入系统论和系统方法研究了小米品牌成长系统成长机理。本章在此基础上研究小米品牌的品牌机制评价的方法，并以沁州黄小米为例对该评价方法进行实证研究和运用研究，验证该方法的客观性、可行性和准确性。该评价方法可将运用于小米品牌的评价及排行，用"以评促建"的模式推动小米产业高质量发展。

6.1 农产品品牌价值评价研究综述

小米品牌是农产品品牌的子集，单纯小米品牌的品牌价值评价的研究较少。品牌评价方法综述在2.2节有详细的论述，我们在此综述农产品品牌的品牌评价方法，以作为本章研究的重要借鉴。

国外对农产品品牌的建设以及对农产品品牌价值重要性的认识较早。1979年，日本已认识到农产品品牌价值的重要性，实施"一村一品"的品牌农业战略，强化品牌定位，完善品牌认证制度并利用专业品牌机构进行专业规划[1]。日本学者刘屋武昭（2005）介绍了农产品品牌评价与价值创造的重要性。Biel探讨了作为无形资产的品牌资产与形象的关系，指出用户形象、制造商形象、产品形象以及竞争者形象四个要素共同构成品牌形象，并与其他非品牌形象形成品牌资产，进而产生市场价值[2]。法国于1936年开始建立原产地控制命名管理系统，对葡萄酒生产各环节进行严格的质量监管[3]。美国注重农业科学技术的发展和优化，同时依靠高效的流通渠道来降低流通成本[4]。

我国是一个农业大国，但不是农业强国，对农业品牌及品牌价值的研究起步较晚。卢泰宏（2003）以品牌发展的重要标志作为分界点对品牌理论的演变历程进行了总结，划分为五个阶段：品牌定义、品牌战略、品牌资产、品牌管理和品牌关系阶段，并指出应基于中国文化的人际关系和跨学科视角来研究我国的品牌[5]。许玉贵认为农业品牌的价值在于他能给品牌的拥有者带来更多的有利条件，其本质是带有区别的标识，而非品牌产品很难具有这样的条件，品牌是品质的代名词；农业品牌的实质是其帮助品牌拥有者获利的能力，该能力主要由品牌农产品品质的优异性、质量的稳定性、需求的心理偏好来决定，那么这种能力在某种意义上就是农业品牌的价值，所以要想让农产品形成品牌价值，要关注这些能力的培养[6]。马蕾、郑绍丹（2020）认为国内外学者在农产品的整体热度、研究视域以及发展趋势上存在不同，国内主要关注农产品牌建设的组织管理、模式和实现路径等方面，国外则更多关注农产品建设过程中具体的实施渠道及实现方法等，在国外更关注发展生物经济，这种差异产生的原因在于国内外政策、社会、市场环境等的差异[7]。蔡靖杰（2010）指出在品牌经济盛行背景下，农产品供求矛盾明显，拥有品牌的农产品拥有更高的附加值，存在更多的竞争优势，同时他以福建37家农产品品牌企业作为案例，利用AHP建立灰色层次模型进行实证研究，指出农业产业化经营背景下我国农产品落后的现状，研究基于农产品品牌权益的农产品品牌竞争力的指标评价体系，并分析农产品品牌价值对衡量和提高农产品价值和品牌价值具有的重大作用[8]。胡晓云（2013）在其著作《品牌价值评估研究：理论模型及其开发应用》着重强调了农业品牌的重要性，并对国内外品牌评价方法进行了述评，最后提出CARD农产品品牌评价模型[9]。徐超（2009）从品牌资产的概念界定出发，借鉴凯勒提出的"品牌阶梯"模型以及基于顾客的品牌资产模型，并结合我国农业企业发展现状、农产品自身特点及农产品消费者的行为特征，得出基于消费者角度的农产品品牌资产模型。徐超认为应该根据评估的目的和评估对象的特点建立对应的评估模型而不是建立一种统一不变的模型[10]。You Zhou（2017）指出提升品牌价值战略是提高农产品市场竞争力的最有效途径，能够增加品牌资产，扩大发展规模[11]。王延涛、郭艳春（2021）指出在乡村振兴的背景下实施农产品品牌战略是发展现代农业的需要，并在农产品的品牌价值的定位等方面提出了具体实施农产品品牌战略的建议[12]。

从上面可以看出，关于农产品品牌价值方面的研究，在国内多关注技术标准、种植标准方面，并未形成系统的品牌价值体系，国外也没有品牌价值评价的相关文献。本书通过改进后的Interbrand模型研究小米品牌的品牌价值评价，以此来探究包括小米区域公用品牌和小米企业自有品牌在内的各类小米品牌在品牌培育过程中的优势、劣势和落脚点，给品牌建设主体提供更清晰的建设路径，以推动谷子产业的高质量发展。

6.2 小米品牌评价模型构建

6.2.1 基本思想与依据

设计小米品牌价值评价方法应把握以下基本思想：

紧扣小米品牌的本质、来源与成因。小米品牌是一类特殊的农产品品牌，其本质是消费者对某一小米产品的品牌认知与品牌关系，其来源与成因是促成与维持品牌认知和品牌关系的品牌管控行为。

紧扣小米品牌的品牌价值本质。小米品牌的品牌价值本质上是某小米品牌在消费者心目中的认知和与消费者关系作用于品牌管理者经营绩效的货币化表示。通俗地讲，小米品牌的品牌价值是衡量一个小米品牌是强势品牌、一般品牌和弱势品牌的"货币化"表示形式。

以消费者为导向，兼顾品牌管理者行为。小米品牌的消费者认知和关系的本质属性决定品牌价值的评价从结果层面要以消费者为导向，来源与成因层面要兼顾品牌管理者行为。

以 Interbrand 的评价方法为框架依据，基于小米品牌的本质、来源与成因构建评价方法。这是综合评价现有品牌价值评价方法、评价思想、评价过程、优点和缺点的情况下，结合小米特点而提出的，是理性的、客观的构建评价方法的思路。

6.2.2 评价方法设计

本文以国际学术界和实业界普遍认可的 Interbrand 法为底层逻辑，结合我国国情、小米特点、小米品牌的特点，设计小米品牌评价方法。

小米品牌价值的计算公式是：

$$BV = MPE \times BS \tag{6.1}$$

式中：
BV——小米品牌价值（Brand Value of Millet Products）；
MPE——小米品牌收益（Millet Products Earning）；
BS——品牌强度倍数（Brand Strength）。

为确保结果的合理性，将模型所涉数据均以连续三年的统计为计。

品牌收益=（3×当年品牌收益+2×前第一年品牌收益+前第二年收益）／（3+2+1）

品牌强度是指小米品牌的消费者认知、消费关系及建设主体的建设能力所带来保持品牌持久净收益的能力。由以层次递阶指标体系为基础的综合评价方法得出区域公用品牌和企业自有品牌在品牌价值成因层面存在很大差异，因此品牌强度指标体系分两套相对独立的指标体系。本文采用综合评分法分别评出调查问卷中的相应数值，根据评分的数值和各个参数的权重求出该品牌强度，再根据品牌强度推算品牌强度倍数：

$$\begin{cases} 250y = x^2, \ x \in [0, 50] \\ (y-10)^2 = 2x - 100, \ x \in (50, 100] \end{cases} \tag{6.2}$$

式中：
x——品牌强度得分；
y——品牌强度乘数，y 值在 0~20 之间。

图 6.1 体现的是小米品牌价值的形成机理。小米品牌价值为小米品牌净收益与品牌强度系数的乘积。品牌强度系数由品牌强度推算而来。品牌强度是综合评价品牌的消费者认知、消费者关系和建设主体品牌建设能力而来。建设主体品牌建设水平同时也决定了品牌的消费者认知水平和消费者关系水平。

6.2.3 品牌收益的计算方法

（1）区域公用品牌的品牌收益

本文借鉴浙江大学农业品牌研究院胡晓云的 CARD 模型，结合小米特点，得出小米区域公用品牌的品牌收益的计算方法：

$$NBI = AS \times (RP - PP) \times (1 - BMR) \tag{6.3}$$

式中：
NBI——品牌净收益（Net Brand Income）；
AS——年销量（Annual Sales）；

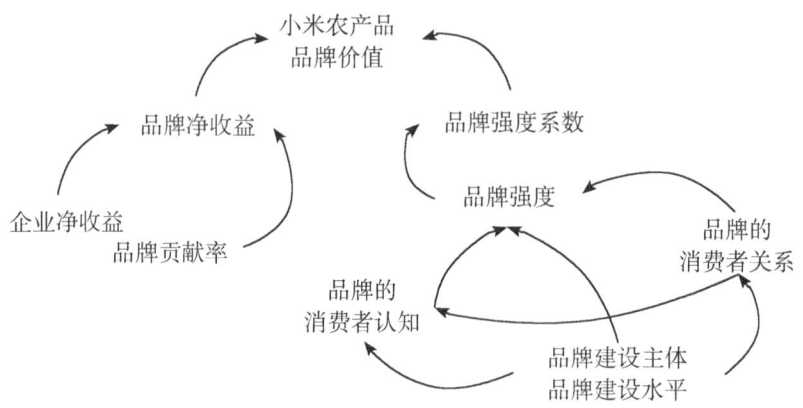

图 6.1 品牌价值成因逻辑

RP——品牌零售均价（Brand Average Retail Price）；
PP——原料收购价（Purchase Price of Raw Materials）；
BMR——品牌经营费率（Brand Management Rate）。

品牌经营费率=养殖、生产、经营本品牌产品的年度全部投入/年产值

BMR 本书结合小米品牌特征进行计算，并进行简化以便更好进行价值评价：亩产量、原料收购价进行计算产值；化肥投入、人工投入、浇水除草等投入、其他投入等代表年度全部投入，具体调查表格见附录 A。

（2）企业自有品牌的品牌收益

本书企业自有品牌的品牌收益借鉴国标 GB/T 29188-2012 多周期品牌超额收益模型中对品牌现金流的计算：

$$BE = (NP-TAI) \times BI \tag{6.4}$$

$$NP = SR - C - BT \tag{6.5}$$

$$TAI = (CA+FA) \times RRC \tag{6.6}$$

式中：

BE——品牌收益（Brand Earnings）；
NP——企业净利润（Net profit）；
TAI——有形资产收益（Tangible Assets Income）；
BI——品牌作用指数（Role of Branding Index）；
SR——销售收入（Sales Revenue）；
C——成本（Cost）；
BT——营业税（Business Tax）；
CA——流动资产（Current Assets）；
FA——固定资产（Fixed Assets）；
ROC——资本报酬率（Rate of Return on Capital）。

品牌作用指数：指企业无形资产收益中归因于品牌部分的比例系数为0.8。

该值是一个较为综合的值，是国标制定过程中的一个综合考量后的结果，故本节选取该值为品牌作用指数。具体调查表格见附录B。

6.2.4 指标体系构建

(1) 小米品牌强度影响因素分析

品牌强度是指将来因品牌获得持久净收益的能力，代表将来品牌价值持续成长的强弱。小米品牌强度取决以下几个方面：

①品牌认知强度。品牌认知强度与品牌节点记忆有关，是由品牌再认强度（认知度）、品牌回忆（联想度）强度构成，以体现消费者辨识品牌的能力。品牌对消费者的态度和行为是通过品牌所代表的一系列基本要素呈现出来，即企业、产品、服务、广告、定价以及渠道形象等，并被消费者主观感知而形成品牌认知。品牌再认强度反映消费者通过品牌暗示（品牌名称、标识、包装、宣传语等）获取品牌识别的水平；品牌回忆与联想强度反映在品类、购买和使用场景中消费者获得品牌联想（形象、产品与服务性能等品牌属性和品牌利益）的能力。小米是一类特殊的农产品，其品牌认知强度，取决了消费者对其核心要素的认知及核心属性、核心利益的联想。

②品牌关系强度。品牌关系强度是指长期发展过程中品牌和消费者构建关系的程度，包括消费者满意程度、消费者共鸣程度、消费者忠诚程度（依赖程度）。小米品牌关系取决于消费者对该品牌的满意度、共鸣度与忠诚度。品牌领域的学者从消费者心理与行为的角度来研究品牌的重要性，提出了品牌关系理论，指出消费者与品牌关系对市场营销理论发展的关键作用，为品牌研究的发展开辟了新思路。Jennifer Aaker提出了消费者品牌关系强度的概念，并将其定义为关系的持久性与有效性。建立品牌的过程，也是为了建立消费者与品牌持久、稳定和吸引的过程。

③品牌成长强度。如果说品牌认知强度、品牌关系强度体现的是品牌的绩效，品牌成长强度则体现的是品牌价值的成因。品牌认知强度和品牌关系强度的主体是品牌本身，品牌成长强度的主体是支撑品牌建设的组织（政府、协会、企业等）。品牌成长强度是组织促进品牌认知强度和品牌关系强度成长的能力，反映了品牌建设主体塑造品牌的能力。小米区域公用品牌建设主体是地方政府，品牌成长强度反映了地方政府的品牌建设能力。小米企业自有品牌的建设主体是农产品企业，品牌成长强度反映了农产品企业的品牌建设能力。

图6.2反映的是品牌认知强度、品牌关系强度和品牌成长强度三者的关系。品牌强度最直接的来源是品牌认知强度和品牌关系强度，因为品牌存在于消费者的认知和关系之中，本质是消费者心智模式，品牌价值是消费者对品牌心智模式的货币化度量。品牌成长强度决定了品牌认知强度和品牌关系强度，品牌关系强度也直接影响品牌认知强度。对品牌价值的评价是涉及过去和现在从而反映未来的过程，认知强度和关系强度代表当下结果的评价，而品牌成长强度可以看作一种内在成长的动因，代表了品牌成长发展的潜力，这三者共同来衡量品牌强度。

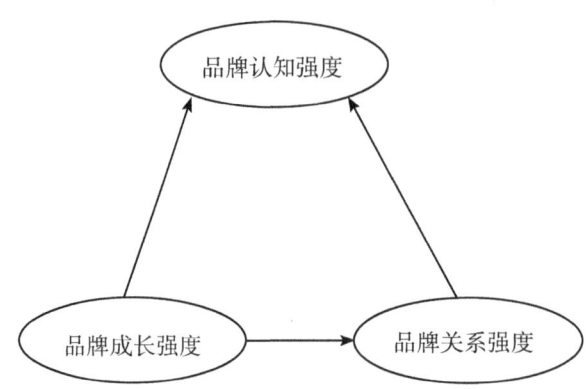

图 6.2　品牌认知、关系、成长强度关系

（2）品牌认知强度影响因素分析

品牌认知强度反映消费者识别品牌的能力，是由品牌再认强度、品牌回忆（联想）强度构成。换句话说，品牌认知强度衡量消费者对品牌形象、品牌联想的识别和反映程度。从对品牌认知强度的认识及小米品牌特征出发，梳理和系统分析小米品牌认知强度的来源与成因，认为影响品牌认知强度的因素包括品牌认知度和品牌联想度两个方面。

①品牌认知度。品牌认知度是指消费者对品牌符号、品牌视觉、品牌听觉等的认知程度。影响品牌认知度的因素包括：认知度和联想度，这两个指标测定认知强度的结果，其影响因素主要有品牌名称熟知度、品牌 LOGO 熟知度、品牌口号熟知度、品牌其他形象识别认知度（包装、常用色彩等）。

②品牌联想度。品牌联想度是指在品牌元素出现的场景里消费者产生正面联想的程度，消费者最直接的联想可以是具体的符号、产品、企业或一个人，可以是产品的功能性、象征意义或体验感，也可以是消费者对特定品牌内涵的认知与理解后产生的对品牌的总体态度与评价。20 世纪 90 年代初期，凯勒将品牌联想的内涵分为三种形态：

属性联想。这是指产品或服务的描述性特征。比如小米的滋味、口感等与产品有关的必备要素。而与产品无关的属性是指产品或服务的消费的外在方面，比如：价格、包装或产品外观、使用者形态和使用情境。

利益联想。这是此产品或服务能够为消费者带来哪些利益。分为三类：功能利益是指内在优势，与生理及安全需求有关；经验利益是有关使用产品或服务的感觉，例如感官乐趣、认知刺激；象征利益是指外在优势，是有关社会认同的需求或是个人表现。

态度联想。这品牌态度是消费者对品牌的整体评价，是形成消费者行为的基础。

（3）品牌关系强度影响因素分析

本书将品牌关系强度界定为品牌和消费者构建关系的程度，包括消费者满意程度、消费者共鸣程度、消费者忠诚程度（依赖程度）。如果说品牌认知强度属于形象层面，那么品牌关系强度属于情感层面，可以看作是消费者与品牌的亲密程度。如同人际关系互动，是指将品牌拟人化后，消费者对品牌的态度和品牌对消费者态度之间的互动。品牌关系强度的大小，短期取决于对消费者兑现承诺的程度，长期取决于以产品和服务为媒介给消费者创造价值的程度。基于对品牌关系强度的认识和小米品牌特征，系统分析品牌关系强度的来源与成因，认为影响小米品牌关系强度的因素包括：感知质量、消费者满意度和消费者忠诚度三个方面。

①感知质量。感知质量是消费者通过感官和亲身体验感受的到的质量水平。如果是实际质量是质量的客观存在，而感知质量是消费者对品牌对应产品和服务的主观感受。小米感知质量从外观（一致性）、色泽、滋味、香气、口感（适口性）、理化指标（营养成分）等六个方面来测评。

外观（一致性）：消费者在购买小米时，往往会观察该品牌生米外观大小一致性的情况，是否均匀饱满，以及米粒完整度和碎米多少的情况；同时在购买蒸煮后，米粒完整的情况都会影响消费者的感受和购买意愿。

色泽：包括生米、稀饭和干饭的色泽。

滋味：指消费者对产品整体滋味的满意和喜爱程度，以及产品是否滋味回甜。

香气：新米会有一种其固有的清香味，且稀饭干饭香气浓郁。

口感（适口性）：从口感细腻、粉质感、柔软光滑和黏甜可口来衡量口感。

理化指标（营养成分）：理化指标主要指的是其营养成分含量的多少，如同消费者买牛奶是会关注含钙量以及蛋白质含量一样，越来越多的消费者在购买小米时也会对比其营养成分，甚至在长期食用会关注其保健效果，比如养胃。

②顾客满意度。消费者满意度指的是消费者对品牌、产品与服务的满意程度，核心是消费者对品牌的期望与实际获得差值的函数。参考现有的消费者满意度量表，结合消费者对小米的需求，小米消费者满意度从产品满意度和服务满意度两个方面来衡量。

产品满意包含产品质量、产品价格等；服务满意包含产品售前与售后服务、承诺满意以及相关合作伙伴的满意度；产品满意和服务满意二者相辅相成，共同支撑消费者满意度。

③顾客忠诚度。顾客忠诚度指的是消费者对一个品牌产生长期偏好而重复购买的程度，包括品牌共鸣、品牌信任、品牌依赖等层次。参考现有消费者忠诚度量表，结合消费者对小米的需求，小米消费者忠诚度从品牌溢价性、顾客推荐率、缺货忠诚率、重复购买意愿四个方面来衡量。

品牌溢价性指的是品牌的溢价能力，即与其他普通品牌或无品牌产品相比高出其平均价格的部分，品牌溢价的高低以及消费者是否愿意买单的意愿是衡量品牌价值及其增长的重要依据；顾客推荐率可以体现品牌的口碑和口碑传播；缺货忠诚率最能体现消费者对品牌的执着程度；重复购买意愿是消费者忠诚度的行为体现。

图 6.3 体现的是感知质量、消费者满意度与消费者忠诚度之间的关系。感知质量与消费者期望质量的差值直接决定了消费者满意度，消费者满意度的持续性决定了消费者忠诚度，消费者忠诚度反过来又强化了消费者的期望质量。本文对顾客忠诚度的问卷中加入了品牌信任与品牌依恋，品牌满意是消费者的主观评价结果，它是消费者将品牌期望和实际感知绩效对比后形成的一种心理满足状态；品牌信任是在风险情境下，消费者对品牌可靠性的信心期望；品牌依恋是消费者与品牌之间的情感性纽带关系。品牌满意

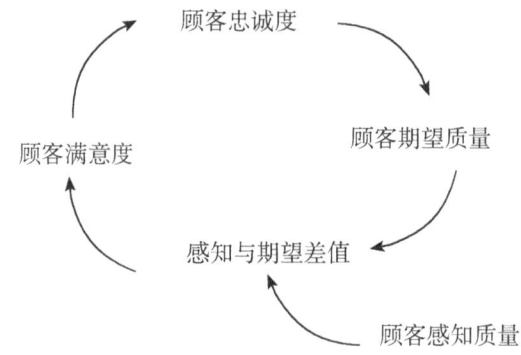

图 6.3　感知质量、消费者满意度与消费者忠诚度关系

是品牌信任和品牌依恋的基础；品牌信任是品牌满意不断强化的结果，是形成品牌依恋的重要动因；品牌依恋是消费者对品牌自我联结高度满意的结果，是消费者品牌信任的升华。

(4) 品牌成长强度影响因素分析

本书在 6.2.4 中界定了品牌成长强度，它是组织促进品牌认知强度和品牌关系强度成长的能力，反映了品牌建设主体塑造品牌的能力。由于小米区域公用品牌的建设主体是地方政府，小米企业自有品牌的建设主体是小米品牌企业，其品牌建设的内容和侧重点存在很大的差异，本书分别研究小米区域公用品牌和小米企业自有品牌的成长强度的影响因素。通过深入调研内蒙古敖汉旗、山西省长治市沁县、河北省武安市、蔚县的政府农业主管部门、农业协会、农产品企业、新型农业建设主体和农民，获得一手调研数据，在此基础上，梳理和系统分析品牌建设主体在塑造小米品牌中的作为、得失及与品牌绩效之间关系，得出影响品牌成长强度的因素。

①小米区域公用品牌的品牌成长强度影响因素分析

小米区域公用品牌的品牌强度影响因素包括：品牌属性、品种与环境影响程度、资源投入与生产、地方政府品牌支持程度和企业支持程度五大因素。

品牌属性代表一个品牌的自身特质，代表者这个品牌的身份，包含其地位、符号系统的鲜明性以及与定位的契合性，还体现其自身的知名程度以及品牌在传播过程中品牌的创新性和投入，比如消费者谈到苹果手机，会认为它是个极具创新的品牌，在创新的投入较大。

品种与环境对小米的品质有着重要影响，这是农产品自身的特性，同时品种的知名度一定程度上影响着品牌的知名度，比如在调研过程中有些消费者执着于"黄金苗"这个品种胜于品牌；品种的品质特性与适应性决定了其是否能大面积种植以及在一定程度上决定了消费者的感知质量，而谈及品种却又离不开区域环境。

资源投入与生产包含科研投入和人才支持，以及生产和服务中的标准化与质量管理，其中质量管理包含质量标准化、质量追溯、质量监督与执行。

小米区域公用品牌的发展离不开区域政府的支持，具体包含政府对品牌的重视、建设、规划、危机预防与处置以及对文化挖掘来支撑区域公用品牌的长久发展。

企业支持这一因素同样不可忽略，小米区域公用品牌要想有长久的发展并且打开市场获得较好的效益，离不开企业资本的力量，一个发展良好的区域公用品牌必定有着多家强势的企业自有品牌支持。

② 小米企业自有品牌的品牌成长强度影响因素分析

小米企业自有品牌的品牌强度影响因素包括品牌属性、品种与环境影响程度、资源投入与生产、品牌运营能力和品牌建设五大因素。

其中品牌属性、品种与环境影响程度、资源投入与生产具体含义和重要性同小米区域公用品牌的解释，品牌运营能力包括企业的内部管理能力、传播能力、营销的创新与投入、营销渠道的建设和企业文化对品牌的支撑。

③ 生成小米品牌强度指标体系

在对农产品品牌强度进行系统分析的基础上，得出小米区域公用品牌的品牌指标体系和小米企业自有品牌的品牌强度指标体系，见表 6.1 和表 6.2。

表 6.1 小米"区域公用品牌"品牌强度指标体系

一级指标	二级指标	三级指标
A 认知强度	A1 认知度	A11 品牌名称熟知度
		A12 品牌 LOGO 熟知度
		A13 品牌口号熟知度
		A14 品牌其他形象识别认知度（包装、常用色彩等）
	A2 联想度	A21 属性联想
		A22 利益联想
		A23 态度联想
B 关系强度	B1 感知质量	B11 外观（一致性）
		B12 色泽
		B13 滋味
		B14 香气
		B15 口感（适口性）
		B16 理化指标（营养成分）
	B2 顾客满意度	B21 产品满意度
		B22 服务满意度
	B3 顾客忠诚度	B31 品牌溢价性
		B32 顾客推荐率
		B33 缺货忠诚率
		B34 重复购买意愿

(续表)

一级指标	二级指标	三级指标
C 成长强度	C1 品牌属性	C11 品牌定位的契合性和鲜明性
		C12 品牌符号系统的契合性、鲜明性与感观冲击力
		C13 该品牌的历史知名程度
		C14 品牌传播的创新性与投入
	C2 品种与环境影响程度	C21 品种知名度
		C22 品种品质特性与适应性
		C23 产地区域环境对品质的影响
	C3 资源投入与生产	C31 科研投入与人才支持
		C32 标准化生产管理与执行程度
		C33 质量管理体系的完善与执行程度
	C4 地方政府品牌支持程度	C41 "三品一标"建设程度
		C42 政府的品牌规划与执行能力
		C43 区域历史文化对品牌的支撑
		C44 政府品牌传播能力
		C45 政府对该系列产品的重视程度
		C46 危机预防与处置能力
	C5 企业支持程度	C51 运用该品牌的企业数量
		C52 运用该品牌的企业的运营能力
		C53 营销渠道广度与宽度

注：认知强度、关系强度中的评价对象是广大消费者，成长强度的评价对象是相关从业人员和各类专家；感知质量中的 B11、B12、B13、B14、B15 采取盲测的方式，并附有调查问卷，下表同。

表 6.2　小米"企业自有品牌"品牌强度指标体系

一级指标	二级指标	三级指标
A 认知强度	A1 认知度	A11 品牌名称熟知度
		A12 品牌 LOGO 熟知度
		A13 品牌口号熟知度
		A14 品牌其他形象识别认知度（包装、常用色彩等）
	A2 联想度	A21 属性联想
		A22 利益联想
		A23 态度联想

(续表)

一级指标	二级指标	三级指标
B 关系强度	B1 感知质量	B11 外观（一致性）
		B12 色泽
		B13 滋味
		B14 香气
		B15 口感（适口性）
		B16 理化指标（营养成分）
	B2 顾客满意度	B21 产品满意度
		B22 服务满意度
	B3 顾客忠诚度	B31 品牌溢价性
		B32 顾客推荐率
		B33 缺货忠诚率
		B34 重复购买意愿
D 成长强度	D1 品牌属性	D11 品牌定位的契合性和鲜明性
		D12 品牌符号系统的契合性、鲜明性与感观冲击力
		D13 该品牌的历史知名程度
		D14 品牌传播的创新性与投入
	D2 品种与环境影响程度	D21 品种知名度
		D22 品种品质特性与适应性
		D23 产地区域环境对品质的影响
	D3 资源投入与生产	D31 科研投入与人才支持
		D32 标准化生产管理与执行程度
		D33 质量管理体系的完善与执行程度
	D4 品牌运营能力	D41 企业 HR 等内部管理能力
		D42 企业文化对品牌的支撑
		D43 营销渠道的广度与宽度
		D44 品牌营销的创新与投入
		D45 企业品牌传播能力
	D5 品牌建设	D51 企业对该系列产品的重视程度
		D52 对区域品牌背书的运用程度
		D53 企业的品牌规划与执行能力
		D54 危机预防与处置能力
		D55 "三品一标"建设程度

6.2.5 设定指标体系权重

（1）小米品牌价值评价指标权重测算方法

为了提高在小米品牌价值评估指标体系中各指数权重的客观性，本书将通过层次分析法来计算小米品牌价值评估指数权重。目的是把定性分析和定量分析结合，以减少因主观因素对评价结果产生的不利影响，主要包括四个具体步骤。

步骤一，建立层次结构模型。第一层为目标层，即品牌强度；第二层为准则层，选择认知强度、关系强度与成长强度三个维度子系统；第三层为指标层，由反映各系统具体内容的指标构成；第四层为指标要素层，由反映各指标层内容的要素构成。

步骤二，构造判断矩阵。根据步骤二的结构，生成专家打分调查问卷（附录C）。专家对各指标的重要性进行两两比较打分，并将分数进行加权平均，再将各个指标加权平均两两比较，确定各指标重要性分值构造出判断矩阵。A、B 层之间构造的判断矩阵为：

$$P = \begin{pmatrix} a_{11} & \cdots & a_{1n} \\ \vdots & \ddots & \vdots \\ a_{n1} & \cdots & a_{nn} \end{pmatrix} \quad (6.7)$$

其中，a_{ij} 表示相对于上一层 A 中 B_i 相对于 B_j 的重要性，其数值根据 1-9 标度法确定，具体见表 6.3。

表 6.3　比较矩阵元素 a_{ij} 的标度方法

相对重要性标度	解释说明
1	两个因素具有同等的重要性
3	一个因素比另一个因素略微重要
5	一个因素比另一个因素明显重要
7	一个因素比另一个因素强烈重要
9	一个因素比另一个因素极度重要
2，4，6，8	重要性介于上述两个相邻尺度的中间
倒数	一个因素比另一个因素不重要，其中 1/9 为最不重要，1/8、1/7、1/6、1/5、1/4、1/3、1/2、1 程度依次递减

步骤三，层次单排序及一致性检验。

对矩阵的每一列进行归一化处理，再在此基础上对行向量求和，再次进行列向量的归一化处理得到比较判断矩阵的特征向量，最后运用 Matlab 软件计算出来的矩阵最大的特征值。并对比较判断矩阵进行一致性检验，平均随机一致性指标：CR = CI/RI，其中 RI 的值见表 6.4 所示。当 CR 小于 0.10，则认为判断矩阵具有满意的一致性，通过一致性检验。

表 6.4 矩阵阶数与 RI 的关系

矩阵阶数 n	1	2	3	4	5	6	7	8	9
RI	0	0	0.58	0.90	1.12	1.24	1.32	1.41	1.45

步骤四，群决策计算方法：群体决策时专家相对权重的确定。

由于各专家自身的差异性导致所给的判断矩阵的真实度及可信度也不一样，因此，需对各专家赋予一定权重。利用上文已得的判断矩阵及相应的一致性比率 C_R^k，利用下面的公式求专家的权重 P_k。

$$P_k = \frac{1}{1 + a\, C_R^k} \tag{6.8}$$

其中 $a>0$，$k=1$，2，$\cdots m$；将 P_k 作归一化处理得专家的权重 P_k^*。

$$P_k^* = \frac{P_k}{\sum_{k=1}^{m} P_k} \tag{6.9}$$

参数 a 起一个调节器的作用，当 a 的取值过大或过小时，专家的权重往往难以辨别。在实际应用中 a 一般取为 10。

步骤五，群决策计算方法——指标综合权重的确定。

依据每位专家的判断矩阵，利用公式得到的各指标的权重 W_i^k 和相应的专家的权重 P_k^*，并求积为 $W_k * P_k^*$，在此基础上各专家在某一指标的这些权重求和即为这个指标的组合权重。所以第 i 个指标的权重为：

$$W_i = \sum_{k=1}^{m} W_i^k * P_k^* \tag{6.10}$$

最后进行归一化处理，即得该指标的综合权重 W_i^*。

$$W_i^* = \frac{W_i}{\sum_{i=1}^{n} W_i} \tag{6.11}$$

这一方法在计算指标权重时，首先引入了多个专家对指标进行评价，避免了单个专家评判而产生的随机偏差；并且不同专家又赋予了不同的权重，使得更专业、知识水平更高的专家的评判的结果被更多地采纳，从而最大限度的保证了计算结果的合理和真实性。

(2) 小米品牌价值评价指标权重测算结果

本研究通过邀请熟悉小米品牌的专家进行打分来获取原始数据，专家构成为熟悉品牌及营销指标的大学教授 9 人、河北省谷子研究所 6 人、武安农业农村局进行小米研究的专家 4 人、武安市小米企业专家 3 人等相关专家，共 22 人。根据获取的数据对每位专家的判断矩阵进行一致性检验，为减小因指标体系中名称含义的混淆以及其他不可控因素的影响，河北地质大学农业品牌与运营研究小组的成员对每一位专家进行预约访谈，对专家疑惑或不确定的指标含义进行非引导式解释，同时为了避免专家的主观性，在进行每个矩阵的两两比较时，事先引导专家对整体重要性进行一个排序，然后再进行两两比较,每一份问卷由小组成员问,专家回答后小组成员填写,访谈时长最多的有 90 分钟以上,对不满足一致性的判断矩阵同专家进行交流反馈,并进行最小改动一致性调整,其中有 4 位专家一致性检验不通过的矩阵个数较多,故舍弃。最后利用 Matlab 软件对专家打分结果进行一致性分析整理,并运用群决策计算方法确定权重,最终结果见表 6.5 和表 6.6。

表 6.5 小米"区域公用品牌"品牌强度指标权重

一级指标	权重	二级指标	权重	三级指标	权重
A 认知强度	0.35	A1 认知度	0.72	A11 品牌名称熟知度	0.36
				A12 品牌 LOGO 熟知度	0.16
				A13 品牌口号熟知度	0.31
				A14 品牌其他形象识别认知度(包装、常用色彩等)	0.17
		A2 联想度	0.28	A21 属性联想	0.34
				A22 利益联想	0.47
				A23 态度联想	0.19
B 关系强度	0.31	B1 感知质量	0.46	B11 外观(一致性)	0.11
				B12 色泽	0.15
				B13 滋味	0.17
				B14 香气	0.13
				B15 口感(适口性)	0.23
				B16 理化指标(营养成分)	0.21
		B2 顾客忠诚度	0.24	B21 品牌溢价性	0.19
				B22 顾客推荐率	0.20
				B23 缺货忠诚率	0.19
				B24 重复购买意愿	0.42
		B3 顾客满意度	0.30	B31 产品满意度	0.74
				B32 服务满意度	0.26
C 成长强度	0.34	C1 品牌属性	0.17	C11 品牌定位的契合性和鲜明性	0.21
				C12 品牌符号系统的契合性、鲜明性与感观冲击力	0.21
				C13 该品牌的历史知名程度	0.32
				C14 品牌传播的创新与投入	0.26
		C2 品种与环境影响程度	0.04	C21 品种知名度	0.27
				C22 品种品质特性与适应性	0.25
				C23 产地区域环境对品质的影响	0.48
		C3 资源投入与生产	0.19	C31 科研投入与人才支持	0.29
				C32 标准化生产管理与执行程度	0.31
				C33 质量管理体系的完善与执行程度	0.40

(续表)

一级指标	权重	二级指标	权重	三级指标	权重
C 成长强度	0.34	C4 地方政府品牌支持程度	0.39	C41 "三品一标"建设程度	0.15
				C42 政府的品牌规划与执行能力	0.16
				C43 区域历史文化对品牌的支撑	0.18
				C44 政府品牌传播能力	0.19
				C45 政府对该系列产品的重视程度	0.24
				C46 危机预防与处置能力	0.08
		C5 企业支持程度	0.21	C51 运用该品牌的企业数量	0.16
				C52 运用该品牌的企业的运营能力	0.45
				C53 营销渠道广度与宽度	0.39

表6.6 小米"企业自有品牌"品牌强度指标权重

一级指标	权重	二级指标	权重	三级指标	权重
A 认知强度	0.29	A1 认知度	0.72	A11 品牌名称熟知度	0.33
				A12 品牌LOGO熟知度	0.18
				A13 品牌口号熟知度	0.32
				A14 品牌其他形象识别认知度（包装、常用色彩等）	0.17
		A2 联想度	0.28	A21 属性联想	0.29
				A22 利益联想	0.49
				A23 态度联想	0.22
B 关系强度	0.34	B1 感知质量	0.46	B11 外观（一致性）	0.11
				B12 色泽	0.15
				B13 滋味	0.16
				B14 香气	0.13
				B15 口感（适口性）	0.22
				B16 理化指标（营养成分）	0.21
		B2 顾客忠诚度	0.24	B21 品牌溢价性	0.20
				B22 顾客推荐率	0.20
				B23 缺货忠诚率	0.19
				B24 重复购买意愿	0.41
		B3 顾客满意度	0.30	B31 产品满意度	0.71
				B32 服务满意度	0.29

(续表)

一级指标	权重	二级指标	权重	三级指标	权重
D 成长强度	0.37	D1 品牌属性	0.19	D11 品牌定位的契合性和鲜明性	0.19
				D12 品牌符号系统的契合性、鲜明性与感观冲击力	0.22
				D13 该品牌的历史知名程度	0.33
				D14 品牌传播的创新与投入	0.26
		D2 品种与环境影响程度	0.03	D21 品种知名度	0.32
				D22 品种品质特性与适应性	0.24
				D23 产地区域环境对品质的影响	0.44
		D3 资源投入与生产	0.19	D31 科研投入与人才支持	0.31
				D32 标准化生产管理与执行程度	0.35
				D33 质量管理体系的完善与执行程度	0.34
		D4 品牌运营能力	0.41	D41 企业 HR 等内部管理能力	0.14
				D42 企业文化对品牌的支撑	0.02
				D43 营销渠道的广度与宽度	0.23
				D44 品牌营销的创新与投入	0.31
				D45 企业品牌传播能力	0.30
		D5 品牌建设	0.18	D51 企业对该系列产品的重视程度	0.24
				D52 对区域品牌背书的运用程度	0.04
				D53 企业的品牌规划与执行能力	0.31
				D54 危机预防与处置能力	0.16
				D55 "三品一标"建设程度	0.25

6.2.6 品牌强度调研设计

本研究整个的评价方法是基于消费者心智模式的，所以品牌强度的调研也是消费者心智模式展开。品牌强度的调研是分对象进行的，品牌价值中涉及认知的价值在于公众认知，涉及关系的价值在于消费者或顾客。品牌认知强度和品牌关系强度的好坏，是基于消费者心智模式的，品牌认知强度的调研对象是公众；品牌关系强度中部分感官测评，是实行当场实验盲测，其余指标调研对象为广大消费者；品牌成长强度，重点调研专家和当地的行政管理部门、企业管理者；品牌成长强度作用于消费者的心智。

（1）品牌认知强度调研设计

调研对象：公众或者广大消费者。

调研过程：在超市、网上（问卷星）发放认知强度调研问卷（表6.7），分小米区域公用品牌和企业自有品牌。为了全面衡量消费者对品牌的认知和关系，以及避免主观性和消费者对概念的混淆而导致分数偏差较大等问题的,多数三级指标设置了不止一个问项,力求客观。

表6.7 认知强度及关系强度调查问卷

序号	问项	非常不同意	不同意	一般	同意	非常同意
1	该品牌的名称我非常熟悉					
2	该品牌的LOGO我非常熟悉					
3	该品牌的品牌口号我非常熟悉					
4	与该品牌相关的其他形象(如包装、色彩等)我非常熟悉					
5	提到该品牌,我会想到它的相关价格信息					
6	提到该品牌,我会想到它的包装样式					
7	提到该品牌,我会想到它的购买者是何种类型的消费群体(比如年龄、职业、收入、受教育程度等,以及生活形态、个性、气质、社会地位等)					
8	提到该品牌,我会想到在哪些情境下会使用该品牌(早晚餐、小孩的营养餐等)					
9	提到该品牌,我会想到它的相关功能(比如会提供何种营养,如富硒)					
10	提到该品牌,我会想到它的感官上给我带来的区别于其他品牌的独特感觉					
11	提到该品牌,我会联想到它的象征意义(比如皇家贡米)					
12	提到该品牌,我会对其有一个整体的评价					
13	提到该品牌,我会想到该品牌对消费者的态度(比如是否富有亲和力)					

(2)品牌关系强度(部分)调研设计

调研对象:顾客。

调研过程:线上线下寻找购买过调研产品的顾客进行调查问卷的填写,调查问卷见表6.8。

表6.8 顾客品牌关系强度调查表

序号	问项	非常不同意	不同意	一般	同意	非常同意
1	我非常注重该品牌的营养成分。在购买时会查看对比					
2	我对该品牌产品质量非常满意					

(续表)

序号	问项	非常不同意	不同意	一般	同意	非常同意
3	我对该品牌产品价格非常满意					
4	我对该品牌产品的服务十分满意					
5	我对该品牌产品的承诺非常满意					
6	我对该品牌产品的相关合作伙伴非常满意					
7	在购买同类产品时,我愿意为选择该品牌而支付更高的价格					
8	我愿意将该品牌推荐给其他人					
9	我最初买该品牌产品就是别人推荐给我的					
10	该品牌产品缺货时,我依然坚持购买该产品					
11	我与该品牌产生了共鸣,在下一次购买时还会优先选择该品牌					
12	我对该品牌从满意上升到信任					
13	我对该品牌从满意上升到依恋					

(3) 感知质量(部分)现场盲测

调研对象:消费者。

调研过程:小米作为食品,其商品品质、感官品质和食味品质是消费者所关注的,为保证公平公正和排除外界影响,对调研对象通过超市或电子商务平台购买销量最高的产品,分别编号,分生米、稀饭、干饭,随机选取数名消费者进行打分评测,评测问卷见表6.9。

表6.9 小米感知质量盲测表

序号	问项	非常不同意	不同意	一般	同意	非常同意
1	该品牌生米外观大小一致性很高,均匀饱满,米粒完整度非常高,碎米非常少					
2	蒸煮后,米粒完整金黄,软而不黏结					
3	该品牌生米色泽一致性非常高,无明显色差,外观油亮					
4	米汤则米、汤融合,汤色纯正					
5	干饭色泽一致性较好					
6	该品牌产品滋味我很喜欢					
7	该品牌产品滋味回甜					

(续表)

序号	问项	非常不同意	不同意	一般	同意	非常同意
8	该品牌生米有固有的自然清香味					
9	该品牌产品稀饭香味浓郁					
10	本品牌产品干饭香味浓郁					
11	该品牌口感细腻					
12	该品牌有粉质感					
13	该品牌口感柔软光滑,黏甜可口					

(4) 品牌成长强度调研设计

调研对象:专家和当地的行政管理部门、企业管理者等相关从业人员。

调研过程:实地调研+网上问卷发放,调研问卷见表6.10和表6.11。

表6.10 区域公用品牌成长强度调查问卷

序号	问项	非常不同意	不同意	一般	同意	非常同意
1	本区域公用品牌定位十分清晰					
2	本区域公用品牌定位与顾客感知具有一致性					
3	本区域公用品牌定位利用了自身优势					
4	本品牌符号系统与品牌定位契合性非常高					
5	本品牌符号系统的感官冲击力十分强					
6	本品牌口号与品牌定位契合性非常高					
7	本品牌口号朗朗上口,十分鲜明					
8	本品牌在历史上有非常高的知名度					
9	本品牌对应的产地有非常高的历史知名度					
10	本区域公用品牌运用传统媒体、社会化媒体等多种媒体展开营销传播活动					
11	本品牌运用多种营销方法,如社会化营销、事件营销等					
12	本品牌选用的谷子品种具有非常高的知名度					
13	该品牌品种的地域适应性较强					
14	该品牌的品种品质特性很好					
15	我非常注重该品牌所处的区域环境					
16	相关经营主体对该品牌的资金投入非常大					

(续表)

序号	问项	非常不同意	不同意	一般	同意	非常同意
17	相关经营主体对该品牌的人才支持力度非常大					
18	本品牌服务标准化程度非常高					
19	本品牌流程标准化程度非常高					
20	本品牌标准化执行程度非常高					
21	本品牌质量标准体系非常完善					
22	本品牌质量追溯体系非常完善					
23	本品牌对质量管理体系的监督与执行非常到位					
25	本区域公用品牌有系统化的品牌战略					
26	本区域公用品牌有差异化的品牌战略					
27	本区域公用品牌有长期性的品牌战略					
28	顾客认同区域公用品牌的历史文化					
29	本品牌的区域历史文化对品牌的成长发展有着非常强的支撑作用					
30	本品牌在营销传播过程中有创新的想法或做法（直播带货等）					
31	本品牌在营销传播过程中的创新是前所未有的（容易接受新的创新方式）					
32	政府对该系列产品非常重视					
33	政府对本行业、本企业有资金补贴、技术指导等					
34	本品牌有明确的品牌危机处理制度责任结构和支持网络					
35	本品牌培育了危机管理的文化					
36	运用该区域公用品牌的企业数量非常多					
37	运用该区域公用品牌的企业运营能力很强					
38	运用该区域公用品牌的相关企业的综合管理能力很强					
39	本品牌产品销售渠道的广度（多元化）十分合理					
40	本品牌产品销售渠道的宽度（每一层级的渠道商的数量）十分合理					

表 6.11 企业自有品牌成长强度调查问卷

序号	问项	非常不同意	不同意	不确定	同意	非常同意
1	本企业品牌定位十分清晰					
2	本企业品牌定位与顾客感知具有一致性					
3	本企业品牌定位利用了自身优势					
4	本企业品牌符号系统与品牌定位契合性非常高					
5	本企业品牌符号系统的感官冲击力十分强					
6	本企业品牌口号与品牌定位契合性非常高					
7	本企业品牌口号朗朗上口,十分鲜明					
8	本企业品牌在历史上有非常高的知名度					
9	本企业品牌对应的产地有非常高的历史知名度					
10	本企业自有品牌运用传统媒体、社会化媒体等多种媒体展开营销传播活动					
11	本企业品牌运用多种营销方法,如社会化营销、事件营销等					
12	本品牌选用的谷子品种具有非常高的知名度					
13	该品牌品种的地域适应性较强					
14	该品牌的品种品质特性很好					
15	我非常注重该品牌所处的区域环境					
16	相关经营主体对该品牌的资金投入非常大					
17	相关经营主体对该品牌的人才支持力度非常大					
18	本企业服务标准化程度非常高					
19	本企业流程标准化程度非常高					
20	本企业标准化执行程度非常高					
21	本企业质量标准体系非常完善					
22	本企业质量追溯体系非常完善					
23	本企业对质量管理体系的监督与执行非常到位					
24	本品牌对应的企业有着良好的内部管理能力					
25	本企业顾客认同企业的品牌文化					
26	本品牌的企业文化对品牌的成长发展有着非常强的支撑作用					

(续表)

序号	问项	非常不同意	不同意	不确定	同意	非常同意
27	本品牌产品销售渠道的广度（多元化）十分合理					
28	本品牌产品销售渠道的宽度（每一层级的渠道商的数量）十分合理					
29	本品牌在营销传播过程中有创新的想法或做法（直播带货等）					
30	本品牌在营销传播过程中的创新是前所未有的（容易接受新的创新方式）					
31	本企业品牌在传播方面做得很好					
32	本企业对该系列产品非常重视					
33	该品牌的产品在公司的地位非常高					
34	政府对本行业、本企业有资金补贴、技术指导等					
35	本企业在宣传上非常好地借用了区域品牌的知名度或产地知名度					
36	本企业有系统化的品牌战略					
37	本企业有差异化的品牌战略					
38	本企业有长期性的品牌战略					
39	本企业有明确的品牌危机处理制度责任结构和支持网络					
40	本企业培育了危机管理的文化					

6.3 小米品牌价值评价实证与运用

目前国内知名的区域公用品牌有山西的沁州黄、河北蔚县的桃花米、内蒙古的敖汉小米和河北邯郸武安小米等，其中沁州黄的体量和影响力在国内首屈一指，而武安是小米的发源地，同时山西和河北又是国内小米两大重要产区，故深入研究区域公用品牌沁州黄和武安小米以及对应区域内的企业自有品牌，对于小米品牌价值的提升和实现高质量发展有重要意义。

6.3.1 小米区域公用品牌价值评价实证验证

选择小米区域公用品牌"沁州黄"，根据本书得出的评价方法，通过调研和计算品牌价值，与《中国农业品牌目录·2019农产品区域公用品牌品牌价值评估榜单》"沁州黄"的评估数据对照，验证本文评价方法的客观性和有效性。

第6章 小米品牌的品牌价值评价研究

(1) 品牌简介

沁州黄小米是山西省沁县特产，是山西小米的代表，享有"天下米王"和"国米"之尊号，中国国家地理标志产品，清康熙皇帝御赐"沁州黄"。

(2) 沁州黄小米调研过程与数据

与当地政府有关人员联系获得基本数据并进行线上线下问卷的发放，有关品牌收益的数据见表6.12。

表6.12 沁州黄小米区域公用品牌的品牌收益调查数据

产品产量	2018年本品牌谷子销量（t）	17 325
	2019年本品牌谷子销量（t）	13 350
	2020年本品牌谷子销量（t）	22 520
零售单价	2018年本品牌小米平均市场零售单价（元/kg）	24.25
	2019年本品牌小米平均市场零售单价（元/kg）	27.8
	2020年本品牌小米平均市场零售单价（元/kg）	22.3
收购单价	2018年本品牌同类谷子平均收购单价（元/kg）	7.15
	2019年本品牌同类谷子平均收购单价（元/kg）	7.65
	2020年本品牌同类谷子平均收购单价（元/kg）	7.25
经营费率（由生产者填写）	一年用肥料的总费用（元/亩）	100
	一年浇水、除草打药等的总费用（元/亩）	100
	种子的费用（元/亩）	10
	用工费用（元/亩）（注：按市场价来算，自己出工也要进行折算）	200
	其他相关投入（元/亩）（如整地、播种和收割）	130
	一亩地的产量（kg/亩）	270

(3) 品牌强度与品牌价值计算结果

此次调查共回收有效问卷400份，其中向广大消费者回收认知强度调查问卷80份。向购买过沁州黄小米的顾客回收关系强度调查问卷80份，感知质量盲测问卷40份，相关从业人员200份。相关计算结果见表6.13。

表6.13 品牌强度与品牌价值计算结果

项目	评价结果
	沁州黄
品牌价值（元）	2 286 041 804.65
1 品牌近三年加权平均净收益（元）	224 562 063.33
2 产品经费费率	27.21%

(续表)

项目	评价结果
	沁州黄
3　品牌强度得分	50.02
3.1　认知强度（5分制，下同）	1.64
3.1.1　认知度	1.67
3.1.2　联想度	1.55
3.2　关系强度	2.77
3.2.1　感知质量	3.09
3.2.2　顾客满意度	1.99
3.2.3　顾客忠诚度	3.12
3.3　成长强度	3.09
3.3.1　品牌属性	2.47
3.3.2　品种与环境影响程度	3.00
3.3.3　资源投入与生产	3.32
3.3.4　地方政府品牌支持程度	3.77
3.3.5　企业支持程度	2.15
4　品牌强度系数	10.18

（4）比较验证

按照本书评价方法，得出的"沁州黄"品牌价值为22.86亿元，2019年中国农业品牌目录评估值为14.97亿元，但具体的评估流程以及指标体系并未公布。考虑到2020年沁县丰收，以及品牌的不断发展，同时本书的指标体系中考虑到了企业自有品牌对区域公用品牌的支撑作用，所以结果是合理的，评价模型的方法是可行的。无论是区域公用品牌，还是企业自有品牌，本书的评价方法的设计过程逻辑严密，依据可靠，因此，提出的评价方法是客观的，有效的，可行的。

6.3.2　小米区域公用品牌的品牌价值评价的运用研究

选取沁州黄小米和武安小米对其品牌价值、来源及成因进行对比研究。

（1）武安小米区域公用品牌的品牌价值评价

①武安小米简介。武安小米是河北省邯郸市武安市的特产。武安是中国小米之乡，武安市是小米的发源地，谷子的故乡，有着8700多年的种植历史。"磁山文化遗址"发现了世界上最早的人工培育的粟，即小米。

②调研过程与数据来源。本书数据来源于在武安的实地考察和专家访谈，同时来源于线上线下的问卷调查。品牌收益的相关数据见表6.14。

第6章 小米品牌的品牌价值评价研究

表6.14 武安小米区域公用品牌的品牌收益调查数据

产品产量	2018年本品牌谷子销量（t）	73 271
	2019年本品牌谷子销量（t）	39 890
	2020年本品牌谷子销量（t）	49 065
零售单价	2018年本品牌小米平均市场零售单价（元/kg）	10.85
	2019年本品牌小米平均市场零售单价（元/kg）	13.2
	2020年本品牌小米平均市场零售单价（元/kg）	11.6
收购单价	2018年本品牌同类谷子平均收购单价（元/kg）	4.55
	2019年本品牌同类谷子平均收购单价（元/kg）	4.30
	2020年本品牌同类谷子平均收购单价（元/kg）	4.95
经营费率（该项由生产者填写）	一年用肥料的总费用（元/亩）	150
	一年浇水、除草打药等的总费用（元/亩）	50
	种子的费用（元/亩）	60
	用工费用（元/亩）（注：按市场价来算，自己出工也要进行折算）	200
	其他相关投入（元/亩）（如整地、播种和收割）	190
	一亩地的产量（kg/亩）	300

③品牌强度与品牌价值计算结果。本次调查共回收有效问卷400份。其中，向广大消费者回收认知强度调查问卷80份，向购买过武安小米的顾客回收关系强度调查问卷80份，感知质量盲测问卷40份，相关从业人员200份。相关计算结果见表6.15。

表6.15 品牌强度与品牌价值计算结果

项目	评价结果	
	武安小米	沁州黄
品牌价值（元）	1 533 993 397.97	2 286 041 804.65
1 品牌近三年加权平均净收益（元）	189 602 068.41	224 562 063.33
2 产品经营费率	47.10%	27.21%
3 品牌强度得分	44.97	50.02
3.1 认知强度（5分制，下同）	1.37	1.64
3.1.1 认知度	1.36	1.67
3.1.2 联想度	1.41	1.55
3.2 关系强度	2.79	2.77
3.2.1 感知质量	3.19	3.09
3.2.2 顾客满意度	1.96	1.99

(续表)

项目	评价结果	
	武安小米	沁州黄
3.2.3 顾客忠诚度	3.05	3.12
3.3 成长强度	2.58	3.09
3.3.1 品牌属性	1.66	2.47
3.3.2 品种与环境影响程度	2.78	3.00
3.3.3 资源投入与生产	2.15	3.32
3.3.4 地方政府品牌支持程度	3.49	3.77
3.3.5 企业支持程度	2.01	2.15
4 品牌强度系数	8.09	10.18

（2）沁州黄与武安小米品牌价值、来源与成因对比分析

①品牌价值及品牌收益构成对比分析。由表6.15可知，沁州黄小米在品牌收益和品牌强度两方面都好于武安小米，所以总的品牌价值沁州黄高于武安小米。

在品牌收益方面，沁州黄的销量并没有武安小米的高，但在销售单价和收购单价方面沁州黄明显高于武安小米，经营费率也低于武安小米，可见沁州黄小米的品牌溢价性比较高。

②品牌强度及构成对比分析。品牌强度得分以及转化后的品牌强度系数沁州黄都高于武安小米，具体维度对比如图6.4。

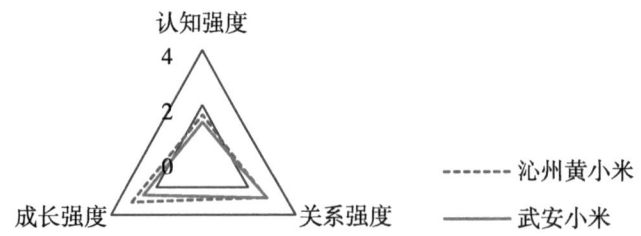

图6.4 品牌强度构成对比分析

由雷达图可以看出，沁州黄和武安小米在品牌认知强度和品牌关系强度层面相差不多，但都比较低，差别主要体现在品牌成长强度层面。认知度沁州黄大于武安小米，与现实情况相符，在联想度层面武安小米比沁州黄做的稍好一些，背后的原因可能是武安当地磁山文化的缘故。

③品牌感知质量及构成对比分析。从感知质量整体得分来看，武安小米好于沁州黄小米，具体比较如图6.5。

第6章 小米品牌的品牌价值评价研究

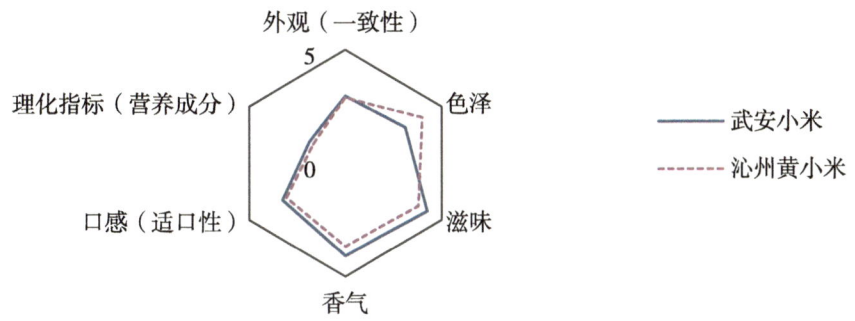

图 6.5　感知质量构成对比分析

在消费者看来除色泽外，武安小米都好于沁州黄小米，实际上沁州黄小米在色泽上的表现确实较好。但尽管武安小米在口感、香气、滋味上有着比沁州黄更好的表现，但是品牌溢价以及品牌价值却不如沁州黄。

④成长强度成因对比分析。沁州黄在成长强度的五个维度做得都比武安小米要好，尤其在品牌属性和资源投入与生产这两方面，品牌属性主要影响消费者认知，这与沁州黄认知强度高有着一定的关联；其他三个方面：企业支持程度、地方政府品牌支持程度和品种与环境的影响两者相差并不明显，但企业支持表现较差（图 6.6）。

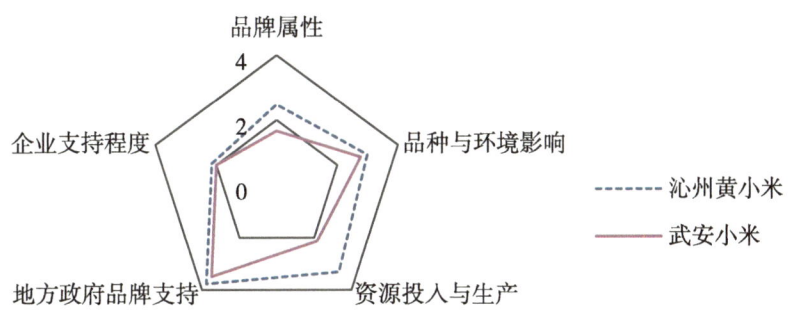

图 6.6　成长强度成因对比分析

⑤品牌属性与地方政府品牌支持程度对比分析。由图 6.7 可以看出两者在品牌建设所付出的努力总体来看还是沁州黄要好一些，除了农产品地理标志产品已经建设完毕，其他方面差强人意；品牌属性整体表现很差，定位不明确，符号系统不鲜明。

⑥资源投入、生产与企业支持程度对比分析。沁州黄区域公用品牌拥有小米米粉制备技术和其对科研的投入与人才的支持是分不开的，其标准化和质量管理体系做的也较武安小米好（图 6.8）。

（3）区域公用品牌建设存在问题小结

上述数据及分析表明，所调研的两个小米区域公用品牌在认知强度上表现最不理想，无论是认知度还是联想度分值都较低，说明他们传播推广力度离强势品牌要求还有很大距离；代表地方政府与涉及部门支撑能力的成长强度较弱，说明在政府重视程度、

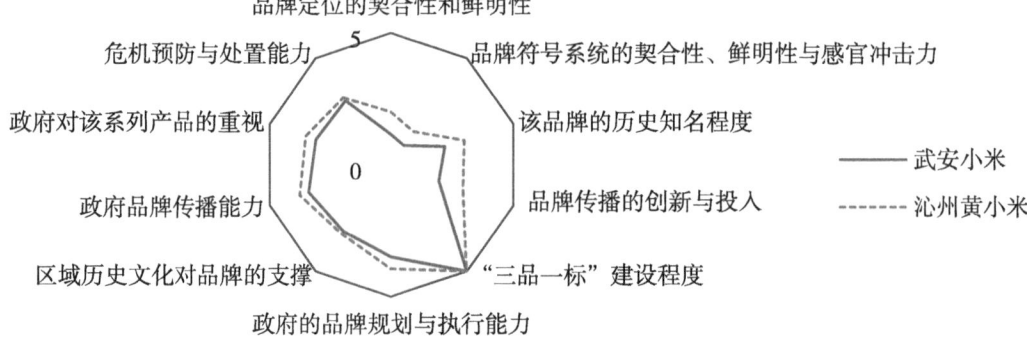

图 6.7 品牌属性与品牌建设程度对比分析

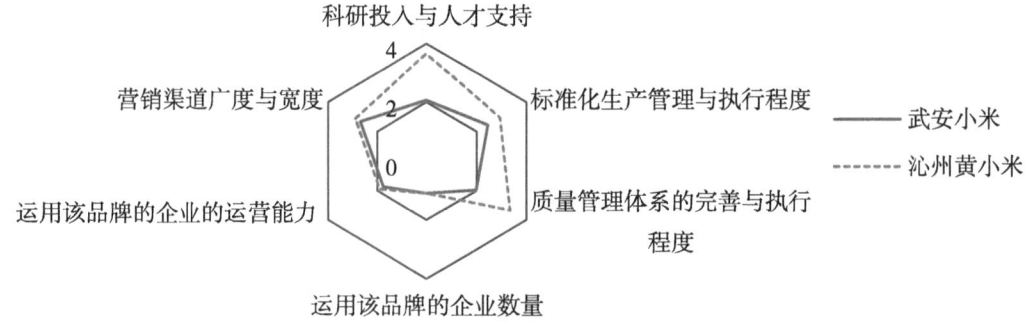

图 6.8 资源投入、生产与企业支持程度对比分析

人力财力资源支撑、对小米生产经营主体支撑、政府搭台服务、政府系统化传播等方面还有很大的提升空间；两个小米区域公用品牌的所有者和使用者对品牌所涉及的小米品质相对比较重视，也有一些举措，但是顾客满意度和顾客忠诚度普遍较低，总体审视其品牌关系强度较弱。两个小米区域公用品牌应对照品牌价值评分及各子项评分，进一步分析自身存在的问题，从解决问题入手，推动这一小米区域公用品牌的系统化培育。

6.3.3 小米企业自有品牌的品牌价值评价的运用研究

本节选取武安"洺水源"小米和沁县"沁州牌"小米，根据本文提出的品牌价值评价方法，对其品牌价值进行评价，并对比分析品牌价值、来源与成因。

（1）品牌简介

①武安"洺水源"小米。品牌"洺水源"属于河北华瑞农源小米加工有限公司，成立于2010年，注册地址位于河北省邯郸市武安市西土山乡西湖村北。武安小米曾荣登农业部公示的2017年度全国名特优新农产品目录，该公司为申报单位推荐的生产单位。曾荣获第十届中国国际农产品交易会金奖。

②沁县"沁州牌"小米。山西沁州黄小米（集团）有限公司，位于太行山北麓、漳水河畔，依托当地环境清洁，无公害、无污染的自然优势，以中国名米"沁州黄"为主导产品，是一家综合的、全产业链的科研型企业。

（2）调研过程与数据

对武安市"洺水源"小米和沁县"沁州牌"小米进行实地调研并对其高管进行访谈，得到相关数据见表 6.16。

表 6.16 企业自有品牌相关品牌价值数据

	调查项目	"洺水源"小米	"沁州牌"小米
销售总额	2018 年本品牌谷子实际销售总额（万元）	2 068	15 600
	2019 年本品牌谷子实际销售总额（万元）	2 100	13 000
	2020 年本品牌谷子实际销售总额（万元）	2 120	14 000
成本	2018 年本品牌谷子相关总成本（万元）	1 907	6 500
	2019 年本品牌谷子相关总成本（万元）	1 923.5	5 000
	2020 年本品牌谷子相关总成本（万元）	1 928.7	5 600
营业税	2018 年本品牌谷子相关营业税（万元）	18	961
	2019 年本品牌谷子相关营业税（万元）	21.5	2 272
	2020 年本品牌谷子相关营业税（万元）	29.3	2 445
流动资产	2018 年谷子流动资产总额（万元）	320	5 000
	2019 年谷子流动资产总额（万元）	330	5 100
	2020 年谷子流动资产总额（万元）	325	5 300
固定资产	2018 年固定资产总额（万元）	600	7 700
	2019 年固定资产总额（万元）	620	7 900
	2020 年固定资产总额（万元）	625	8 000
资本报酬率	2018 年资本报酬率	4%	5%
	2019 年资本报酬率	5%	5.5%
	2020 年资本报酬率	5.5%	5.2%

（3）品牌价值计算结果

本次调查分别对两个品牌回收有效问卷各 400 份。其中向广大消费者回收认知强度调查问卷 80 份，向购买过的顾客回收关系强度调查问卷 80 份，感知质量盲测问卷 40 份，相关从业人员 200 份。相关计算结果见表 6.17。

表 6.17 小米品牌评价计算结果表（企业自有品牌）

项目		评价结果	
		"洺水源"小米	"沁州牌"小米
品牌价值（万元）		279.32	26 093.32
1	企业近三年加权平均净收益（万元）	60.93	3 976.03

(续表)

项目	评价结果	
	"洺水源"小米	"沁州牌"小米
2　品牌强度得分	33.85	40.51
2.1　认知强度	0.28	0.73
2.1.1　认知度	0.19	0.77
2.1.2　联想度	0.54	0.64
2.2　关系强度	2.71	2.54
2.2.1　感知质量	3.02	3.11
2.2.2　顾客满意度	2.48	1.79
2.2.3　顾客忠诚度	2.40	2.40
2.3　成长强度	2.08	2.80
2.3.1　品牌属性	1.27	2.19
2.3.2　品种与环境影响程度	3.15	2.60
2.3.3　资源投入与生产	1.86	3.08
2.3.4　品牌运营能力	1.88	2.65
2.3.5　品牌建设	3.15	3.34
3　品牌强度系数	4.58	6.56

（4）"洺水源"小米和"沁州牌"小米品牌价值、来源与成因对比分析

①品牌价值及品牌收益构成对比分析。品牌价值"沁州牌"高于"洺水源"，其中"沁州牌"品牌收益和品牌强度也表现较好，在销量、单价方面也是"沁州牌"取胜。

②品牌强度及构成对比分析。品牌强度"沁州牌"好于"洺水源"，且"沁州牌"小米在认知强度和成长强度明显好于"洺水源"小米，但关系强度略逊于洺水源，这一点和区域公用品牌对比类似（图6.9）。

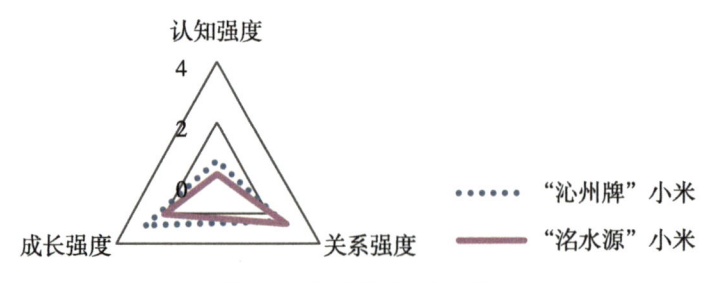

图6.9　品牌强度综合对比

③品牌感知质量及构成对比分析。从感知质量整体值来看"沁州牌"小米好于"洺水源"小米，具体各维度比较如图6.10所示。

感知质量总体层面，"沁州牌"小米好于"洺水源"小米，这一点与区域公用品牌

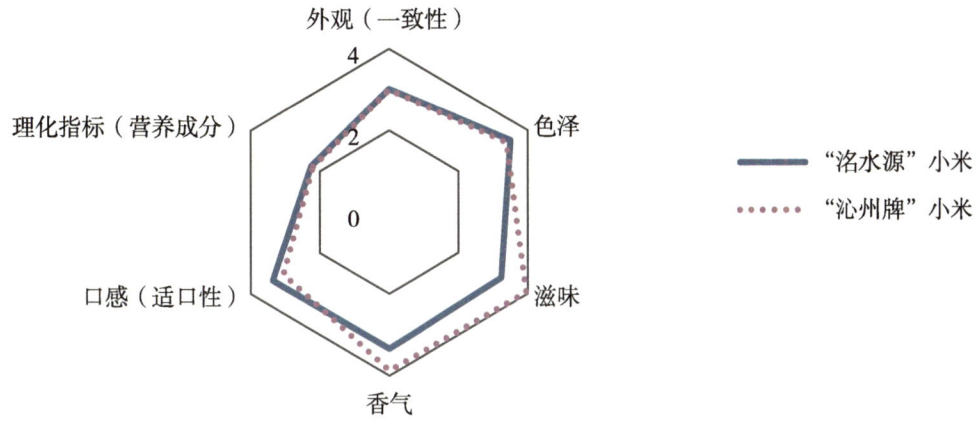

图 6.10 感知质量综合对比

的不太一样,原因在于"沁州牌"小米主要是做高端产品的,所以在选品的时候可能更加注重色泽一致性等。在外观、色泽和理化指标三个方面两者相差不大,色泽"洺水源"好于"沁州牌",这与区域公用品牌相比刚好相反,原因可能在于消费者对于高价的"沁州牌"小米有着较高的期望值,但实际感知值与期望值相差较大,所以"沁州牌"该项得分一般。但"沁州牌"在滋味和香气上好于"洺水源",在口感上却不如"洺水源"。

④成长强度成因对比分析。从成长强度来看,在品牌建设这一方面两种品牌没有太大差距,且除品种与环境影响程度外,"沁州牌"其余各方面都好于"洺水源"。但二者在品牌属性、品牌运营能力较其他方面较差,有待提高,且从权重来看,这两点对成长强度的贡献因素较大(图 6.11)。

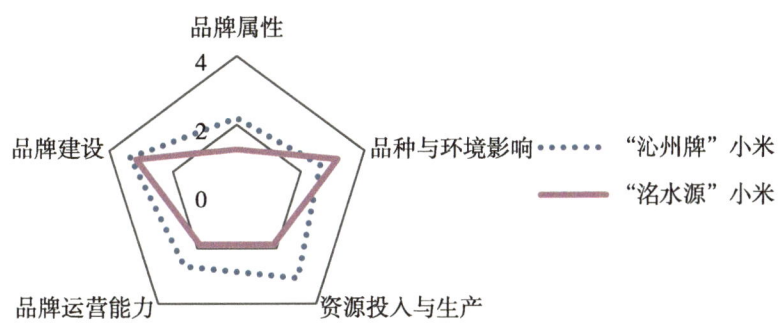

图 6.11 成长强度对比

⑤品牌属性与品牌建设程度对比分析。由图 6.12 可见两个企业品牌在品牌符号系统以及营销渠道的建立方面都比较差,可见其重视程度不够,"洺水源"各个方面都不突出,"沁州牌"有一定的创新和传播能力。

⑥资源投入、生产与企业支持程度对比分析。两个企业都认识到了资源投入的重要

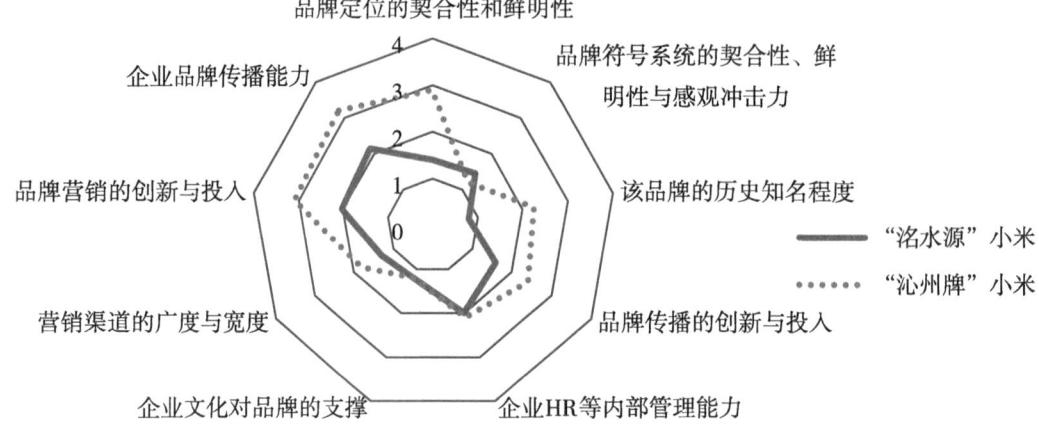

图 6.12　品牌属性与品牌建设程度对比分析

性以及质量管理体系的重要性,但在规划能力和危机预防方面还是多有欠缺;投入的资金和人才并没有用在标准化生产等方面,在后续的资金和人才的分配上企业应当有所侧重(图 6.13)。

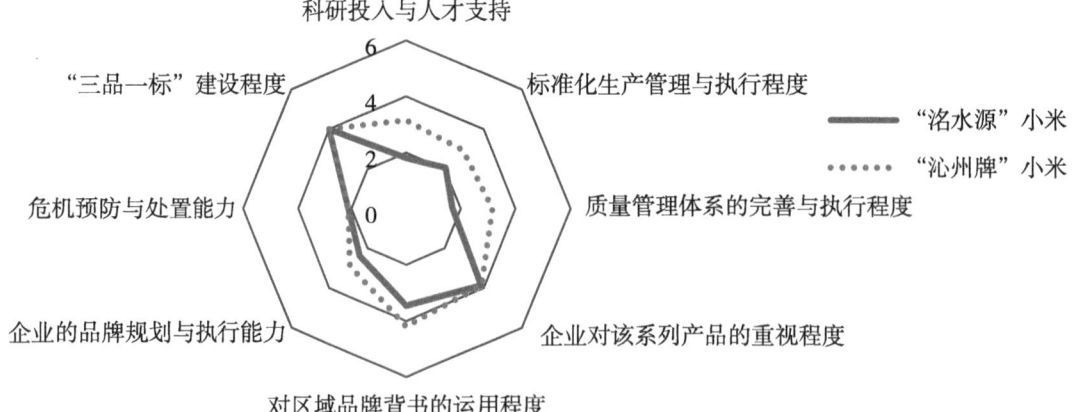

图 6.13　资源投入、生产与企业支持程度对比

(5) 企业自有品牌建设存在问题小结

上述数据与分析可以看出,两个企业自有品牌的认知强度和关系强度都较弱,说明小米企业的传播推广、小米品质稳定性、消费者关系等方面存在很大的提升空间。小米企业基本都能认识到品牌培育的重要性,都有培育品牌的积极性,在品牌培育上投入了一定的人力财力资源,在质量管理体系等企业内功方面也投入了一定的精力,但他们的品牌规划能力、危机预防与处置能力和小米产业标准化体系建设等方面都离强势品牌和较强的市场竞争力还有很大的距离。两个小米企业自有品牌应对照品牌价值评分及各子项评分,进一步分析存在的问题,以解决问题为突破口,推动对应小米品牌的系统化培育，增强市场竞争力。

6.4 本章小结

对农产品品牌价值评价方法进行了述评，通过融入小米品牌的特征改进Interbrand法来确定小米品牌的品牌价值评价方法。首先，确定小米区域公用品牌和小米企业自有品牌的品牌收益的计算过程；其次，分析影响小米品牌的品牌强度的因素，通过专家访谈、问卷调查、系统分析等方法设计小米品牌的品牌强度指标体系；再次，通过AHP，借助Matlab计算工具，在一致性检验基础上运用群体决策方法赋予小米品牌的品牌强度指标体系的权重；又次，选取沁州黄小米这一区域公用品牌计算品牌价值，并与《中国农业品牌价值评估榜单》的评价值进行对比，表明差异性很小，认为本书所设计的小米品牌的品牌价值评价方法是客观、合理、可行和有效的；最后，选取沁州黄小米和武安小米两个区域公用品牌，以及"洺水源"小米和"沁州牌"小米两个企业自有品牌分别用本书设计的小米品牌的品牌价值评价方法来进行评价，并进行对比分析，以分析结果为依据、以解决问题为导向通过"以评促建"推动其品牌的系统化培育，提升其市场竞争力，推动谷子产业的高质量发展。

参考文献

[1] 张姮.日本"品牌农业"的农产品品牌建设研究[J].现代商业，2012 (07)：98-99.

[2] BIEL A L.How brand image drives brand equity[J].Journal of Advertising Research，1992，32(6).

[3] 龚娅萍，常瑞娟.法国勃艮第AOC葡萄酒管理技术与分级制度[J].世界农业，2012(10)：112-115.

[4] 王丽丽，严春晓，赵帮宏.国外农产品品牌培育经验借鉴[J].世界农业，2017(09)：21-27.

[5] 卢泰宏，周志民.基于品牌关系的品牌理论：研究模型及展望[J].商业经济与管理，2003(02)：4-9.

[6] 许玉贵.农业品牌价值的内涵与形成途径[J].农产品市场周刊，2006(38)：4-6.

[7] 马蕾，郑绍丹.基于文献计量的国内外农产品品牌建设研究[J].华中农业大学学报（社会科学版），2020(06)：76-86，164.

[8] 蔡靖杰.福建农产品品牌竞争力评价[D].福州：福建农林大学，2010.

[9] 胡晓云.品牌价值评估研究——理论模型及其开发应用[M].杭州：浙江大学出版社，2013.

[10] 徐超.基于消费者的农产品品牌资产评估模型与实证研究[D].武汉：华中

农业大学，2009.
[11] 王延涛，郭艳春.浅析乡村振兴背景下农产品品牌战略 [J]. 农业经济，2021（05）：136-137.
[12] 周志民.品牌关系研究述评 [J]. 外国经济与管理，2007（04）：46-54.

本章附录 A

小米区域公用品牌收益调查表	
填表说明： (1) 产品统计范围仅涉及获准使用商标的产品，区域内同类型不符合要求产品的相关数据不纳入本次数据采集范围。 (2) 经济指标统计数据截止日期为 2020 年 12 月 31 日。 (3) 平均市场零售单价应按照产品级别分别进行统计。如果某一级别产品存在多个报价，可以采取简单平均或加权平均的方法进行计算。 (4) 产品平均收购单价仅限初级农产品。产值数据，指初级农产品生产产值。 (5) 本评估不收取参评单位任何费用。材料填报截止时间：2021 年 7 月 10 日。填表中若有问题，请及时联系河北地质大学农业品牌运营与研究课题组，电话：152966626571。	

信息类别		填写内容
品牌名称		
联系方式	品牌管理单位名称	
	联系人	
	手机	
	电子邮箱	
	通信地址	
产品产量	2018 年本品牌谷子销量（t）	
	2019 年本品牌谷子销量（t）	
	2020 年本品牌谷子销量（t）	
零售单价	2018 年本品牌小米平均市场零售单价（元/kg）	
	2019 年本品牌小米平均市场零售单价（元/kg）	
	2020 年本品牌小米平均市场零售单价（元/kg）	
收购单价	2018 年本品牌同类谷子平均收购单价（元/kg）	
	2019 年本品牌同类谷子平均收购单价（元/kg）	
	2020 年本品牌同类谷子平均收购单价（元/kg）	

(续表)

经营费率（该项由生产者填写）	种植面积（亩）	
	一年用肥料的总费用（元/亩）	
	一年浇水、除草打药等的总费用（元/亩）	
	种子的费用（元/亩）	
	用工费用（元/亩）（注：按市场价来算，自己出工也要进行折算）	
	其他相关投入（元/亩）（如整地、播种和收割）	
	一亩地的产量（kg/亩）	

注：本品牌谷子生产平均经营费率（注：经营费率＝养殖、生产、经营本品牌产品的年度全部投入/年产值）

本章附录 B

小米企业自有品牌收益调查表		
填表说明： （1）产品统计范围仅涉及获准使用商标的产品，区域内同类型不符合要求产品的相关数据不纳入本次数据采集范围。 （2）经济指标统计数据截止日期为 2020 年 12 月 31 日。 （3）平均市场零售单价应按照产品级别分别进行统计。如果某一级别产品存在多个报价，可以采取简单平均或加权平均的方法进行计算。 （4）产品平均收购单价仅限初级农产品。产值数据，指初级农产品生产产值。 （5）本评估不收取参评单位任何费用。材料填报截止时间：2021 年 7 月 10 日。填表中若有问题，请及时联系河北地质大学农业品牌运营与研究课题组，电话：152966626571。		
信息类别		填写内容
品牌名称		
联系方式	品牌管理单位名称	
	联系人	
	电话	
	手机	
	电子邮箱	
	通信地址	
销售总额	2018 年本品牌谷子实际销售总额（万元）	
	2019 年本品牌谷子实际销售总额（万元）	
	2020 年本品牌谷子实际销售总额（万元）	

(续表)

成本	2018 年本品牌谷子相关总成本（万元）	
	2019 年本品牌谷子相关总成本（万元）	
	2020 年本品牌谷子相关总成本（万元）	
营业税	2018 年本品牌谷子相关营业税（万元）	
	2019 年本品牌谷子相关营业税（万元）	
	2020 年本品牌谷子相关营业税（万元）	
流动资产	2018 年谷子流动资产总额（万元）	
	2019 年谷子流动资产总额（万元）	
	2020 年谷子流动资产总额（万元）	
固定资产	2018 年固定资产总额（万元）	
	2019 年固定资产总额（万元）	
	2020 年固定资产总额（万元）	
资本报酬率	2018 年资本报酬率	
	2019 年资本报酬率	
	2020 年资本报酬率	

注：流动资产：指企业可以在一年或者超过一年的一个营业周期内变现或者运用的资产；如包装、库存、种子等；固定资产：指企业为生产产品、提供劳务、出租或者经营管理而持有的、使用时间超过 12 个月，价值达到一定标准的非货币性资产，包括房屋、建筑物、机器、运输工具以及其他与生产经营活动有关的设备、器具、工具等。

本章附录 C

小米品牌强度评价指标专家评分表

您好！我们是河北地质大学农业品牌与运营研究小组，感谢您对本研究的支持与合作，本次研究是关于小米区域公用品牌/企业自有品牌价值评价指标体系的学术研究，请您根据您的专业知识，对以下品牌强度指标进行打分，部分易混淆的指标已作出相关解释，谢谢您的合作！问卷结果仅供内部研究使用，涉及的个人问题，未经本人同意绝不泄漏，请放心参与本次调查。

祝您：身体健康，工作顺利！

一、概念说明

小米，中国北方俗称谷子，脱壳加工后称为小米，南方则通称小米，即粟，是北方人民的主要粮食和饲草作物之一。

小米品牌分为区域公共品牌、企业自有品牌和产品品牌。本文将企业自有品牌和产品品牌归为一类，因为其经营主体都是企业。

小米区域公共品牌指的是某一区域的概括性品牌，以特色化和规模化为基础，比如河北武安小米、内蒙古敖汉小米、山西广灵小米等。

小米企业自有品牌是指以农产品企业的名字注册商标，作为农产品品牌来打造，本文所指的企业自有品牌包含产品品牌。比如野村食坊、旷野金农、磁山粟等。

品牌强度是指品牌强弱程度，在消费者做出选择并购买的过程中，品牌强度是对品牌优势、差异化等支撑力度，是对促成消费者完成消费乃至重复购买的影响力度的大小。

二、分值说明

相对重要性标度	解释说明
1	两个因素具有同等的重要性
3	一个因素比另一个因素略微重要
5	一个因素比另一个因素明显重要
7	一个因素比另一个因素强烈重要
9	一个因素比另一个因素极度重要
2，4，6，8	重要性介于上述两个相邻尺度的中间
倒数	一个因素比另一个因素不重要，其中 1/9 为最不重要，1/8、1/7、1/6、1/5、1/4、1/3、1/2、1 程度依次递减

三、问卷内容

（1）第一层要素

评估一级指标对"品牌强度"的相对重要性（区域公用品牌）

A	相对重要性																	B
	9	8	7	6	5	4	3	2	1	2	3	4	5	6	7	8	9	
认知强度																		关系强度
认知强度																		品牌成长强度
关系强度																		品牌成长强度
认知强度：指对一个品牌认识、了解的程度 关系强度：将品牌拟人化，指与品牌关系的好坏或者强弱 品牌成长强度：驱使品牌成长的因素和程度																		

评估一级指标对"品牌强度"的相对重要性（企业自有品牌）

A	相对重要性																	B
	9	8	7	6	5	4	3	2	1	2	3	4	5	6	7	8	9	
认知强度																		关系强度
认知强度																		品牌成长强度
关系强度																		品牌成长强度

认知强度：指对一个品牌认识、了解的程度
关系强度：将品牌拟人化，指与品牌关系的好坏或者强弱
品牌成长强度：驱使品牌成长的因素和程度

（2）第二层要素

评估"认知强度"的相对重要性（区域公用品牌）

A	相对重要性																	B
	9	8	7	6	5	4	3	2	1	2	3	4	5	6	7	8	9	
认知度																		联想度

认知度：对符号系统（口号、LOGO、包装、色彩等）的识别与认知
联想度：对品牌产生联想的丰富度

评估"认知强度"的相对重要性（企业自有品牌）

A	相对重要性																	B
	9	8	7	6	5	4	3	2	1	2	3	4	5	6	7	8	9	
认知度																		联想度

认知度：对符号系统（口号、LOGO、包装、色彩等）的识别与认知
联想度：对品牌产生联想的丰富度

评估"关系强度"的相对重要性（区域公用品牌）

A	相对重要性																	B
	9	8	7	6	5	4	3	2	1	2	3	4	5	6	7	8	9	
感知质量																		顾客忠诚度
感知质量																		顾客满意度
顾客忠诚度																		顾客满意度

(续表)

A	相对重要性																	B
	9	8	7	6	5	4	3	2	1	2	3	4	5	6	7	8	9	

感知质量：基于消费者感官而对商品做出的评价
顾客忠诚度：顾客出于对企业或品牌的偏好而经常性重复购买的程度
顾客满意度：顾客对商品或者服务满意的程度

评估"关系强度"的相对重要性（企业自有品牌）

A	相对重要性																	B
	9	8	7	6	5	4	3	2	1	2	3	4	5	6	7	8	9	
感知质量																		顾客忠诚度
感知质量																		顾客满意度
顾客忠诚度																		顾客满意度

感知质量：基于消费者感官而对商品做出的评价
顾客忠诚度：顾客出于对企业或品牌的偏好而经常性重复购买的程度
顾客满意度：顾客对商品或者服务满意的程度

小米品牌"品牌成长强度"相对重要性判断矩阵（区域公用品牌）

C	C1	C2	C3	C4	C5
C1	1				
C2		1			
C3			1		
C4				1	
C5					1

C1 品牌属性
C2 品种与环境影响程度
C3 资源投入与生产
C4 地方政府品牌支持程度
C5 企业支持程度

小米品牌"品牌成长强度"判断矩阵（企业自有品牌）

D	D1	D2	D3	D4	D5
D1	1				

(续表)

D	D1	D2	D3	D4	D5
D2		1			
D3			1		
D4				1	
D5					1

D1 品牌属性
D2 品种与环境影响程度
D3 资源投入与生产
D4 品牌运营能力
D5 品牌建设

(3) 第三层要素

评估"认知度"的相对重要性（区域公用品牌）

认知度	品牌名称熟知度	品牌LOGO熟知度	品牌口号熟知度	品牌其他形象识别认知度
品牌名称熟知度	1			
品牌LOGO熟知度		1		
品牌口号熟知度			1	
品牌其他形象识别认知度（包装、色彩等）				1

评估"认知度"的相对重要性（企业自有品牌）

认知度	品牌名称熟知度	品牌LOGO熟知度	品牌口号熟知度	品牌其他形象识别认知度
品牌名称熟知度	1			
品牌LOGO熟知度		1		
品牌口号熟知度			1	
品牌其他形象识别认知度（包装、色彩等）				1

评估"联想度"的相对重要性（区域公用品牌）

A	相对重要性																		B
	9	8	7	6	5	4	3	2	1	2	3	4	5	6	7	8	9		
属性联想																			利益联想
属性联想																			态度联想

第 6 章 小米品牌的品牌价值评价研究

(续表)

A	相对重要性																	B
	9	8	7	6	5	4	3	2	1	2	3	4	5	6	7	8	9	
利益联想																		态度联想

属性联想:指对产品或服务的联想,比如价格、消费者群体、包装样式与风格
利益联想:消费者心目中认为此产品或服务能够为他们做些什么
态度联想:消费者群体对品牌的整体评价以及品牌对消费者的态度,比如是否有亲和力

评估"联想度"的相对重要性(企业自有品牌)

A	相对重要性																	B
	9	8	7	6	5	4	3	2	1	2	3	4	5	6	7	8	9	
属性联想																		利益联想
属性联想																		态度联想
利益联想																		态度联想

属性联想:指对产品或服务的联想,比如价格、消费者群体、包装样式与风格
利益联想:消费者心目中认为此产品或服务能够为他们做些什么
态度联想:消费者群体对品牌的整体评价以及品牌对消费者的态度,比如是否有亲和力

评估对"感知质量"的相对重要性(区域公用品牌)

感知质量	外观(一致性)	色泽	滋味	香气	口感(适口性)	理化指标(营养成分)
外观(一致性)	1					
色泽		1				
滋味			1			
香气				1		
口感(适口性)					1	
理化指标(营养成分)						1

评估对"感知质量"的相对重要性(企业自有品牌)

感知质量	外观(一致性)	色泽	滋味	香气	口感(适口性)	理化指标(营养成分)
外观(一致性)	1					
色泽		1				
滋味			1			
香气				1		

(续表)

感知质量	外观（一致性）	色泽	滋味	香气	口感（适口性）	理化指标（营养成分）
口感（适口性）					1	
理化指标（营养成分）						1

评估"顾客忠诚度"的相对重要性（区域公用品牌）

顾客忠诚度	品牌溢价性	顾客推荐率	缺货忠诚率	重复购买意愿
品牌溢价性	1			
顾客推荐率		1		
缺货忠诚率			1	
重复购买意愿				1

评估"顾客忠诚度"的相对重要性（企业自有品牌）

顾客忠诚度	品牌溢价性	顾客推荐率	缺货忠诚率	重复购买意愿
品牌溢价性	1			
顾客推荐率		1		
缺货忠诚率			1	
重复购买意愿				1

评估"顾客满意度"的相对重要性（区域公用品牌）

A	相对重要性																		B
	9	8	7	6	5	4	3	2	1	2	3	4	5	6	7	8	9	
产品满意度																		服务满意度

评估"顾客满意度"的相对重要性（企业自有品牌）

A	相对重要性																		B
	9	8	7	6	5	4	3	2	1	2	3	4	5	6	7	8	9	
产品满意度																		服务满意度

小米品牌"品牌属性"判断矩阵（区域公用品牌）

C1	C11	C12	C13	C14
C11	1			
C12		1		

(续表)

C1	C11	C12	C13	C14
C13			1	
C14				1

C11 品牌定位的契合性和鲜明性
C12 品牌符号系统的契合性、鲜明性与感观冲击力
C13 该品牌的历史知名程度
C14 品牌传播的创新与投入

小米品牌"品牌属性"判断矩阵（企业自有品牌）

D1	D11	D12	D13	D14
D11	1			
D12		1		
D13			1	
D14				1

D11 品牌定位的契合性和鲜明性
D12 品牌符号系统的契合性、鲜明性与感观冲击力
D13 该品牌的历史知名程度
D14 品牌传播的创新与投入

"品种与环境影响程度"判断矩阵（区域公用品牌）

C2	C21	C22	C23
C21	1		
C22		1	
C23			1

C21 品种知名度
C22 品种品质特性与适应性
C23 产地区域环境对品质的影响

"品种与环境影响程度"判断矩阵（企业自有品牌）

D2	D21	D22	D23
D21	1		
D22		1	
D23			1

D21 品种知名度
D22 品种品质特性与适应性
D23 产地区域环境对品质的影响

"资源投入与生产"判断矩阵（区域公用品牌）

C3	C31	C32	C33
C31	1		
C32		1	
C33			1

C31 科研投入与人才支持
C32 标准化生产管理与执行程度
C33 质量管理体系的完善与执行程度

"资源投入与生产"判断矩阵（企业自有品牌）

D3	D31	D32	D33
D31	1		
D32		1	
D33			1

D31 科研投入与人才支持
D32 标准化生产管理与执行程度
D33 质量管理体系的完善与执行程度

"地方政府品牌支持程度"判断矩阵（区域公用品牌）

C4	C41	C42	C43	C44	C45	C46
C41	1					
C42		1				
C43			1			
C44				1		
C45					1	
C46						1

C41 "三品一标"建设程度
C42 政府的品牌规划与执行能力
C43 区域历史文化对品牌的支撑
C44 政府品牌传播能力
C45 政府对该系列产品的重视程度
C46 危机预防与处置能力

"企业支持程度"判断矩阵（区域公用品牌）

C5	C51	C52	C53
C51	1		
C52		1	
C53			1

C51 运用该品牌的企业数量
C52 运用该品牌的企业的运营能力
C53 营销渠道广度与宽度

"品牌运营能力"判断矩阵（企业自有品牌）

D4	D41	D42	D43	D44	D45
D41	1				
D42		1			
D43			1		
D44				1	
D45					1

D41 企业 HR 等内部管理能力
D42 企业文化对品牌的支撑
D43 营销渠道的广度与宽度
D44 品牌营销的创新与投入
D45 企业品牌传播能力

"品牌建设"判断矩阵（企业自有品牌）

D5	D51	D52	D53	D54	D55
D51	1				
D52		1			
D53			1		
D54				1	
D55					1

D51 质量管理体系的完善与执行程度
D52 对区域品牌背书的运用程度
D53 企业的品牌规划与执行能力
D54 危机预防与处置能力
D55 "三品一标"建设程度

第 7 章 系统化培育小米品牌的路径

第 4 章和第 5 章分别从定性和定量两个角度基于系统理论构建小米品牌的品牌价值成长模型,揭示了小米品牌的品牌成长机理;第 6 章设计了小米品牌的品牌价值评价方法,用于评价各个小米品牌的品牌价值,通过"以评促建"实现小米品牌的系统化培育,增加小米品牌价值,推动谷子产业高质量发展。本章基于小米品牌的品牌成长机理及品牌价值评价方法,提出系统化培育小米品牌的背景、操作性逻辑、操作性路径、机制和保障措施。

7.1 系统化培育小米品牌的路径的提出背景

在 4.1 节、4.3 节和 5.4 节从定性的系统动态分析和系统动力学建模仿真两个角度诠释了小米品牌成长机理,认为由一个弱势的小米品牌成长为一个强势的小米品牌,是内因和外因共同作用的结果,内因是小米品牌所有者或使用者培育品牌的各种行动和力量,外因是与品牌所有者或使用者之外的作用于品牌成长的各种因素和力量。小米品牌的品牌成长系统是一个典型的社会系统,是一个开放的复杂巨系统,具有系统和社会系统所具备的任何特征。小米品牌所有者和使用者①的欲望、资源、能力的大小决定各类小米品牌要素(包括品牌定位、品牌形象系统、品牌传播策划与实施、质量与品质控制措施、商业运营措施、危机预防与处置措施等)行动的强弱,小米品牌要素行动的强弱决定各类小米品牌要素(包括感知质量、感知价值、品牌传播强度等)效果的好坏,小米品牌要素效果的好坏决定小米品牌的消费者认知强度和小米品牌的消费者品牌关系强度的大小,从而决定小米品牌价值的大小。因此,小米品牌成长机理本质上是由"组织资源与能力—组织行动—行动效果—小米品牌的品牌价值"所构成的复杂的、多重因果关系链。

根据小米品牌成长机理,归根到实施层面,一个强势的小米品牌在品牌培育的组织上是地方政府与涉及部门、小米企业和小米生产者三方有效协同的结果,在品牌培育的操作上是科学的品牌定位、契合的品牌形象系统、有效的品牌传播策划与实施、得力的质量与品质控制措施、以市场为导向的商业运营措施、"未雨绸缪"的危机预防与处置措施共同作用的结果[1-4]。无论是品牌培育的组织因素,还是品牌培育的操作因素,缺

---

① 注:小米区域公用品牌的所有者和使用者是当地政府、涉及部门或授权的有关组织。小米企业自有品牌的所有者和使用者是小米企业或者小米生产经营主体。

少一个因素都会或多或少地影响品牌培育的效果，只不过有的因素像划伤一层皮肉一样是无伤大碍的因素，有的因素却像刺伤心脏或大脑一样是致命性的因素。这是基于小米品牌成长机理的系统化培育小米品牌的路径的基本思想，而系统化培育小米品牌是提高小米品牌价值、提升小米企业经营绩效、推动谷子产业高质量发展的必由之路。

然而，我国小米品牌培育的现实与系统化培育小米品牌的思想还有一定的距离。在1.4节和3.4节从不同的角度论述了我国小米品牌培育现状与存在的问题，认为在生产经营领域，地方政府和小米生产经营者对品牌的认识不系统、不全面，这造成了小米品牌培育的乏力和不可持续性。在学术界，包括小米品牌在内的农产品品牌的研究局限于理论界定、符号系统、传播系统、地理标准、价值评价、部分实证等方面的研究，缺乏系统、直面品牌本质、真正服务于实践的学术研究[5-7]。在咨询界，包括小米品牌在内的农产品品牌策划大多数局限于品牌定位、品牌文化、符号系统和传播系统，且大多数聚焦于区域公用品牌，缺乏系统化看待农产品品牌并进行系统化培育的策划和解决方案，就是涉及系统化培育的农产品品牌也很难经得起时间的检验。也就是说，在对小米品牌培育绩效产生本质影响的生产经营、学术研究和咨询三大核心组织，缺乏系统审视小米品牌和系统化培育小米品牌的路径思考与措施。从措施到现实，无论是区域公用品牌，还是企业自有品牌，我国强势的小米品牌较少，大多数属于弱势品牌（具体见本书第3章）。要扭转这个局面，由弱势的小米品牌转化为强势的小米品牌，系统化培育小米品牌是唯一的途径。

基于以上背景，运用小米品牌成长机理理论提出本章的研究问题：系统化培育小米品牌的逻辑、路径及机制。

7.2 系统化培育小米品牌的操作性逻辑

第4章、第5章和7.1节详细和概括地论述了小米品牌的品牌成长机理以及系统化培育的基本思想。基于该机理及基本思想，本节提出系统化培育小米品牌的操作性逻辑。

图7.1表现了小米品牌系统化培育的操作性逻辑。强势小米品牌的系统化培育，需要做到定位与形象系统、产品系统、传播系统、商业运营系统与危机预防处置系统的高效协同，同时做到小米区域公用品牌和企业自有品牌的协同，处理好政府与市场关系，做到地方政府、小米企业与小米生产者的高效协同。

定位与形象系统是系统化培育小米品牌的核心，其他系统都是围绕定位与形象系统展开。小米区域公用品牌的定位与形象系统由所属地方政府或涉及部门负责落实，小米企业自有品牌的定位与形象系统由所属小米企业或生产经营者落实。

伟大的品牌一定由伟大的产品做支撑。产品系统是系统化培育小米品牌的基础，失去了这个基础小米品牌的培育将是无本之木、无源之水。构建产品系统应以小米企业为主体、小米企业以市场需求为导向、小米生产者以企业需求为导向、政府在研发、技术等方面给予必要扶持。

小米品牌的本质是对每一个小米品牌形成消费者心智，小米品牌与消费者有效沟通是提升小米品牌的品牌价值的重要桥梁。传播系统是系统化培育小米品牌的重要手段。

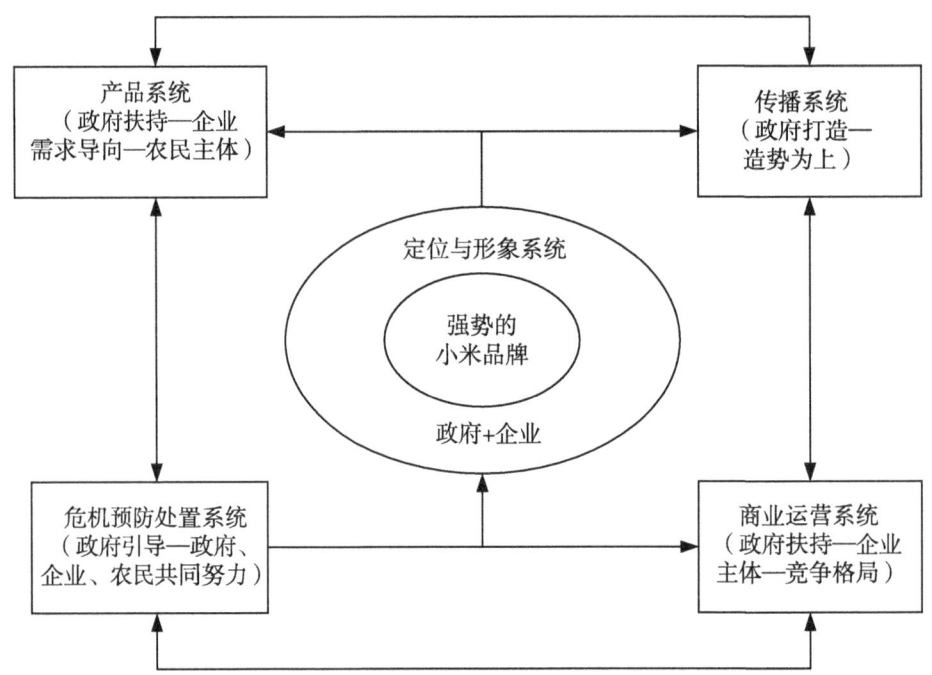

图 7.1 小米品牌系统化培育的操作性逻辑

小米区域公用品牌的传播系统以所属地方政府或涉及部门为主负责,小米企业自有品牌的传播系统以所属小米企业为主构建。

小米品牌培育的目的是小米企业借助品牌化实现商业的持久成功,商业运营系统是系统化培育小米品牌的落脚点。商业化运营的主体是小米企业,而不是地方政府,也不是小米生产者,如果处理不好这层关系,小米品牌培育就变成了"花架子"和"系统内自嗨"。

任何事物都一样,危机随时可能潜伏,随时可能爆发,关注小米品牌危机成因及演化过程,构建小米品牌危机预防与处置系统是实现小米品牌"基业长青"和"百年老店"的重要手段。解决"公地悲剧"问题是小米区域公共品牌危机预防与处置的核心问题,小米企业自有品牌需要从企业角度全方位关注小米和落实企业自有品牌的危机预防与处置问题。

7.3 系统化培育小米品牌的操作性路径

根据系统化培育小米品牌的操作性逻辑,提出系统化培育小米品牌的路径。

7.3.1 小米品牌定位与形象系统

(1) 小米品牌定位

小米品牌定位是系统化培育小米品牌的指南针,也是核心问题,其他的系统化培育小米品牌的子系统都要以小米品牌定位为依据展开。

小米品牌定位是指设计一个小米的产品服务与形象，从而在公众或消费者心智中占据独特、有价值的位置。也就是说，小米品牌定位就是在公众或消费者的心智中找到合适位置，使公众和消费者能够以合适的、理想的方式感知该小米的产品或服务，从而实现该小米利益的最大化。合适的小米品牌定位可以阐释小米品牌的内涵、独特性、与竞争品牌的相似性，以及消费者购买该小米品牌产品的必要性，有助于指导品牌的商业运营。

进行小米品牌定位需要通过确定目标市场和竞争性质来确定一个参照框架和最优的小米品牌联想的异同点，即确定：目标市场、主要竞争对手、本品牌和竞争品牌的相似性，本品牌与竞争品牌的差异性。

第一，为小米品牌确定目标市场，并实现目标市场洞察。不同的消费者可能拥有对小米品牌拥有不同的知识结构，对小米品牌具有不同的品牌感知和品牌偏好。确定目标市场的前提是根据小米市场的结构和小米品牌背后的支撑确定一个宽窄适中、范围适中的目标市场。

第二，研究小米品牌的主要竞争对手。决定了目标市场，就决定了竞争特性。通常竞争会发生在利益层次，而不是属性层次，小米品牌的竞争者不仅仅是同类小米品牌的竞争者，还包括其他杂粮品牌、干果品牌等相关竞争者，深入研究小米品牌竞争对手的定位，以此为参考研究本小米品牌的定位。同时，构建小米品牌多重参考框架，这是品类竞争更加宽泛和小米品牌未来成长的需要，也是多产品具有相同功能所导致的结果。

第三，构建小米品牌的差异点联想。小米品牌的差异点是指能够引起消费者强烈联想的小米品牌属性和利益，消费者不仅对这些属性和利益具有积极、正面的评价，而且还相信其他竞争品牌无法达到相同的程度。消费者实际的品牌选择常常取决于感知到品牌联想的独特性，差异点通常是基于消费者利益来进行设计，这些利益常常具有重要的潜在的证明或信服的理由，包括功能方面、关键属性、关键成分、关键背书等方面的可证明和信服的理由。决定小米品牌属性是否作为差异点需要考虑品牌联想的吸引力、可传达性和差异化三个重要因素。成功的小米区域公用品牌的品牌定位常常在区域文化、自然禀赋、小米品质、"一方水土养一方小米"的独特品质等方面突出差异点联想；小米企业自有品牌的品牌定位常常在企业实力、母公司背书、生产技术与管理、企业信誉、所在区域公用品牌背书等方面形成差异点联想。

第四，构建小米品牌的共同点联想。小米品牌的共同点是那些不一定为小米品牌所独有而实际上可能与其他品牌共享的联想，包括小米品类共同点、竞争性共同点和相关性共同点。品类共同点是小米品牌选择必要不充分的条件，竞争性共同点是用来抵消竞争对手差异点的联想，相关性共同点是品牌已有的正面联想所可能产生的负面联想。

需要特别提出的是，好的小米品牌定位既要立足于当下，还要着眼于未来，需要有小米品牌理想，为小米品牌的成长和完善提供空间；好的小米品牌定位需要谨慎识别所有相关共同点，将消费者注意力集中在优势领域；好的小米品牌定位要一定基于消费者视角，反映消费者从小米品牌中所获得的价值。

在做好小米品牌定位规划基础上，以设计出品牌真言作为小米品牌定位的落脚点。小米品牌的品牌真言，也称"品牌精髓"或"核心品牌承诺"，是很短的一句话或多句话组成的,能抓住小米品牌的品牌定位的本质或灵魂的句子。品牌真言应做到可传播性、简洁性和启发性。

(2) 小米品牌符号系统

小米品牌符号,也叫小米品牌要素系统或小米品牌特征,指的是那些用以识别和区分小米品牌的商标设计,包括小米品牌的名称、域名、标识、形象代表、口号、广告曲和包装等。小米的品牌符号系统是构成小米品牌的有形骨架和躯干,有助于消费者简化购买决策。小米品牌符号系统的设计要符合可记忆性、寓意丰富、可爱性、可适应性和可保护性特征,包括以下操作性路径:

第一,小米品牌名称的设计。小米品牌的品牌名称是构成小米品牌的一个基本的和必不可少的元素,可以反映小米产品内容、提高小米品牌认知、强化小米品牌联想,最终提升小米品牌的品牌资产。小米品牌的品牌命名一般采取以下程序:界定品牌目标,大范围命名,初步筛选,备选名称调研,剩余名称进一步调研,确定最终名称。一个好的小米品牌的命名至少要尽可能契合小米品牌的品牌定位,要达到较强的视觉听觉冲击力。

第二,以品牌标识为核心的小米品牌形象识别系统(VI)设计。小米品牌的品牌标识是构成品牌视觉的元素,它包括文字标识和非文字标识。一个小米品牌可以同时包含文字标识和非文字标识,或者包含其一。小米品牌的 VI(Visual Identity,视觉识别系统)是指在用完整、系统的视觉传达体系,将小米品牌的品牌理念、文化特质、服务内容、品牌规范等抽象语意转换为具体符号概念,塑造出独特的品牌形象,包括基本要素系统和应用要素系统两方面。基本要素系统主要包括:品牌名称、品牌标志、标准字、标准色、象征图案、宣传口语等。应用系统主要包括:办公事务用品、生产设备、建筑环境、产品包装、广告媒体、交通工具、衣着制服、旗帜、招牌、标识牌、橱窗、陈列展示等。设计小米品牌的品牌标识及 VI 时要掌握五个原则:一是要符合小米品牌的品牌定位;二是要造型独特,易于与竞争者区分;三要简洁、明了,避免复杂、歧义和累赘;四是尊重消费者偏好;五是有强烈的视觉冲击力。

第三,小米品牌的品牌形象代表的设计。小米品牌的品牌形象代表是品牌符号的一种特殊形式,是品牌形象的传递者,它常常取材于人类本身或现实生活,一般包括虚构形象和现实任务原型,小米品牌通过品牌形象代表传递品牌定位和品牌思想。

第四,小米品牌的品牌口号的设计。小米品牌的品牌口号是用来传递小米品牌描述性或说服性信息的短语,常出现在广告、包装等地方,用以宣传品牌精神,反映品牌定位,丰富品牌联想,清晰品牌名称和标志。其设计原则一是符合品牌定位;二是易识别和区分,具有独特性和可记忆性;三是口号与品牌建立联系;四是具有视觉和听觉冲击力。

第五,小米品牌的品牌广告曲的设计。小米品牌的品牌广告曲是用音乐的形式描述品牌,是一种延伸的品牌口号。设计原则是契合品牌定位,并与目标顾客形成心灵共振。

第六,小米品牌的包装设计。小米品牌的包装是指设计和制造小米的容器或包装物,能为消费者创造方便,为生产者创造传播价值,是品牌的推销者,能够产生溢价、识别小米品牌并保护知识产权，有助于建立和强化品牌联想。包装环节要树立包装观念，完整理解包装要素，推出新包装前一定进行市场测试。

7.3.2 小米品牌的产品系统

产品系统是系统化培育小米品牌的基础，强势的小米品牌一定是以高品质的小米产品为支撑。基于顾客导向，高品质的小米产品体现消费者对小米产品的感知质量上。对小米产品的感知质量是消费者根据特定目的、与备选方案相比，对小米产品的全面质量或优越程度的感知状况，其本质是消费者对小米产品优越性的感知。2.4.3 提出了食用（粥）小米感知质量品评的四项指标，即：色泽、均匀性、香气和滋味适口性。而消费者对小米产品的感知质量来源于品种、生长环境、生产工艺、生产管理控制和商品化处理。基于此，构建小米品牌的产品系统的操作性路径如下：

（1）选择适宜的谷子品种

谷子品种是小米品质及消费者感知质量的核心中的核心因素，被称为小米产业的"芯片"。当前我国主流的谷子品种有冀谷系列、张杂谷系列、晋谷系列、豫谷系列、大金苗系列、大红谷系列等。选择适宜的谷子品种是保证消费者感知质量的基础，选择的品种应把握以下原则：一是商品性和适口性好，色泽金黄均匀，米香浓，好熬煮，有米油。二是适合机械化生产，基本标准是：植株较矮、株型紧凑、抗倒性抗病性好、穗层整齐、容易脱粒、耐穗发芽、抗除草剂，最终适合机械化收获；三是高产、抗逆，标准是：株高较低、冠层结构合理，光合效率、单株产量、结实性、抗病性、抗旱性和抗倒性均较高；

（2）选择高品质小米的谷子生产基地

不同区域的资源禀赋是决定小米产品品质的另一个核心原因。生产基地选择的基本条件是：年无霜期 180 天以上，年有效积温 2 800℃ 以上，年降水量 400mm 以上的区域；远离工矿区、公路干线及三废污染源（农业废弃物、城市垃圾和生活污水），生态良好，地势平坦、排灌方便，土质疏松、深厚肥沃，有机质含量高，土壤酸碱度中性或偏碱性，不重茬的地块，适宜的前茬作物有豆类、薯类、麦类、玉米、高粱等。

（3）选择高品质小米的谷子栽培技术

主要做好整地施肥、播种、间苗、留苗、中耕、培土、除草、追肥、灌溉等各个环节的生产措施的选择，并重点在一些生产环节上采取先进的效率较高的生产技术。比如：夏谷沟播技术，通过一系列的田间管理，种在沟里，长在背上，达到防倒、防涝、防枯秸的目的；谷子轻简化生产技术集成，通过谷子简化栽培品种、配套栽培技术、配套机械实现谷子间苗除草、精播免间苗、机械化播种和收获等谷子全过程的轻简化。

（4）高品质小米的谷子品质控制

好的品种、好的地理条件和好的生产技术需要靠严密的生产管理和质量控制得以落实。建立完善农产品生产技术规程、产品标准等标准化体系，以生产基地为依托，强化标准落实。以品牌基地为依托率先实施标准体系，通过技术人员培训、技术周历制定发放等措施推广标准体系。构建小米品牌的质量安全溯源监管体系，实现从"田园到餐桌"全程质量监管体系。一是要监管生产过程，对谷子种植全过程进行跟踪记录，实现有据可查。二是监管农资使用，建立农资清单目录，所有农资渠道售卖货品来源登记在案，确保进货源头明确，同时实现实名购买，对商户、合作社、农户不定期检查，违规重罚。三是监管产品流向，对小米销售各环节跟踪记录。四是监管栽培过程，指导生产保障品质。通过全程监管实现生产者和消费者的有效互动。

(5) 高品质小米的商品化处理

高品质小米的商品化处理包括收购、运输、仓储、加工、包装到销售环节的高水准操作和运营。重点关注仓储、加工、包装三大环节。

第一，仓储处理。仓储一般为谷子平房仓、钢板筒仓及其他适宜粮食仓储的仓库，仓库应维护良好，设施保养良好并安装粮情测控系统，应具备能实现散储、散运、散装、散卸操作的相关设施设备。谷子仓储应保持清洁、干燥、防雨、防潮、防污染，不得与有毒物、有害物、有异味或水分较高的物质混储。谷子入库前应进行检验，入库谷子的水分应严格控制在含水量13%以下，谷子储藏期间粮堆温度不超过15℃，谷子储藏期间粮堆相对湿度不超过50%，谷子仓储期间应注意通风防潮，储藏时间不得超过12个月。

第二，加工处理。谷子加工小米只是改变了形态，没改变内部结构，属于初加工，通过碾白的方式加工。碾白的方式分为碾削碾白、摩擦擦离碾白两种。常用的碾米设备有：砂辊碾米机和铁辊碾米机两大类。通常采用多机轻碾，砂铁组合的碾米工艺，砂辊碾米机主要用于开糙，铁辊碾米机用于对小米进行精碾。成品整理一般包括：除碎、除糠、抛光、色选等。

第三，商品化包装。商品化包装主要用于企业自有品牌，小米的商品化包装需要遵循以下原则：一是遵循目标市场与市场定位，如果目标市场是高端市场，就要选用最好的小米，用最豪华的包装，定最高的价格；如果面对中产阶级，选用较高品质的小米，用大道至简的包装，体现性价比；如果面对普通市场，就用低成本的包装，较低的价格面对市场。二是包装形式必须符合小米特点。三是包装设计必须与品牌定位相契合，突出设计感，有视觉冲击力。四是忌讳过度包装。

(6) 谷子研发，确保小米产品对消费者感知质量的持久性

边际效用递减规律同样适用于小米产品，这就需要通过不断地研发来通过对小米的不断更替来保持小米品牌的"基业长青"。从育种、栽培、绿色植保、加工等全方位研究开发保证小米品质不断适应消费者口味的变化和消费者边际效用递减趋势。比如：研发适口性商品性兼优粥用品种，富硒、富锌等功能品种，高油酸、冻融稳定性强加工专用型品种，适合糖尿病人的高抗性淀粉品种，高γ-氨基丁酸品种等功能保健专用品种；研发不同区域、不同品种的绿色或者有机谷子栽培技术和病虫害防治规程；研发配方施肥技术等。

(7) 规划小米品牌的产品结构和定价体系

该项操作性路径主要由小米企业自有品牌来承担。小米品牌的产品结构和定价体系主要是某小米品牌面向市场的产品系列和产品项目及其定价所组成的产品矩阵。规划好产品结构和定价体系是企业面向消费者体现小米承载物的基础，也是能否把产品销售得好的基础。小米的产品组合策略应该掌握以下三个原则：一是以高档带主力，即当规划

一个小米品牌的产品组合时，明确小米品牌的产品组合中哪款产品是主力产品，选择一款其他小米产品系列来抬高身价；当主力小米产品是中端价位的时候，更高价位的产品组合就要高于主力小米产品一个档次。二是兼顾生理需求市场和社交需求市场，即如果主力的产品组合面对中端市场，主要满足的是生理需求的话，就要再规划一个面对中高端市场的产品组合，面对社交需求，使这两个产品组合遥相呼应，相互配合。三是必须形成主力产品结构的"性价比"认知，而不是其他方向。小米定价体系掌握的原则是：一是实现内部成本性和外部竞争性的权衡，做到外部有竞争力而存在销量，内部有盈利；二是高端产品体现"面子"优势，中端产品体现"性价比"优势，低端产品体现"低价"优势。

7.3.3 小米品牌的传播系统

小米品牌的品牌传播的核心是品牌所有者和使用者告知消费者品牌信息、劝说购买小米品牌产品以及维持小米品牌记忆的各种直接及间接的方法。小米品牌可以通过策划多种传播活动传达小米品牌的理念和思想，与消费者进行对话、建立情感共鸣甚至维系长期的良好关系，以达到提高小米品牌知名度、美誉度和忠诚度，塑造小米品牌积极形象的目的。

更高层次的小米品牌的传播是整合营销传播，其核心是用同一种声音说话，即综合运用各种带来附加值的传播手段（包括广告、公共关系、销售促销、人员推销、社交化媒体传播等）并将之结合，提供具有良好清晰度和连贯性的信息，使传播影响力最大化。实际上，整合营销传播是发展和实施针对现有和潜在消费者的各种劝说性沟通计划的长期过程，是从现有或潜在客户出发，反过来选择和界定劝说实施沟通计划所采取的形式和方法，目的是对特定沟通对象的行为进行实际影响或者直接作用。在数字化背景下，出现了诸如手机、互联网、移动互联网等大量具有媒体特性的信息载体，小米品牌的所有者和使用者对传播方式和渠道的选择更加多样化，跨媒体传播是小米品牌整合营销传播的主流模式。

因此，小米品牌的传播系统可以分为非媒体传播、大众传播、人员传播和数字化传播四种模式。分别按四种模式提出构建小米品牌的传播系统的操作性路径：

（1）小米品牌的非媒体传播

包括小米产品包装、地方政府官员或企业家、员工传播和办公设备传播。

第一，通过小米产品包装传播。小米产品包装是小米品牌直接展示给消费者的第一印象，是在流通中保护产品、方便储运、促进销售得总成，是消费者对小米品牌的视觉体验，可以帮助消费者建立小米品牌联想，是一种不可忽视的品牌传播媒体。小米产品包装视觉要素包括文字要素、图像、包装造型等，小米产品包装就是将小米品牌商标、文字要素、图像要素、包装造型等要素以创意的方式组合起来，向消费者展示品牌的综合形象。通过小米产品包装传播实践中，要根据小米品牌的品牌定位与形象系统，将小米品牌的视觉符号最大限度地融入包装设计上，展示小米品牌的独有个性，要做到统一视觉形象，体现品牌精神，与品牌活动相互配合。

第二，通过地方政府官员或企业家来传播。小米区域公用品牌归属地方政府，代表地方区域形象；小米企业自有品牌归属企业，代表企业形象。地方政府官员和企业家都居于某一领导地位，拥有一定的领导职权，承担一定的领导责任，实施一定的领导职能。地方政府官员和企业家都是小米品牌的代表，消费者会将他们的个人形象与品牌形象相关联，地方政府官员和企业家的仪容仪表、言行举止、个性、道德水平等个人特征都会通过各种社会活动表现出来并影响小米品牌的品牌形象。地方政府官员是小米区域公用品牌的传播媒体，企业家是小米企业自有品牌的传播媒体，消费者会把对小米品牌的认知转嫁到小米品牌之上。地方政府官员或企业家品牌传播的方式包括新闻报道、广告代言、事件营销、社会化媒体、公共关系等。在通过地方政府官员和企业家传播时要将塑造小米品牌作为战略目标，要学会给个人品牌定位，并提高公众曝光率。

第三，通过员工传播。员工是与小米品牌企业存在劳动关系的各种用工形式，员工形象是消费者综合内外特征对小米品牌企业员工形成的整体性认识，这种认识会对小米品牌形象产生影响。员工品牌传播的方式包括门卫形象、接话员形象、行政工作人员形象、销售人员形象等。通过员工传播要实现员工内部品牌化，帮助员工建立个人品牌，在传播活动中实现员工个人品牌与小米品牌的互动。

第四，通过办公设备传播。办公设备传播包括办公场所和办公用品，办公场所是小米品牌企业的办公活动，包括生产基地、商品化处理中心、销售门店、会议室、休息室等，办公用品是小米品牌企业在日常营运中所用的各种物品，包括信封、信纸、便签、名片、工作证、徽章、请柬等。在消费者和小米品牌互动中，都会有机会接触到小米品牌企业的办公设备，这时办公设备就成了承载小米品牌信息的载体，发挥传播作用。办公设备传播主要由办公环境和办公用品两种形式。在传播过程中，办公设备设计要与小米品牌的品牌定位一致，还可以让消费者参与办公设备的设计。

（2）小米品牌的大众传播

小米品牌的大众传播是小米品牌所有者和使用者通过大众媒介（报纸、电台、电视、电影、互联网等）向公众传播信息的过程，其传送者通常是小米品牌的所有者和使用者，传播工具大都是最先进的科技结晶体，收受人则是不知名的不定量的公众，其主要传播方式是广告和公共关系。小米品牌企业大多数实力较弱，小米品牌大众传播应由当地政府及涉及部门承担，以传播区域公用品牌、提升其知名度和美誉度为主要目的。

第一，小米品牌的广告传播。小米品牌的广告传播是小米品牌的所有者或使用者承担费用，通过一定媒介和形式直接或者间接地向社会公众介绍小米品牌的一种传播形式。其目的是传递信息，改变公众对小米品牌的态度，诱发公众对小米品牌的态度，提升小米品牌知名度、美誉度及小米产品的营销绩效。其特点是：是一种传播工具，需要付费，带有说服性，有目的、有计划、连续的。其主要传播形式包括小米品牌的告知性广告、环境刺激感受类广告和亲身体验性广告。在做广告传播时要以品牌定位为核心，关注与消费者互动，策划合适的媒体结构与预算结构，做好广告的创意与执行。

第二，小米品牌的公共关系传播。小米品牌的公共关系传播是小米品牌所有者或使用者改善与社会公众的关系，促进公众对组织的认识，理解及支持，达到树立良好组织形象、提升小米产品销售绩效的一系列公共活动，是小米品牌所有者和使用建立公众信任度的工具，可分为自发传播与自觉传播两种。小米品牌公共关系传播的媒介包括：大众媒介（广播、电视、报纸、杂志等），群体媒介（联谊会、新闻发布会、茶话会等），人际媒介（社会名流，新闻任务，意见领袖，网红等），符号媒介（掌声、姿态、图画等），实体媒介（公共关系礼品、象征物、购物袋等）。小米品牌的公共关系传播主要作用要体现提高小米品牌知名度和公告对小米品牌的态度上来，应与广告、促销等传播活动整合。

第三，小米品牌的销售促进。小米品牌的销售促进是使用各种多数属于短期性的刺激工具，用以刺激消费者和中间商迅速较大量地购买小米产品的传播方式。销售促进是小米品牌传播的一个关键因素。如果广告提供了购买的理由，而销售促进则提供了购买刺激。小米品牌的销售促进工具有：消费者促销（样品、优惠券、现金返回、价格减价、赠品、奖金、光顾奖励、免费试用、产品保证、产品陈列和示范）、交易促销（购买折让、广告和展示折让、免费产品）和业务及销售员促销。

第四，小米品牌的事件体验传播。让事件和体验成为消费者生活中与自己相关的时刻之一，有利于拓宽和加深小米品牌与目标市场的关系，通过事件和体验让消费者每天与小米品牌相遇，可以营销消费者对小米品牌的态度和信念。小米品牌的事件传播体验从两个方面入手：一是选择合适的事件、设计最佳的赞助方案和测量赞助效果，事件必须符合小米品牌的营销目标与传播策略，必须有足够的知晓度和符合要求的形象，还能够创造出期望的效果。二是通过创造体验不仅传播小米品牌的特征和优势，还将小米品牌与独特而有趣的体验联系在一起，去激发消费者和媒体的兴趣与参与。

（3）小米品牌的人员传播

小米品牌的人员传播是通过人员这一最直接的媒介来传递小米品牌销售信息、促进其销售绩效的一种传播方式，包括提倡者渠道（小米品牌所有者和使用者的一线销售人员等）、专家渠道和社会渠道。其特点是双向交流、反馈及时、非制度化、自发性，高频度互动，信息控制不足，受社会性和心理性障碍影响。包括直接营销、互动营销、口碑传播、营业推广与人员推销。

第一，小米品牌的直接营销与互动营销。小米品牌的直接营销，又称直复营销，是小米品牌所有者和使用者利用各种媒介直接和消费者互动，并得到消费者回应的传播方式，包括广播、电视、报纸、杂志、直接邮件、目录、在线购物、网播直播等，消费者则可通过电话、邮件、电子商务平台、点赞等为其回应。互动营销是在小米品牌营销中充分关注消费者意见，用于产品市场规划与设计，为小米品牌市场服务，包括会议营销、终端促销等。

第二，小米品牌的口碑传播。小米品牌的口碑传播是由小米品牌生产者或使用者之外的个人通过明示或暗示的方法，不经过第三方处理、加工，传递关于小米品牌所有相关信息以及能够使人联想到的任何组织或个人信息，从而导致受众获得信息、改变态度，甚至影响购买行为的一种双向互动传播行为。谈论者是小米品牌的口碑传播的起点，话题给人们一个谈论的理由，工具（网站广告、博客、BBS、社交化媒体等）帮助信息更快传播，参与是口碑传播的基础。小米品牌的所有者和使用者可以通过寻找意见领袖、制造稀缺、放低身段、注意倾听等方面实施口碑传播。

第三,小米品牌的人员推销。小米品牌的人员推销是通过推销人员深入中间商或消费者直接开展宣传推介活动,使中间商或消费者采取购买行为的促销方式。其方法有上门推销、柜台推销和会议推销三大类。小米品牌的人员推销的主要工作包括:了解目标市场和顾客对小米品牌的反应及态度,准确选择和确定潜在顾客;收集、整理、分析小米产品、品牌和市场信息,并尽可能消除潜在顾客对小米品牌产品和对推销员的疑虑,说服他们采取购买行动,成为小米品牌产品真正的购买者;促使潜在顾客成为现实购买者,维持和提高顾客对小米品牌产品及推销员的满意程度。

(4) 小米品牌的数字化传播

互联网、移动互联网、物联网、人工智能、VR/AR、区块链、5G 等数字化技术改变了人们的生活和生意,尤其是改变了人们对信息的发布、接收方式和生活方式。数字化传播方式的综合运用在小米品牌传播中至关重要。小米品牌的数字化传播包括在线传播、社交媒体传播和移动传播。

第一,小米品牌的在线营销传播。小米品牌的在线传播主要有网站、搜索引擎广告、陈列式广告和电子邮件四种方式,多样的在线传播手段意味着小米品牌所有者和使用者能够向消费者提供或发送定制信息,吸引消费者。小米品牌所有者和使用者需要设计网站来表达小米品牌、企业及产品的目标、历史、产品和愿景,要让消费者过目不忘且有足够兴趣来促使消费者重复访问。可以通过付费搜索或点击付费广告来进行搜索广告传播,通过对搜索关键词策划和竞价来提升消费者对小米产品的兴趣,提升小米品牌产品的引流率[①],通过搜索优化提供消费者搜索小米品牌相关词汇时的衔接排名,较宽泛的搜索关键词对一般的小米品牌培育较为有效,较具体的关键词对产生和转换销售线索比较有效。可以通过陈列式广告或插入式广告来进行在线传播,陈列式广告或横幅广告是一种带有文字或图片的长方形小广告,有小米品牌企业出资放在相关网站上,受众规模越大,成本越高;插入式广告是在同一网站或跨网站的页面转换中弹出的广告。还可以通过电子邮件方式实现在线传播,电子邮件是非常有效的传播工具,需要及时、有针对性且恰当,在通过电子邮件传播时要做到一是给顾客一个回复的理由,二是邮件个性化,三是让顾客很容易就能选择加入和退订邮件,四是将电子邮件和社交媒体等其他传播方式结合。

第二,小米品牌的社交化媒体传播。社交化媒体传播是数字化传播的重要组成部分,是消费者之间或者消费者和公司之间分享文本、图片、音频和视频信息的一种方式,其核心是分享与交互。当前常用的社交化媒体包括在线社区与论坛、博客、社交网络、直播,具体平台有百度贴吧、博客、微博、微信(包括微信公众号)、今日头条、抖音、快手、各种直播平台等。社交网络及社交平台已经成为 B2C、B2B、C2B 等电子商务领域的重要引流措施,不同的社交网路和平台带来有不同的风格,带来不同的消费者体验,比如微博的优势是广泛,尤其是可以与明星、名人直接交流;微信公众号的优势是在线杂志,是深度;今日头条的优势是推送、快速与深度结合;抖音和快手的优势

---

① 注:引流率是指通过一些传播手段引入某品牌网络店铺的潜在顾客占一定区域内顾客的比率。

是快速、动态和有趣；直播平台的优势是互动。社交化媒体是消费者能够在前所未有的深度和广度上与小米品牌互动，小米品牌所有者和使用者应该尽全力与消费者实现有效互动，让消费者参与其中。

第三，小米品牌的在线口碑传播。小米品牌所有者和使用者还可以通过在线传播，尤其是通过社交化媒体实现口碑传播效应，尤其是通过社交化媒体创造口碑话题，达到正向传播的效果。在人员传播中已经详细论述口碑传播，在此不在论证。

第四，小米品牌的移动传播。移动手机和平板等移动设备主要有以下特征：绑定唯一的用户，方便携带且常为开机状态，可以实现即时消费，可以实现位置追踪、拍摄照片、拍摄视频而实现互动。这使得小米品牌的所有者和使用者可以根据人口统计学信息和消费者行为来定制个性化特征，让移动传播成为小米品牌传播的重要工具。小米品牌的移动传播需要做到：一是移动信息简洁，移动广告文案最多占屏幕50%，避免复杂的阅读体验，将广告限制在只使用产品和宣传语，广告至少一个明亮的颜色等。二是根据目标市场来策划和执行完善的移动营销方案，让移动营销成为消费者对小米品牌和产品体验的核心部分。

需要特别说明的是，数字化技术尤其是人工智能、AR/VR、智能机器人等技术发展异常迅猛，随着发展，我们将创新出更多的适合时代、适应消费者、适应新技术的传播方式来。

7.3.4 小米品牌的商业运营系统

小米品牌商业运营系统主要包括产品质量控制系统、营销系统、成本控制系统等方面。本章前面内容已对产品质量控制及成本控制、定价系统、传播系统等方面进行了专题研究，本部分重点来研究小米品牌产品的整合营销渠道规划与管理，这是小米品牌商业运营系统的核心，是小米企业自有品牌的所有者和使用者（小米企业或小米生产经营主体）重点做的、政府提供竞争环境而不参与的工作。因此，本部分当涉及的小米品牌所有者和使用者均以小米企业这一主题来描述。

在小米品牌产品生产者和最终消费者之间有一系列的营销中间机构执行不同的功能，这些中间结构共同组成了营销渠道，小米品牌产品的营销渠道是一套相互依存的组织，这些组织促使最终消费者顺利使用小米品牌产品的过程，其核心思想是传递小米品牌及产品带给消费者的价值，这些中间机构包括买卖中间商、代理商、零售商和辅助商。

小米品牌企业可以通过多渠道营销的方式，构建多渠道营销系统在某一个市场领域内采用两种或两种以上的营销渠道来为消费者传递小米与价值。也可以数字化技术赋能营销，通过网上商城等渠道与传统渠道形成互补，实现全渠道营销，使得多种营销渠道无缝连接、相互协作，符合每个目标消费者偏好，传递正确的商品信息，提供客户服务方式。还可以通过整合营销渠道系统扩大市场占有率，降低渠道成本，提供更多的定制销售。

小米品牌产品渠道模式有以下方式：

（1）以批发市场为核心的小米品牌产品营销渠道

图7.2反映的是传统的以批发市场为核心的小米品牌产品营销渠道系统。根据中间

商数量和类型不同,分5类具体的营销渠道模式:
①生产要素市场—生产者—销地批发市场—零售市场—消费者
②生产要素市场—生产者—产地批发市场—零售市场—消费者
③生产要素市场—生产者—产地批发市场—销地批发市场—零售市场—消费者
④生产要素市场—生产者—集散地批发市场—销地批发市场—零售市场—消费者
⑤生产要素市场—生产者—配送中心—零售市场—消费者

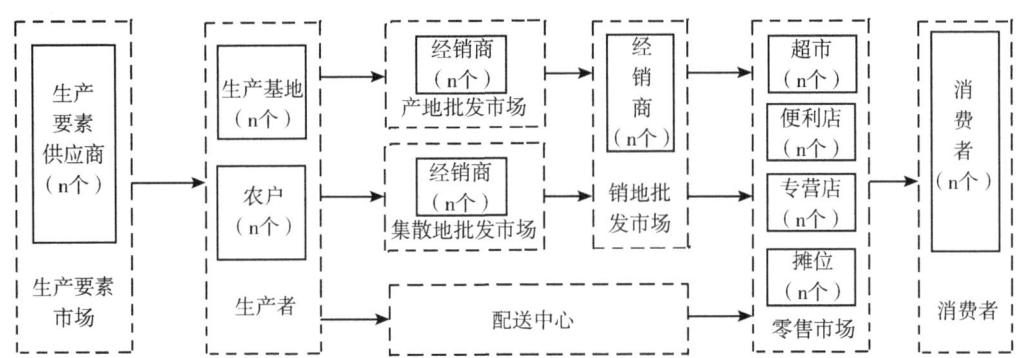

注:"——→"中隐含着各种走向的物的流动、价值流动、资金流动、信息流动及对时间、环境(温度、湿度、平稳性)的需求。

图7.2 以批发市场为核心的小米品牌产品营销渠道

这种营销渠道模式把批发市场作为核心企业,作为连结生产要素供应商、生产者、各环节经销商、消费者的纽带。当前的很多农产品批发市场运营商通过不断拓展服务功能来进一步强化这种流通模式的科学性和合理性,这些功能包括批发交易、仓储保管、流通加工、分货拣选、包装、配送等,更深层次的功能就是将这些功能整合,建立综合的现代小米品牌产品流通服务体系,批发市场还连结各个节点中利益相关者实施系统管理,建立利益共享、风险共担的运行机制。这种营销渠道模式有容纳性强、规模大、对商品消化能力强等优势,但也存在着信息传递滞后、环节过多、运输时间长、保鲜难、食品安全难保证、中间成本居高不下、生产环节薄利而零售环节价格过高、生产者和消费者都不满意等软肋。

(2)以农贸市场为核心的小米品牌产品营销渠道模式

图7.3反映的是传统的以农贸市场为核心的小米品牌产品营销渠道模式,这是当前小米品牌产品营销渠道模式中仅次于以批发市场为核心的主流营销渠道模式。农贸市场是指用于销售包括小米品牌产品在内的各类农产品和食品的以零售经营为主的固定场所。不同于批发市场,农贸市场以零售为主。

根据中间商数量与类型不同,分3类具体的营销渠道模式:
①生产要素市场—生产者—产地农贸市场—消费者
②生产要素市场—生产者—企业—销地农贸市场—消费者
③生产要素市场—生产者—农业合作社—销地农贸市场—消费者

这种模式作为最传统的营销渠道模式,曾发挥着核心渠道作用。随着人们生活方式

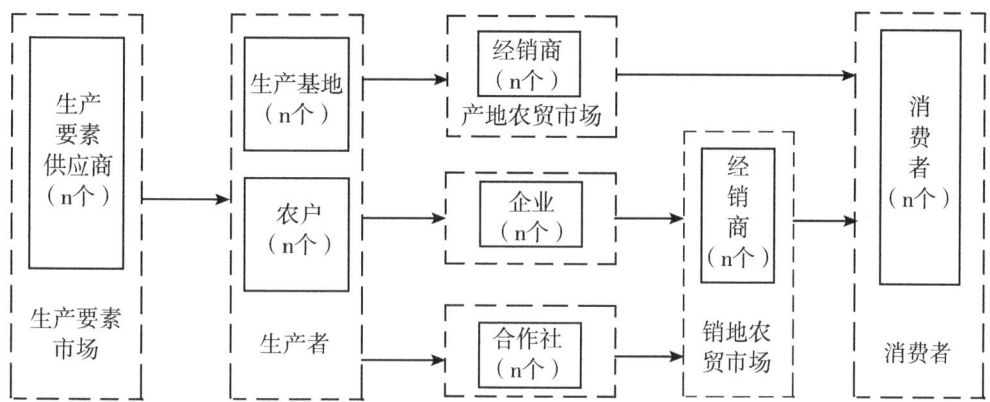

注:"——→"中隐含各种走向的物的流动、价值流动、资金流动、信息流动及对时间、环境(温度、湿度、平稳性)的需求。

图7.3 以农贸市场为核心的小米品牌产品营销渠道模式

和生活习惯的变化,这种方式将面临退出、升级和转型。这种渠道模式有容纳性强、规模适中、便民等优势,但存在着环节多、中间成本高、时间长、保鲜难度大、食品安全难保证、生产环节薄利而零售环节高价格。

(3)以连锁超市为核心的小米品牌产品营销渠道模式

图7.4展现的是传统的以连锁超市为核心的小米品牌产品营销渠道模式,这是近二十年来形成的小米品牌产品营销渠道模式。

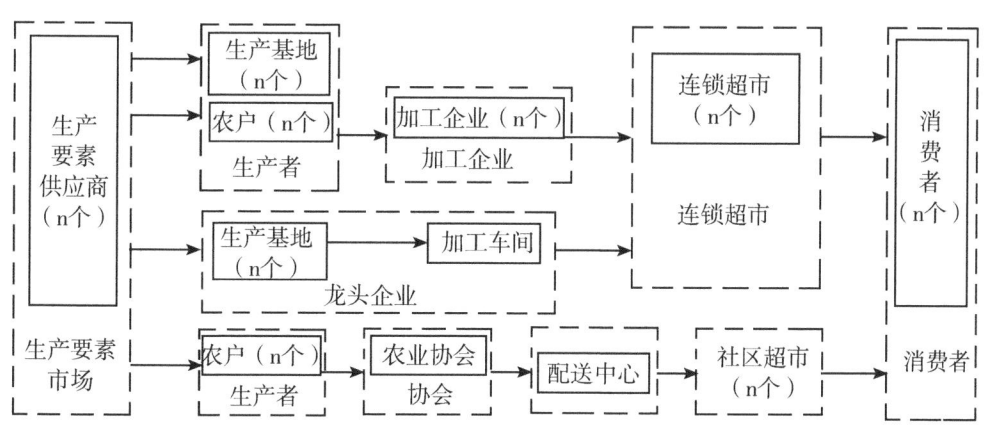

注:"——→"中隐含各种走向的物的流动、价值流动、资金流动、信息流动及对时间、环境(温度、湿度、平稳性)的需求。

图7.4 以连锁超市为核心的小米品牌产品营销渠道模式

根据中间商类型与数量，分为 3 类渠道模式：
①生产要素市场—生产者—加工企业—连锁超市—消费者
②生产要素市场—龙头企业（生产、加工一体化）—连锁超市—消费者
③生产要素市场—生产者—农业协会—配送中心—社区超市—消费者

另外，图 7.5 还体现一类特殊的以连锁超市为核心的渠道模式类型——连锁超市直采模式：生产要素市场—连锁超市系统（采购、加工、销售一体化）—消费者。

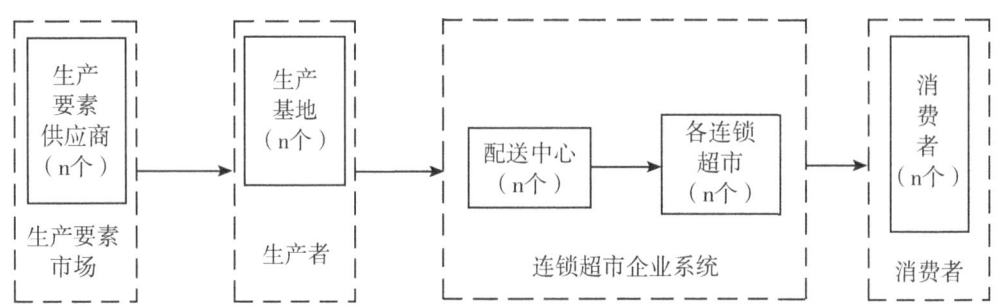

注："⟶"中隐含各种走向的物的流动、价值流动、资金流动、信息流动及对时间、环境（温度、湿度、平稳性）的需求。

图 7.5　小米品牌产品"超市直采"营销渠道模式

这种渠道模式的优势是可以直接或间接通过小米生产基地集中采购，中间环节减少，小米品牌产品的质量和安全度有保障的可能。但是这种模式的软肋是：缺少高水平、专业化的小米品牌产品的流通服务商，受制于上游环节，上游运作不顺畅、不稳定。

（4）以电商平台为核心的电商平台营销渠道模式

图 7.6 体现的是小米品牌产品电商平台营销渠道模式，这是电子商务发展的大环境下催生的营销渠道模式。包括三大类：经销商通过电商平台进行流通；生产者通过电商平台进行流通；垂直电商"生产基地—加工车间—电商平台"一体化运营。这种渠道模式通过优化升级将来会成为小米品牌产品营销渠道模式的主流之一。但当前物流成本高、无法全程冷链、难以全局性铺设网络成为这种模式的"软肋"。

（5）小米品牌产品 C2B 营销渠道模式

图 7.7 展现的是小米品牌产品 C2B 营销渠道模式，起点于消费者的个性化需求，落脚点是满足消费者的个体化需求，从而形成"需求—供给"链条的闭环。某个消费者根据自己的个性化需求确定自己的订单，在 C2B 信息化平台上下单并支付定金或款项，C2B 信息化平台根据生产者的生产结构与规模将该消费者订单分解并指派不同的、对应的生产者，生产者根据指派的订单在规定的时间内配货给综合配送中心，综合配送中心整合各生产者配送过来的各类小米品牌产品形成满足该消费者需求的产品组合，然后配送给该消费者。实现这种模式的核心是，消费者可以根据自己的个性化需求来确定订单，而生产者需要评估消费者甚至对消费者个性化需求快速反应而实现小米品牌产品

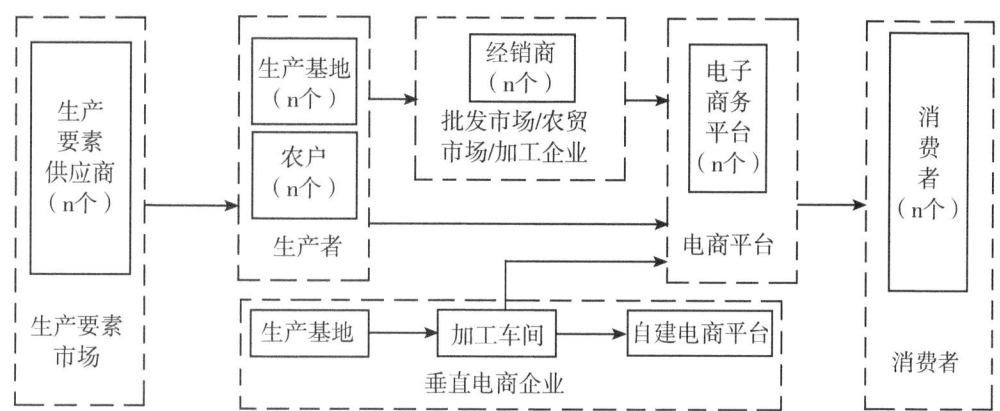

注:"➝"中隐含各种走向的物的流动、价值流动、资金流动、信息流动及对时间、环境(温度、湿度、平稳性)的需求。

图 7.6 小米品牌产品电商平台营销渠道模式

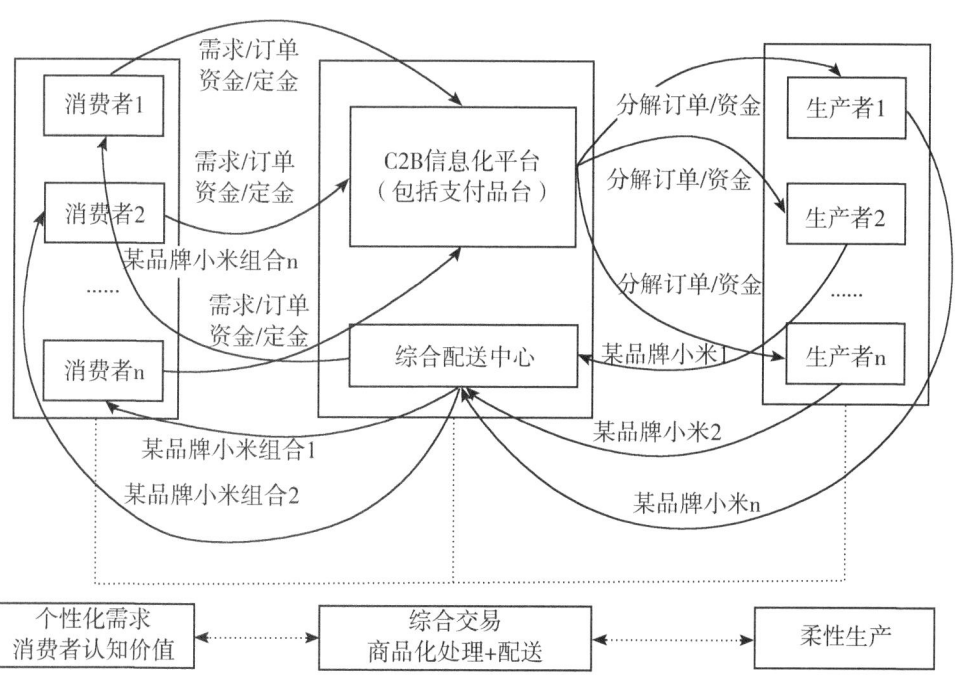

图 7.7 小米品牌产品 C2B 营销渠道模式

的柔性生产。

(6) 小米品牌产品 O2O 营销渠道模式

图 7.8 展现的是小米品牌产品 O2O 营销渠道模式,消费者从以下途径接受 O2O 主

体企业的整合传播信息：中心企业O2O平台、O2O线下店（或前置仓）和其他传播方式。消费者通过接受传播信息对中心企业的小米品牌及产品感兴趣并产生需求，通过两种方式（O2O线上平台或O2O线下店）形成订单并支付款项。如果通过O2O线上平台订货并支付款项，O2O线上平台将订货信息推送给O2O线下店（或前置仓），由O2O线下店（或前置仓）配货给顾客（或者顾客自提）。消费者享用产品和服务后，通过其购买渠道或其他方式反馈对该产品和服务的感受。从而形成一个消费闭环。同时，O2O线上平台综合销售信息并通过大数据分析，将订货信息传递给各地生产者，并形成生产者订单，生产者按订单配送各个城市的城市仓，城市仓按订单配送给各O2O线下店（或前置仓），从而形成一个供给闭环。该模式由订单流、资金流、物流和信息流贯穿。

以上论述了可以用于小米品牌企业构建营销渠道的七种模式、10多种营销渠道选择，小米品牌企业可以根据自己的资源状况、经营目标、商业环境等选择几条适合自己的营销渠道模式，从而完成适合自己特点的小米品牌产品整合营销渠道系统。

同时小米品牌企业还有要根据形成的整合营销渠道系统，配置和管理人力资源、财力资源、技术资源和物力资源，整合和发挥各种力量，提高营销渠道及经营效率。

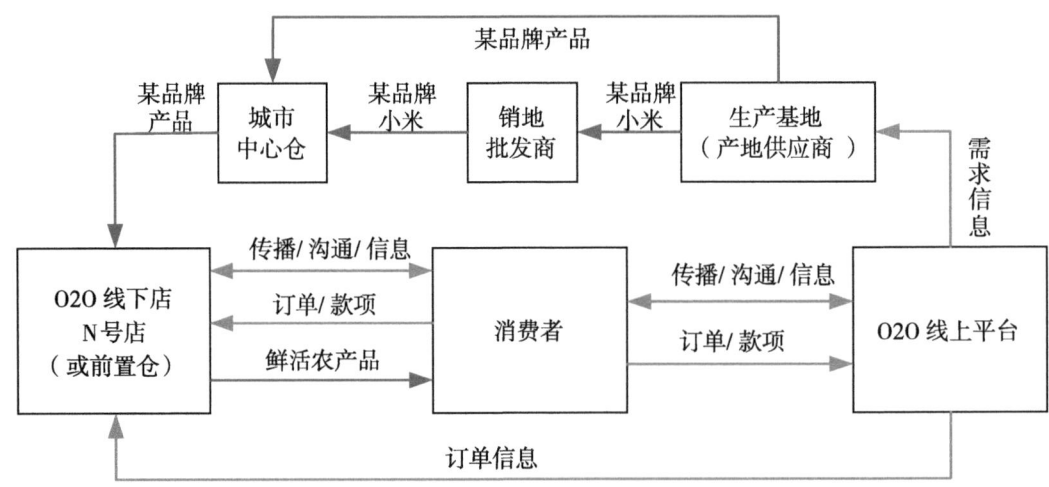

图 7.8 小米品牌产品 O2O 营销渠道模式

7.3.5 小米品牌的危机预防与处置系统

小米品牌危机指在小米品牌发展过程中由于自身的失职、失误、内部管理工作疏漏和外部环境变化等内外因素所引发的突发性小米品牌被市场吞噬、毁掉直至销声匿迹，公众对该小米品牌的信任度降低甚至消失，小米品牌产品销售量急剧下滑，品牌美誉度遭受严重打击的现象。

小米品牌的品牌危机主要包括产品质量危机、品牌道德丑闻及被恶意竞争三种类型。出现小米品牌危机的主要因素来源于内部和外部两大因素。内部因素包括：第一，小米品牌发展缺少整体发展战略；第二，小米品牌缺乏完善的管理机制，包括缺乏监控系统、品牌危机制度不健全、缺乏预警机制和监督机制、缺少应变措施、小米品牌产品质量不尽人意、缺乏基于市场的产品研发、缺乏与消费者沟通等；第三，小米品牌不当延伸、不当杠杆与联盟、不当品牌组合等各种品牌战略失误。外部因素包括：小米品牌的品牌要素遭竞争对手的模仿、偷用、不当使用和滥用。

根据小米品牌危机来源，小米品牌的危机预防与处置系统重点开展以下工作：

(1) 构建小米品牌的危机预防机制

小米品牌的预防机制从根本上来讲重点构建品牌管理体系、树立全员营销和公关观念和行为、提高公司竞争能力等。这在前面的操作性路径中都有详细论述，在此不再赘述。

(2) 构建小米品牌防御系统

小米品牌防御是对小米品牌要素（小米品牌名称、标识、包装、广告语、URL、品牌形象代表等）的防御和保护，目的是使小米品牌的品牌要素免受竞争对手的模仿、偷用、不当使用和滥用，保护小米品牌形象不受损伤，品牌资产不被稀释。从下几个方面构建小米品牌防御系统。

第一，申请注册商标。我国实行商标注册产生权利的办法，小米品牌企业通过注册商标尽量减少日后品牌资产被稀释带来危机的可能性。一般采取注册联合商标、注册国际商标、注册防御商标等策略来保护商标权，减少由此而发生小米品牌危机的可能。

第二，通过相关法律打击品牌侵权行为。小米品牌企业首先要识别竞争者构成商标侵权的行为，商标侵权行为主要有以下几类：一是未经商标注册人许可，在小米品牌产品上使用与其注册商标形同或近似的商标行为；二是销售侵犯商标注册专有权的行为；三是伪造、擅自制造他人注册商标标识或销售伪造、擅自制造商标标识的行为；四是未经商标注册人同意，更换其注册商标并将该商标又投入市场。其次，小米品牌企业要采取相应措施应对侵权行为，包括以下措施：一是自行制止侵权行为；二是请求工商部门查处；三是采取海关保护措施；四是达成仲裁解决方式。再次，小米品牌企业发起商标侵权诉讼，主要策略：一是确定诉讼目标，二是发动诉讼程序，三是制定诉讼策略，四是实施诉讼。最后，小米品牌企业还要应对商标侵权的风险管理，重点采取的应对措施是：评估商标侵权风险，提出商标侵权的抗辩，抓住程序上的机会，进行对抗性诉讼。

(3) 构建小米品牌的品牌声誉维护系统

小米品牌的品牌声誉是消费者、供应商、中间商、竞争者、公众等小米品牌的利益相关者对小米品牌、企业及产品的认识，是对其长期一致性的评价，是基于小米品牌以一种相似的、可预期的方式进行活动的意愿与能力，是小米品牌在发展过程中所积累的"名声"，同时小米品牌声誉还代表小米品牌面向市场、竞争者及其顾客传递信号的意图、承诺和动机。小米品牌的声誉维护策略包括：第一，强化小米品牌产品的质量管理与质量控制；第二，坚持消费者第一原则，与消费者、公众保持良好的沟通态势；第三，做好声誉危机预防与处置体系。

(4) 构建小米品牌的危机预警系统

小米品牌的危机预警是小米品牌危机预防与处置的关键，是指人们对小米品牌危机的认知，表现为具有很强的小米品牌危机意识及在认知基础上构建的预警系统。小米品牌企业要通过培育员工小米品牌危机意识和质量文化来支撑小米品牌危机预警系统。

小米品牌危机虽然无法预见在何时何地发生，但可预见其迟早可能发生。预见小米品牌危机的价值在于：为预防、避免小米品牌危机、化解小米品牌危机做必要的准备。没有预见，就无法预警。小米品牌危机管理的预警系统应包括四个方面：

第一，组建具有较高专业素质和较高领导职位的人士组成的小米品牌危机管理小组，制定和审核小米品牌危机处理方案，清理小米品牌危机险情，一旦发生小米品牌危机及时予以遏制，减少危机对小米品牌及企业的危害。

第二，建立高度灵敏、准确的信息监测系统，及时收集相关信息并加以分析、研究和处理，查漏补缺，全面清晰地预测各种小米品牌危机情况，及早发现和捕捉小米品牌危机征兆，为处理潜在小米品牌危机制定对策方案，尽可能确保品牌危机不发生。

第三，建立小米品牌自我诊断制度，从不同层面、不同角度检查、剖析和评价危机预见，找出薄弱环节，采取必要措施及时予以纠正，从根本上减少乃至消除发生小米品牌危机的诱因。

第四，开展员工的小米品牌危机管理教育和培训，增强全体员工对小米品牌危机管理的意识和技能，一旦发生小米品牌危机，确保员工具备较强的心理承受能力和应变能力。

（5）构建小米品牌危机应对机制

在面对小米品牌危机时，应当机立断，控制事态发展。任何犹豫不决、等待观望的行为都会使危机变得更加严重，更难处理。重点把握两点：

第一，小米品牌企业对小米品牌危机的认知程度和反应速度是影响小米品牌危机预防与处置的重要因素。

第二，小米品牌企业在小米偏僻危机事件中所采取的姿态和措施，是小米品牌危机能否消除的关键。小米品牌企业如果勇于承担责任、对消费者和员工负责，一方面能使小米品牌企业决策层在小米品牌危机发生后的第一时间，一切以消费者的利益为重，不回避问题和矛盾，及时与媒体和公众沟通，向消费者说明事件处理的进展情况，并诚恳致歉，赢得消费者的信任和理解，从而有效地维护小米品牌形象；另一方面，能使小米品牌企业明确地将小米品牌危机情况，尤其是那些涉及员工切身利益的信息公开的部分向员工迅速传达，使员工明白应该如何缓解小米品牌危机，为渡过小米品牌危机难关赢得内部支持。

第三，增强企业品牌危机转化能力，也是小米品牌危机消除的关键。小米品牌危机预防与处置的根本在于小米品牌企业能否转化危机，使危机为小米品牌企业所用。通过造就良好的小米品牌企业信誉，可以增强小米品牌企业转化小米品牌危机的能力。

以上从定位与形象系统、产品系统、传播系统、商业运营系统和危机处置预防系统五个方面提出了小米品牌系统化培育的路径，不得不说这是最直接的路径，而影响这五大方面系统培育路径的是小米品牌所有者和使用者的策划力和执行力，而小米品牌所有者和使用者策划力和执行力取决于"能够说了算"的灵魂人物，小米区域公用品牌的灵魂人物是其"能够说了算"的政府官员，而小米企业自有品牌则是"能说了算的"企业家，归根结底是由组织文化决定的。

7.4 系统化培育小米品牌的机制

前文设计、提出和详细论述了系统化培育小米品牌的逻辑和操作路径，很"落地"地回答了一个重要命题：怎样系统化培育一个小米品牌？然而，小米品牌分为小米区域公用品牌和小米企业自有品牌两大类，前者的所有者和使用者是地方政府与涉及部门，后者的所有者和使用者为小米企业。由于小米区域公用品牌和小米企业自有品牌的性质不同、构建主体不同、目标不同，因此在系统化培育品牌时很难实现两类品牌、两类培育主体（地方政府及涉及部门或小米企业）的职责清晰、配合默契、相互支撑和效率最优。这也就出现了在3.4节所提及的在小米品牌培育过程中所发现的问题，即大多数地方政府、小米企业和农民角色混乱、行为错位，三方没有实现系统化协同而形成合力，大多数小米品牌培育"虎头蛇尾"。

怎样把前文设计的系统化培育小米品牌的操作路径真正地落到实处？这需要在操作路径的基础上，结合小米区域公共品牌和小米企业自有品牌、地方政府及涉及部门和小米企业的性质、主体与特点，以相互支撑、优势互补、相互契合为原则，设计系统化培育小米品牌的机制，以将系统化培育小米的操作路径落到实处。

本书设计两套机制：一是"1个区域公用品牌+N个企业自有品牌"的小米品牌体系，二是"地方政府—小米企业—小米生产主体"高度协同机制。

7.4.1 构建"1个区域公用品牌+N个企业自有品牌"小米品牌体系

"一方水土养一方农产品"，文化禀赋、人文禀赋和自然禀赋的差异造就了小米品质差异，这是培育小米区域公用品牌的必要性所在。然而小米区域公用品牌所有者一般为区域的地方政府所有，使用者为当地所有生产小米的农民，以小米区域公用品牌面对市场往往会使得该小米品牌在品质、服务等方面参差不齐、鱼龙混杂，由此而产生的小米区域公用品牌的"公地悲剧"问题。

如何破解小米区域公用品牌"公地悲剧"问题？本书试图给出的方案是，以市场化机制为核心，在小米区域公用品牌下培育若干个小米企业自有品牌，在某区域内形成"1个小米区域公用品牌+N个小米企业自有品牌"的小米品牌体系。

图7.9展现的是"1个小米区域公用品牌+N个小米企业自有品牌"的小米品牌体系。小米区域公用品牌的本质是"一方水土养一方小米"，其优势是当地政府涉及部门的平台优势、整体化技术研发优势、系统化技术服务优势，其弱势是难以确保每一个小米自有品牌的产品品质符合小米区域公用品牌要求。因此，将小米区域公用品牌定位为区域公用品牌、认证品牌和平台品牌。小米企业自有品牌的本质是企业信誉，其优势是经营灵活度较大并直接面对市场，其劣势是大多数实力较弱、市场意识较差，没有实力和能力来实现全方位的品牌传播。因此，将小米企业自有品牌定位为小米区域公用品牌背书下的企业自有品牌。在一个区域内小米区域公用品牌和小米企业自有品牌根据其性质、优势各司其职，优势互补，共同面对市场，从而形成一种格局：一个小米区域公用品牌下拥有N个小米企业自有品牌（子品牌）；一个小米企业自有品牌拥有当地小米区

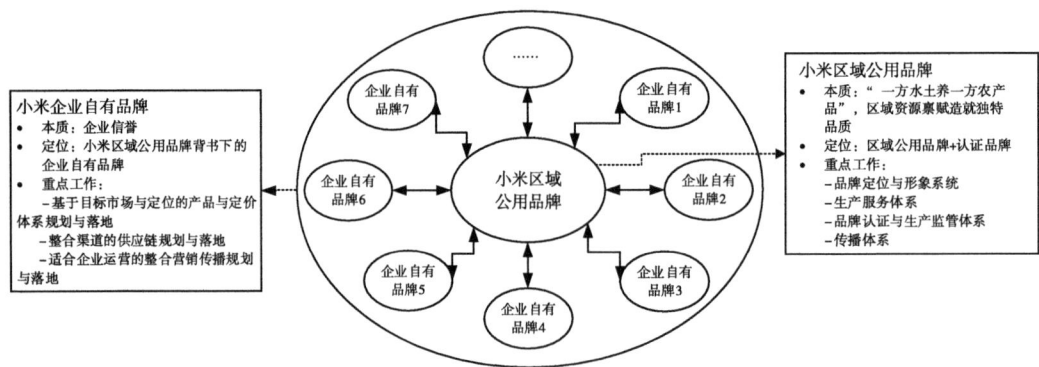

图 7.9 小米品牌体系示意图

域公用品牌的背书直接面对市场。

表 7.1 罗列了小米区域公用品牌和小米企业自有品牌基于系统化培育品牌维度下的职能分工。小米区域公用品牌主要职能：第一，小米区域公用品牌的定位规划与 VI 设计；第二，涉及小米区域公用品牌的各类广告、新闻、节庆、展会、社交化媒体等各种传播的策划、实施与发布；第三，构建小米区域公用品牌的系统化标准体系、生产服务体系、认证商标使用与监管体系、质量安全追溯体系等；第四，为各小米企业自有品牌创造公平的竞争环境；第五，构建品牌控制体系来实现危机预防与处置。

表 7.1 小米品牌体系系统化培育的分工与工作重点

系统化培育维度	小米区域公用品牌	小米企业自有品牌
定位与形象系统	• 小米区域公用品牌定位规划 • 小米区域公用品牌的 VI 设计	• 确定目标市场 • 区域公用品牌背书的小米企业自有品牌定位与 VI 规划设计
传播系统	• 各类广告策划、制作与发布 • 策划和实施各种新闻 • 各类小米节庆、会议策划与实施 • 参加各种展会 • 微博、微信、抖音、快手传播 • 其他的传播活动	• 符合小米企业自有品牌目标市场、定位及资源状况的各类传播活动，比如：营业推广、人员推销、关系营销、社交化媒体（微博、微信、抖音、直播等）传播
产品系统	• 小米区域公用品牌的系统化标准体系 • 生产服务体系 • 认证商标使用与监管体系 • 质量安全追溯体系	• 符合目标市场和定位的产品结构、包装结构及定价体系 • 符合小米品牌企业目标市场的品质标准与质量控制体系
商业运营系统	• 创造各企业自有品牌公平竞争的环境	• 符合目标市场和定位的整合营销渠道规划与管理
危机预防处置系统	• 构建品质控制体系来实现	• 通过品质管控、品牌维护和声誉维护来实现

小米企业自有品牌主要职能：第一，以当地小米区域公用品牌为背书的小米企业自有品牌为品牌要素架构，以构建企业信誉为核心确定目标市场和品牌定位，规划设计和实施 VI；第二，构建和整合符合目标市场、市场定位和资源状况的各类传播活动，包括营业推广、人员推销、关系营销、口碑营销、社交化媒体营销等；第三，基于目标市场和市场定位构建产品结构、包装结构、定价体系、品质标准与品质控制体系；第四，基于目标市场与市场定位进行整合营销渠道规划与管理；第五，通过品质管理与控制、品牌维护和声誉维护来实现小米企业自有品牌的危机预防与处置。

7.4.2 "地方政府—小米企业—小米生产主体"高度协同机制

前文已经论述，有效的小米品牌系统化培育需要构建"1 个小米区域公用品牌+N 个企业自有品牌"为核心结构的小米品牌体系。小米区域公用品牌的培育主体是政府和涉及部门，以构建服务平台和传播为核心职能；企业自有品牌的培育主体是小米品牌企业，以实现小米品牌商业化和构建信誉体系为核心职能。除此之外，支撑小米品牌的是小米产品，小米产品的生产主体包括分散的农民、小米种植大户和中大型农场。遵循市场规律，地方政府及涉及部门、小米品牌企业和小米生产主体三方协同，做到职责明确、各司其职、相互配合、互不越位、互不搅和是有效做好系统化培育小米品牌的组织保障。

然而，就像 3.4 节所论述的那样，大多数地方政府及涉及部门、小米品牌企业和小米生产主体角色混乱、行为错位，三方没有实现系统化协同，大多数小米品牌培育"虎头蛇尾"。表现在：一是部分地方政府及涉及部门对小米品牌培育工作的立足点是政绩导向，缺乏长期的系统化规划；就是有规划，也是阶段性的，缺乏长期、持久的小米品牌系统化培育；二是大多数小米品牌企业市场意识较弱，实力较弱，单纯的利润导向、经营短视而缺乏长期的经营思维和行动；一些小米品牌企业得到一些国家政策的资助和补贴，难以把这些补贴用于经营能力提升而形成了"经营惰性"，不考虑提升经营能力而坐等政策补贴，从而经营能力与政策补贴之间形成负反馈；大多数小米品牌企业缺乏明确和科学的目标市场、市场定位、品控措施和营销策略，更缺乏确保品质的与小米生产主体的合作模式和合作措施。三是大多数小米生产主体无目标生产，产量导向而非市场导向，导致小米生产主体的经营效率随市场行情的波动很大。因此，构建"地方政府—小米品牌企业—小米生产主体"三方协同机制对破解三方角色混乱、行为错位问题、根本上实现小米品牌系统培育具有非常重要的意义。

图 7.10 表现的是"地方政府—小米品牌企业—小米生产主体"三方协同机制的示意图。三方协同体现在：

（1）地方政府及涉及部门是小米区域公用品牌的建设主体，主要构建服务平台、监管平台和传播平台，突出服务性和公益性。其核心工作是：

第一，制定和落实小米区域公用品牌规划，统领该小米区域公用品牌系统化培育，确保该品牌培育的系统性、长期性、公益性和服务性。

第二，策划、制定和落实科学性与艺术性结合的小米区域公用品牌的品牌定位和 VI。

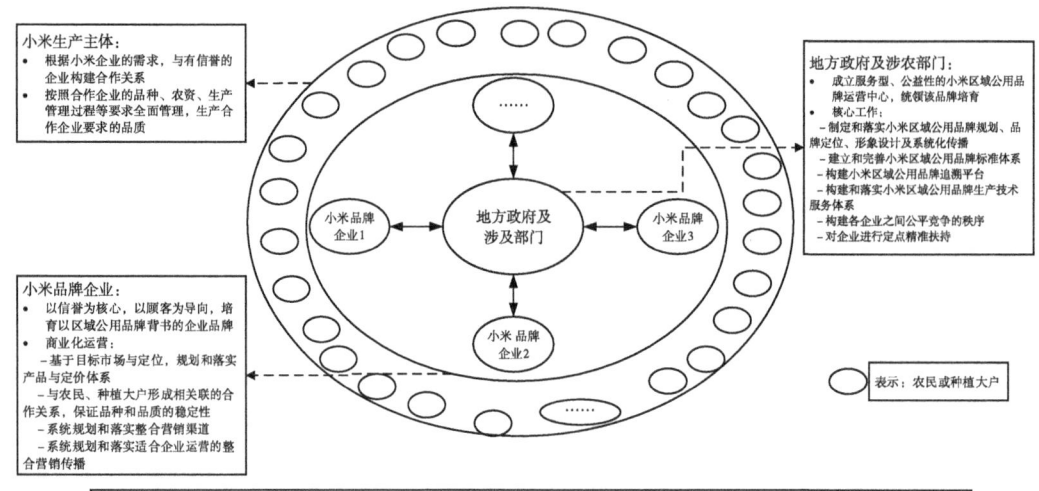

图 7.10 "地方政府—小米品牌企业—小米生产主体"协同机制示意图

第三，构建和落实小米区域公用品牌的系统化标准体系、生产服务体系、生产监管体系和安全追溯体系。

第四，策划、构建和落实小米区域公用品牌的广泛传播，并构建市场化媒介式平台，使得"整体出海"。

第五，构建各个小米品牌企业之间的公平竞争环境，使得小米品牌企业在竞争中优胜劣汰。

第六，对重点小米品牌企业重点扶持。

(2) 小米品牌企业是小米自有品牌的建设主体，以顾客为导向，以信誉为核心构建市场化运营平台，突出市场化。其核心工作是：

第一，以顾客为导向、以信誉为核心，策划、制定和实施以小米区域公用品牌为背书的小米企业自有品牌的战略规划，包括目标市场、品牌定位、VI、营销体系、品控体系等。

第二，以目标市场与品牌定位为核心，规划和落实产品结构、包装体系及定价体系。

第三，与小米生产主体构建相关联的合作关系，保证品种和品质的稳定性。

第四，系统化规划和管理整合营销渠道。

第五，系统化规划和落实适合小米企业目标市场、品牌定位及资源状况的整合营销传播。

(3) 小米生产主体是小米区域公用品牌和小米企业自有品牌的生产载体，其核心是按需生产。其核心工作是：

第一，与有信誉的小米品牌企业构建合作关系，实现"按需生产"。

第二，按照合作的小米品牌企业要求的品种、农业生产资料、生产管理工艺及其他具体要求全面管理，生产合作企业要求的品质。

地方政府与涉及部门、小米品牌企业与小米生产主体三方分别按照以上核心工作各司其职、分工合作、互相补位、互不搅合，实现系统化培育，从而将系统化培育小米品牌的思想与路径落实到实处。

7.5 本章小结

基于小米品牌成长机理及小米品牌培育中存在的问题，提出系统化培育小米品牌的逻辑、路径及机制。强势小米品牌的系统化培育，需要做到定位与形象系统、产品系统、传播系统、商业运营系统与危机预防处置系统的高效协同，同时做到小米区域公用品牌和企业自有品牌的协同，处理好政府与市场关系，做到地方政府及相关部门、小米品牌企业与小米生产主体的高效协同。

分别提出了小米品牌的定位与形象系统、产品系统、传播系统、商业运营系统及危机预防处置系统的操作性路径。认为定位与形象是系统化培育小米品牌的核心，其他系统都是围绕定位与形象系统展开。伟大的品牌一定由伟大的产品做支撑，产品系统是系统化培育小米品牌的基础，失去了这个基础小米品牌的培育将是无本之木、无源之水。小米品牌的传播系统是系统化培育小米品牌的重要手段，小米区域公用品牌的传播系统以所属地方政府或涉及部门为主负责，小米企业自有品牌的传播系统以所属小米企业为主构建。商业运营系统是系统化培育小米品牌的落脚点，商业化运营的主体是小米企业，而不是地方政府，也不是小米生产者，如果处理不好这层关系，小米品牌培育就变成了"花架子"和"系统内自嗨"。关注小米品牌危机成因及演化过程，构建小米品牌危机预防与处置系统是实现小米品牌"基业长青"和"百年老店"的重要手段。

系统化培育小米品牌的机制是将系统化培育小米品牌的操作性路径落地的保障，构建"1个小米区域公用品牌+N个小米企业自有品牌"的小米品牌体系，试图解决小米区域公用品牌"公地悲剧"和小米企业自有品牌无力系统培育品牌两大"痛点"问题；而构建"地方政府—小米品牌企业—小米生产主体"协同机制，试图解决在品牌培育中处理不好地方政府与市场关系，地方政府及涉及部门、小米品牌企业及小米生产主体三者角色混乱、相互搅和等组织性、机制性问题。

参考文献

［1］ AAKER D A, D.A.Managing brand equity: capitalizing on the value of a brand name ［M］. New York: The Free Press, 1991.

［2］ KELLER K L.Strategic brand management: building, measuring, and managing brand equity (Global Edition, 5e) ［M］. New York: Pearson, 2020.

［3］ 何佳讯.长期品牌管理 ［M］.上海：上海格致出版社，2016.

［4］ KAPFERER J N.The new strategic brand management: advanced insights and strategic thinking (5e) ［M］.London: Kogan Page Limited, 2012.

［5］ 王海忠.高级品牌管理 ［M］.第2版.北京：清华大学出版社，2021.

［6］ 李美羽，王成敏."互联网+"背景下鲜活农产品流通渠道模式优化研究［J］.北京交通大学学报（社会科学版），2019，18（01）：102-114.

［7］ 何佳讯.战略品牌管理：企业与顾客协同战略［M］.北京：中国人民大学出版社，2021.

第8章 "武安小米"的系统化培育战略规划纲要

本章是运用研究。

运用本书小米品牌成长机理理论及系统培育小米品牌的路径，结合武安市谷子产业发展的实际情况，提出"武安小米"品牌战略规划的系统逻辑，从武安市的资源禀赋出发，结合"武安小米"特点，规划"武安小米"的品牌定位，提出"武安小米"品牌建设大纲，构建系统化培育"武安小米"品牌的运行机制，建立"武安小米"的系统化培育机制和保障体系。

8.1 "武安小米"品牌战略规划的系统逻辑

"武安小米"是典型的县域区域公用品牌，其品牌战略规划是在一定时期内指导系统化培育"武安小米"品牌的纲领性指导文件。

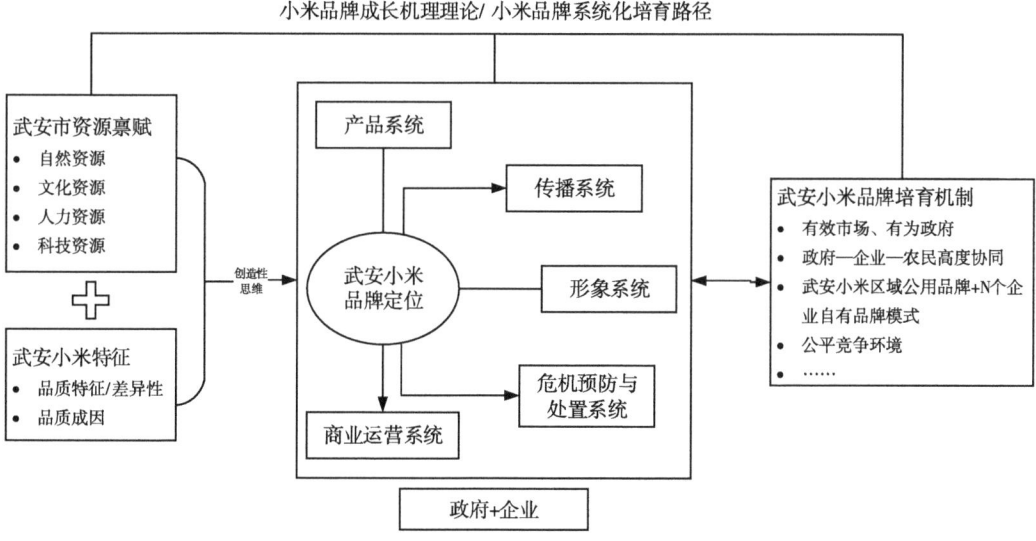

图 8.1 武安小米品牌战略规划的系统逻辑

图8.1展现的是"武安小米"品牌战略规划的系统化逻辑。首先，梳理和研究武安市自然、文化、人力、科技等资源禀赋，以及"武安小米"品质特征与成因特征；其次，在资源禀赋及"武安小米"特征基础上用创造思维提出武安小米的品牌定位；

再次，以品牌定位为核心，产品系统、形象系统、传播系统、商业运营系统和危机预防处置系统为框架，规划和设计提出"武安小米"建设大纲，即系统化培育"武安小米"品牌的操作性路径；最后，从政府与市场管理、多组织协同等方面提出"武安小米"品牌培育机制，这是系统化培育"武安小米"品牌的保障。支撑"武安小米"品牌战略规划研究的是本书研究的小米品牌成长机理和小米品牌系统化培育路径。

8.2 武安市资源禀赋与"武安小米"现状

一方水土养一方小米。武安市的自然、文化、人力、科技等资源禀赋是造就"武安小米"独特品质和独特消费者心智的核心因素。本部分通过梳理武安市资源禀赋和武安小米现状，为"武安小米"品牌定位、系统化培育的路径选择及机制保障奠定基础。

8.2.1 武安市资源禀赋

从概况、区域与地貌、自然、气候、土壤、文化等资源梳理武安市资源禀赋。

（1）概况、区域与地貌

武安市，河北省直辖，邯郸市代管，位于河北省南部、太行山东麓，晋、冀二省交界地带，介于东经113°45′~114°22′、北纬36°28′~37°01′。东邻邯郸市复兴区、永年区，以紫山为界；南接磁县、峰峰矿区，以鼓山、天井寨山、南大垴为界；西倚涉县、山西省晋中市左权县，以青阳山、万寿山、青崖寨为界；北连邢台市沙河市，以摩天岭、梅龟寨、皇母山为界。总面积1 806km²。地处京津冀、中原经济区两大国家战略"交汇叠加区"，距晋冀鲁豫四省省会城市均在200km左右。

根据第七次人口普查数据，截至2020年11月1日零时，武安常住人口为811 631人。武安市下辖13个镇，9个乡，是著名的地方戏曲之乡、古代冶炼之乡、中国小米之乡、全国百强市。2006年，联合国教科文组织授予武安"千年古县"称号。2020年，武安市地区生产总值667亿元，财政总收入112亿元，县域经济综合实力位居全国百强第83位。

武安市处于太行山隆起与华北平原沉降带的接触部，属山区县（市）。总体可分为山区（占总面积的29.7%）、低山丘陵区（占45%）及盆地（占25.3%）三大类型。境内山脉属太行山余脉，主要有五大分支，即小摩天岭山脉、老爷山山脉、十八盘山脉、西南横行山脉及鼓山、紫金山山脉，西北部的青崖寨为武安最高峰，海拔1 898.7m。

（2）自然资源

武安市地势西高东低，属海河流域子牙河系。有四级支流5条（南洺河、北洺河、洺河、马会河、淤泥河），五级以上支流17条。全域共有水库36座，其中中型水库4座（口上水库、车谷水库、四里岩水库、大洺远水库），总库容10 966万 m³；小型水库32座，总库容3 720万 m³。灌区四座（口上灌区、车谷灌区、贾庄灌区、跃峰灌区）。

武安市是全国58个重点产煤县（市）和全国四大富铁矿基地之一，境内主要有煤、铁、大理石、铝矾土等20余种矿物，其中煤和铁矿最多，储量分别为23亿t和5.62亿t。

武安市属华北植物区系，即半旱生森林丛草原植被区系。自然植被分为针叶林、针阔混交林、阔叶林、灌丛、灌草丛和草甸等6种植被型和26个群系。境内有野大豆、紫椴、领春木等珍稀植物，是世界上缘毛太行花的主要分布区。野生动物主要有豹、狼、狐、鼢鼠、松鼠、刺猬等；鸟类有麻雀、喜鹊、鸽、燕、鹌鹑、雕、斑鸠、雉鸡等；鱼类有鲤、鲇、鲫、鳅、鳝等；两栖类有青蛙、蟾蜍；爬行动物有蛇、蜥蜴等；节肢类、环节类、软体类有虾、蟹、河蚌等。

（3）气候与土壤条件

武安市属温带大陆性季风气候，四季分明；年平均气温11~13.5℃，极端最高温42.5℃，极端最低温-19.9℃；年平均降水560mm，年最大降水量1472.7mm；年日照时数平均2297h，年日照百分率平均为52%；平均无霜期196天。四季之中，屡起西北、西南及西风，年平均风速2.6m/s，极端最大风速29m/s。主要自然灾害有旱灾、水灾、雹灾、风灾、虫灾、地震、霜冻等。

武安市西部山区多砾土，中部丘陵平原多壤土，南、北洺河及各小河沿岸多沙土，黏土到处散见。棕壤分布在西部山区的高山坡地上，呈微酸性，质地轻疏，含养分与水分能力弱，易流失。褐土类分布全市，呈微碱性，其肥力状况为富钾缺氮，严重缺磷，属中等地力。

（4）历史文化资源

武安市是历史文化名市，历史文化资源丰富。主要包括：

①历史溯源。武安历史悠久，春秋属晋，战国归赵，秦属邯郸郡，西汉初置县。"武安"一词含"凭武力获安定"之意，历来为兵家必争之地，战国时名声显赫的苏秦、李牧、白起都曾被封"武安君"。民国初属河南省河北道，民国十六年（1927年）直属河南省，民国二十一年（1932年）属河南省第三督察区。抗日战争和解放战争时期属晋冀鲁豫边区太行区，1949年8月划归河北省。1988年9月1日，经国务院批准，撤销武安县，设立武安市。

②磁山文化及粟文化发源地。磁山文化是指分布于中国华北地区的一种新石器时代文化，因首在武安市磁山发现而得名，是仰韶文化及华夏族的源头之一。磁山文化最具代表性的器物是陶盂及陶支架、石磨盘及磨棒。据^{14}C法测定年代，距今约8000~7600年前。磁山文化的陶器均为手工制作，用泥条盘筑法和捏塑法成型，绝大部分属于夹砂红褐陶，少部分为泥质红陶，以素面为主，烧成温度在700~930℃。磁山被誉为是世界上粮食粟、家鸡和中原核桃最早发现地，磁山文化改写了世界粟作农业、家鸡驯养和核桃产地的历史。考古认为，磁山文化是粟文化的代表之一，代表了北方旱作农业中的谷子文化，将中华文明上溯到8000年前，早于仰韶文化1000年，是邯郸十大文化脉系之首、东方文明发祥地之一。

③地方戏曲文化。武安一地拥有平调、落子两个地方剧种，被国务院确认为"第一批国家级非遗项目"，有"中国地方戏曲之乡"的美誉。武安平调落子是武安平调和

武安落子的总称，系武安独有的两个地方剧种。

④冶炼文化。据记载和文物考古发掘资料证实，武安的冶铁史起源于战国时代。在战国和汉代，武安曾是全国的冶铁中心之一。汉武帝时，全国设铁官49处，武安为其一。《汉书·地理志》称魏郡武安有铁。

⑤商帮文化。自明嘉靖年间起，武安商帮曾一度掌控东北药材市场、经营南方绸缎生意，足迹遍布18个省、区，拥有商号1950家，从业者约3万人。武安商帮以一县之地独立为帮，叱咤于明、清及民国时期的商界，与晋商、徽商、苏商、潮商等并列称雄。

⑥红色革命文化。晋冀鲁豫边区首脑机关两驻武安，新华社、人民日报曾驻扎在武安，邓小平、刘伯承等从武安千里挺进大别山。《人民日报》在武安发行700多期。

⑦地方民俗文化。拥有"傩戏、赛戏、土山诚会、骈山黄河灯会、快板、民间社火"等极具地方特色的民俗文化，其中武安傩戏为黄河流域唯一现存古傩戏，被称为戏剧的"活化石"。

⑧太行文化。武安市属于典型的太行山地区，承载着"艰苦奋斗、自强不息、勤劳善良、朴实无华"的太行精神。

8.2.2 "武安小米"现状

"武安小米"是武安市区域公用品牌，泛指在武安市区域内生长的食用小米，是武安市特产，种植历史追溯到8000年前的磁山文化和新石器时期。当前武安市谷子种植面积30万亩，种谷子的农户10万多户。武安市小米加工龙头企业4家，年加工能力达到3万t以上，年产值超过7亿元。"武安小米"远销到北京、天津、河南、山东、湖南等地。"武安小米"三次获得中国国际农产品交易会金奖，两次获中国绿色食品博览会金奖，于2010年被确定为地理标志保护产品，被农业部录入名特优新农产品目录，被省农业厅评为十大区域公用品牌。武安市先后被命名为"河北小米之乡""中国小米之乡"。

（1）"武安小米"品质特征

"武安小米"粒小饱满、色泽鲜黄、容易熬煮、易于糊化，气味清香、口感滑爽、入口回甜，氨基酸种类齐全，特别是人体所需要的色氨酸、蛋氨酸含量很高。蛋白质含量为9.2%~14.3%；粗脂肪含量3.0%~4.6%；每千克小米中含色氨酸192mg，蛋氨酸297mg。

对外观、色泽、滋味、香气、适口性等方面对"武安小米"感官品质进行综合评价，各项指标和综合指标都呈上乘表现。

（2）"武安小米"品质成因

"武安小米"的品质成因由以下因素构成：

第一，自然与环境因素。武安市为山区市，山区、丘陵与盆地分布于此，海拔100~1898.7m，地势西高东低，武安市83万亩耕地有60万亩属于丘陵旱地。河流和水资源丰富，植被丰富，土壤肥沃，生态良好。属于大陆性季风气候，四季分明。日照丰富，无霜期长，日夜温差大。这些自然和环境条件非常适宜高品质小米的生产，形成"武安小米"独特品质的基础性条件。

第二，最优良且适宜武安市自然条件的品种。通过河北省农林科学院谷子研究所多年品种培育、筛选与示范，武安市主栽谷子品种有冀谷37、冀谷38、冀谷39、冀谷41、冀谷168等"冀谷"品种系列，优质品种覆盖率稳定在98%以上，亩产量300kg以上。2019年后，重点主栽更适合武安市自然条件和商品性极佳的冀谷168品种，它是采用专利技术通过有性杂交方法育成的非转基因优质抗拿捕净除草剂谷子新品种，米色鲜黄，适口性好；该品种一级耐旱，抗倒伏，中抗谷锈病、谷瘟病、纹枯病、白发病等，熟相较好；平均亩产406.2kg，最高亩产620kg。

第三，"武安小米"生产技术工艺。"武安小米"选择在海拔大于等于150m的地块，土壤类型为褐土，土壤质地为轻壤，pH值7~8，土壤有机质在1.0%以上。每亩施优质有机肥2 500~3 000kg，深耕20cm以上，耙细整平。每亩留苗密度3万~5万株。苗期结合间、定苗中耕；拔节到孕穗期结合中耕培土和降雨，进行追肥。收获前30天内不准再追肥。拔节后至封垄前进行一次中耕培土，干旱时不宜深中耕。谷穗80%的籽粒成熟时，收获。不同的品种要单打、单收、单贮。农药、化肥等的使用必须符合国家的相关规定，不得污染环境。小米安全贮藏的水分应控制在13%以下，常温下密闭保存，保质期为12个月。除此之外，连续实施河北省农林科学院示范基地建设项目、院市合作项目、国家科技支撑计划项目、国家重点研发专项、河北省农业成果转化资金、河北省农业农村厅优质谷子产业集群、绿色谷子高产创建等项目，以此推动"武安小米"生产技术工艺的优化与推广。

第四，"武安小米"技术服务体系。武安市依托河北省农林科学院谷子研究所科技团队和品种及配套技术，农技推广体系健全，设有农业技术推广站、土壤肥料站、植保植检站、种子管理站、粮油作物科、经作科、蔬菜技术站、11个基层农技推广综合区域站等，技术力量雄厚，有中高级农业技术服务人员68名，科技特派员工作有力，土壤肥料化验室、农产品质量检测室等各种检测设备齐全。培育谷子种植专业合作社23个，带动农户达10万户。

8.2.3 "武安小米"品牌培育现状与存在的问题

"武安小米"是县域公用品牌，区域内有米香乐、粟之源、金粟源、洺水源、晶秋、磁山粟等小米企业自有品牌，形成自由竞争之势。多年来，武安市委市政府及农业农村局非常重视"武安小米"品牌塑造，在同会村、张璨村、白府村、迁城村、南白石村等地建设"武安小米"产业示范基地，推广优质高产新品种、简化栽培、病虫草害绿色防控等配套技术，召开冀谷系列品种及轻简高效生产技术与产业发展培训会，河北省农林科学院与武安市人民政府签订了院地技术合作协议。2019年中国谷子文化与产业发展研讨会在武安市召开，中国工程院院士、谷子产业专家齐聚武安，共同探讨如何把谷子产业做大做强。这些举措整体推动了"武安小米"品牌建设，提升了"武安小米"品牌价值。

与此同时，"武安小米"品牌培育也存在着不容忽视的问题，表现在：

第一，对小米品牌的系统化认识还处于初级阶段，重视生产与品质提升，轻视传播与商业化运营。

第二,"武安小米"作为县域公用品牌,尚没有发现明确的品牌定位与形象系统,没有发现基于合力的"武安小米"传播与推广,没有发现组织众多企业自有品牌的"武安小米"经营平台。系统化培育"武安小米"之路任重道远。

第三,"武安小米"的市场表现还有很大的提升空间。本书对石家庄市大多数的超市、便利店、粮油店进行"扫街式"调研发现,很难看到标有"武安小米"或其企业自有品牌的小米;在天猫、京东、拼多多、淘宝上检索"小米"关键词,首页很难看到"武安小米"或其企业品牌的信息;很难在抖音、头条、快手和直播平台上看到"武安小米"及其企业自有品牌的信息。

第四,缺乏大型的、知名的小米企业自有品牌和小米加工流通企业,当前"武安小米"有磁山粟、金秋、洺水源、金粟源、米乡乐等企业自有品牌,但其知名度、美誉度、忠诚度及营业额较小。当前"武安小米"有德源商贸、华瑞农源、同会园区等加工流通企业,但规模较小,运营不规范。

第五,"武安小米"这一县域公用品牌下的众多企业自有品牌,实力较弱,人力资源缺乏且素质较低,缺乏市场意识,仅仅是短期"赚点小钱"思维,缺乏长期规划与持久经营的理念与行动,缺乏对小米品牌培育的认识,品牌培育与商业化运营的思路、行动及效果任重道义。

第六,多数小米加工流通企业实力弱,品质不稳定,没能力做传播。没有足够的人力资源和财力资源来做商业化的传播活动,更没有足够实力去运营这个市场。这就是形成了"无实力做传播和运营市场—销售额上不去—无实力做传播和运营市场"这样的恶性循环。品质不稳定的根本原因在于难以控制基地,品种不统一。

以上是"武安小米"在品牌培育中存在的独有问题,其他的在 3.4 节中所论述小米品牌培育中问题,"武安小米"也或多或少的存在,在此不再赘述。

8.3 "武安小米"品牌定位与释义

综合分析武安市资源禀赋、"武安小米"的生产、经营及品牌培育现状及存在的问题,基于"武安小米"这一县域公用品牌平台与传播两大功能特征,提出"武安小米"品牌定位与释义。

图 8.2 展现的是本书为"武安小米"策划的品牌定位以及释义。

第一句"粟谷之源"体现"武安小米"是小米之祖、武安是粟文化及农耕文明发源地的历史渊源,体现数千年来"武安小米"所承载的农耕文明对一代代华夏儿女的滋养,以此为起点构筑了深厚的华夏农耕文化。

第二句"滋养万年"既体现"武安小米"深厚的历史文化沉淀;是"武安小米"独特优良品质的体现;还是武安人,尤其是科技工作者、生产者、加工流通者和商业运营者继往开来、顺应时代、科技为先的开拓精神在"武安小米"上的承载、浓缩与结晶。具体到"武安小米"产品上,就是科技赋能、适应时代,用好品种、好自然、好工艺、好工匠塑造好小米。好的品种代表好基因,是"武安小米"好品质的首要因素;好自然代表"武安一方水土养育武安小米的独特品质",是"武安小米"品质的基础性

> **粟谷之源　滋养万年**
>
> - 粟文化发源地。武安小米承载着近万年农耕文明薪火，滋养着一代一代的人，他们在这里辛勤劳作，繁衍生息。
> - 科技赋能，适应时代，"四好"小米。易熬煮，易糊化，绵软糯香，入口回甜。
>   - 好品种，好小米。冀谷系列高质品种（冀谷168……）。
>   - 好自然，好小米。高质谷子最适种植区。
>   - 好工艺，好小米。绿色轻简化栽培技术，绿色增效模式……
>   - 好工匠，好小米。太行人勤劳、执着、认真的素养……

图8.2　"武安小米"品牌定位与释义

因素；好工艺代表好的适合的品种选择、好的生产技术与生产工序，还是有新技术、新工艺在"武安小米"上的体现，这是"武安小米"独特品质的关键条件；好的技术工艺需要有好的匠人来落实，好工匠代表"武安小米"生产者将生产工艺严谨的落实到田间地头的工匠精神，这是"武安小米"独特品种的重要因素。

"武安小米"品牌定位预期达到的效果是：当消费者和公众一听到"武安小米"，就会立刻联想到：这来源于粟文化的发源地，是小米的鼻祖；"武安小米"好品种、好基地、好工艺和好工匠促成了好小米。

8.4　"武安小米"品牌建设大纲

基于"粟谷之源、滋养万年"的品牌定位，从形象识别系统（VI）、产品系统、传播系统、商业运营系统和危机处置系统四个方面提出"武安小米"品牌建设大纲。

8.4.1　形象识别系统（VI）建设大纲

以"粟谷之源、滋养万年"为核心，从"武安小米"和"武安小米+某小米企业自有品牌"角度规划"武安小米"形象识别系统。"武安小米"的形象识别系统主要用于"武安小米"的整体传播、公益性服务平台和公益性运营平台建设。"武安小米+某小米企业自有品牌"用于该小米企业构建以"武安小米"背书的企业自有品牌，核心是信誉，运用于小米企业的包装体系、各类传播体系及商业运营体系等环节。

VI系统策划与建设内容包括：

（1）VI的基础系统

——武安小米和"武安小米+某小米企业自有品牌"的品牌标识（LOGO），包括品牌标识与创意说明、标识方格制图、标识预留空间最小比例设定、标识墨稿、标志反白效果图、标识标准色规范、标识辅助色规范等。

——"武安小米"卡通形象设计。

——"武安小米"和"武安小米+某小米企业自有品牌"标准色、辅助色。

——"武安小米"和"武安小米+某小米企业自有品牌"标准字,包括中文字体方格坐标制图、英文字体坐标制图、专用中文印刷字体和专用英文印刷字体。

(2) VI的运用系统

——"武安小米"的办公形象运用子系统,包括名片、信封(国内信封、国际信封、大信封)、信纸、电子邮件标板、便笺、传真纸、票据夹、合同夹、档案盒、识别卡(工作卡)、出入证、文件夹、文件袋、档案袋、备忘录、简报、呈签、名片盒、即时贴标签、纸杯、茶杯、杯垫、办公用笔、笔架、记事本、公文包、手提袋等。

——"武安小米"和"武安小米+某企业自有品牌"的互联网运用子系统,包括QQ、微信、微博、抖音、今日头条等官网头像、社交聊天背景规范、网页广告规范、网页眉头规范、APP运用的ICO图标、鼠标垫、二维码规范、电脑桌面规范等。

——"武安小米+某企业自有品牌"包装运用子系统,包括包装箱样式、包装纸、手提袋、胶带、产品吊牌样式、合格证样式、说明卡片样式等。

——"武安小米"和"武安小米+某企业自有品牌"旗帜规划运用子系统,包括品牌旗帜、挂旗、促销彩旗、桌旗等。

——"武安小米"和"武安小米+某企业自有品牌"公共关系赠品运用子系统,包括贺卡、红包、邀请函、挂历封面办事规范、标识伞等。

——"武安小米"和"武安小米+某企业自有品牌"服装服饰运用子系统,包括管理人员男装、管理人员女装、生产职员制服(男+女)、店面职员制服(男+女)、警卫职员制服(男+女)、保洁职员制服(男+女)、运动服(男+女)、文化衫、安全帽、品牌活动专用帽等。

——"武安小米"和"武安小米+某企业自有品牌"运输工具运用子系统,包括公务车、面包车、运输货车、班车、集装箱、三轮车的运用规范等。

——"武安小米"和"武安小米+某企业自有品牌"广告运用子系统,包括杂志广告封面样式规范、海报板式规范、路牌广告板式规范、公交车体广告规范、条幅广告板式规范、品牌宣传册封面规范、擎天柱广告规范、灯箱广告规范、DM广告规范、光盘封面规范、促销帐篷设计规范、促销大伞设计规范等。

——"武安小米"和"武安小米+某企业自有品牌"展览展示运用子系统。包括品牌文化展板、品牌制度展示牌、品牌公告栏样式、接待台、背景板等。

——"武安小米+某企业自有品牌规范"销售终端运用子系统,包括销售店面外观、门头设计、店面招聘海报规范、导购流程图规范、店内形象墙和背景板、店内展台设计、货架货柜设计、中岛柜设计、立墙灯箱设计、垃圾桶设计等。

——"武安小米+某企业自有品牌"电子商务平台运用子系统,包括:淘宝、天猫、京东、拼多多、抖音等电子商务平台的店铺店标设计、店招装修设计、店铺宝贝分类装修设计、首页和详情页设计、店面公告设计等。

8.4.2 "武安小米"产品系统建设大纲

基于现实、着眼未来,"武安小米"产品系统建设从以下几个方面展开:

(1) 构建持续发展、顺应时代的"武安小米"生产技术体系

除采用常规的谷子生产技术以外,在以下方面试图创新:

首先,培育和选择顺应时代种植特点和消费特点的谷子品种。主要培育和选择的方向:一是培育商品性和适口性兼优的谷子品种。二是适应机械化作业的谷子品种,这些品种的性能表现为植株较矮、株型紧凑、抗倒性抗病性好、穗层整齐、容易脱粒、耐穗发芽、抗除草剂等;三是适合食品加工的优质专用谷子品种;四是适应糖尿病人和肥胖病人的高抗性淀粉谷子品种;五是高赖氨酸含量的谷子品种;六是超高产的谷子品种;七是观光谷子品种;八是高适口性谷子品种。

其次,进一步推广谷子生产的最新栽培技术。包括谷子化肥减施增效技术、富硒生产技术、绿色防控技术、周年资源高效利用技术等。以优质专用谷子品种为核心,配套化学除草间苗技术、智能化农机装备、自动化监测设备、集成谷子轻简化高效生产技术体系。

(2) 构建生产管理、品质监控及安全追溯体系

建立"武安小米"品牌示范基地,培育新型生产主体,开创"组织合作紧密、基地要求明确、扶持政策有力、品种逐步改良、栽培操作规范、人人重视品质"的,由少到多、由点到面的"武安小米"生产管理与品质保障体系。

首先,培育新型"武安小米"生产主体。通过"武安小米"基于顾客的市场化带动,促进农民专业合作社规范提质、抱团发展,引导发展紧密型合作社,建立"武安小米"产品供应基地。

其次,引导品牌基地与"武安小米"生产经营主体对接。形成"农户+合作社+小米品牌企业"的利益共享模式。

再次,申请"武安小米"认证商标,在《中华人民共和国商标法》框架下构建"武安小米"认证标准与管理规范。构成"武安小米"区域公用品牌下若干个认证的小米企业自有品牌相互竞争、联合发展,推动"武安小米"生产管理与品质控制体系走向规范。

又次,加强"武安小米"生产基地的技术服务。定期由技术管理人员进行抽查,连续不达标者取消示范基地资格。

最后,构建"武安小米"技术服务信息平台,向小米企业自有品牌和生产主体定期推送相关信息,包括:第一,气象信息。日常天气预报定时推送,灾害气象及时提醒,提高气象灾害监测预报预警水平,以便生产主体做好防范,减少风险。第二,技术信息。技术问题提问自动回答,生产主体的技术问题随时可查,成为随身技术助手。第三,培训信息。培训通知及时推送,培训内容同步直播,扩大培训受众覆盖面。第四,市场信息。提供市场供需、价格信息等,以便生产主体掌握市场信息。通过建立多功能信息平台,减少信息不对称给生产主体和小米企业自有品牌带来的风险。

(3) 构建"武安小米"质量安全溯源监管体系

通过构建"武安小米"质量安全溯源监管体系,实现从田园到消费者的全程监控,形成了一套严格而科学的覆盖产销全过程的质量安全保障体系。

通过该质量安全溯源监管体系监管以下内容:一是监管生产过程,对种植全过程进行跟踪记录;二是监管农业生产资料的使用,建立农业生产资料台账和目录,确保进货源头明确,实现实名购买,确保销售去向。三是监管产品流向,对各企业自有品牌的销售各环节跟踪记录,实现去向追踪。

在以上基础上搭建"武安小米"质量安全溯源平台。引入专业技术团队,采集栽培过程中的关键节点信息、农资投入信息、相应的检测信息等,落实全过程监管,综合建成"武安小米"质量安全追溯监管系统,形成"武安小米"质量安全追溯信息平台,各小米自有品牌进入该平台。通过该追溯信息平台一方面监管栽培过程,指导生产保障品质,面向各小米品牌企业和各类生产主体,以"追溯促生产",促使生产主体提升生产水平;另一方面面向消费者,消费者通过二维码等形式查询,获取某企业自有品牌的"武安小米"从田园到消费者全程生产流通信息。

(4) 完善和制定"武安小米"系统化标准体系

完善和制定的"武安小米"系统化标准体系包括:

——《"武安小米"县域公用品牌 谷子生产技术规程》

——《"武安小米"县域公用品牌 谷子加工技术规程》

——《"武安小米"县域公用品牌 谷子存贮运输技术规程》

——《"武安小米"县域公用品牌 品牌准入认证与管理》

——《"武安小米"县域公用品牌 品牌 VI 系统使用规范》

——《"武安小米"县域公用品牌 产品感官质量评价方法》

——《"武安小米"县域公用品牌 产品品质标准》

通过系统化的标准体系建设夯实系统化培育"武安小米"品牌"内功"。

以上站在"武安小米"县域公用品牌角度的产品体系建设大纲。除此之外,站在以"武安小米"县域公用品牌背书的企业自有品牌角度,小米品牌企业在确定其目标市场基础上还要构建产品结构、包装体系及定价体系。不同的小米品牌企业,其资源状况和目标市场不同,其产品结构、包装体系和定价体系就不同,需要具体情况具体分析,在此不再赘述。

8.4.3 "武安小米"传播系统建设大纲

从大众传播、数字化传播和个人传播三个方面规划"武安小米"传播系统大纲。

(1) 大众传播

一是通过包装传播。包装是最直接的广告手段。各小米品牌企业统一按照"武安小米+某小米企业自有品牌"的模式,构建品牌符号系统,以此为基础设计和制作包装,达到传播品牌的效果。按渠道不同分为体验装、普通礼盒、定制礼盒、电商包装、大流通包装等。

二是通过营销渠道传播。在营销渠道实行终端接触点全方位传播,围绕渠道提供不同传播方式。在电商渠道通过自有电商页面、微博微站页面、电商论坛宣传物料、旗舰店页面、垂直电商活动页面进行传播。在线下营销渠通过专卖区域、堆头、促销海报、专题宣传等方式传播。在批发市场通过专题推介会、客商签约仪式背景、横幅等方式传播。在特殊渠道通过机场、高铁站等展销口传播，通过旅游集散点展销区、展销台、餐饮酒店展示台进行传播。

三是通过在武安市构建媒体场来传播。在武安市全市范围内打造传播媒体场，设计单位全面使用"武安小米"品牌符号形象的办公用品和各类电子文件（PPT、电脑桌面、屏保，手机桌面、手机屏保等）；在生产基地、重点乡镇，导入宣传栏、指示牌、墙体标语、生产基地卡通宣传等品牌形象。通过墙体广告、广告牌、灯箱、道旗、厢式车体、公交车车体、公交车扶手等进行传播。

四是通过各种会议、活动和展会进行传播。举办武安小米品牌战略发布会。举办"粟谷之源·滋养万年——武安小米文化节"，包括：武安小米形象传播、网红直播带货活动、武安小米供应链参观、摄影比赛、小米制品品尝、产销洽谈等。每年举办一届"武安小米"丰收节，继续承办"中国谷子产业大会"，在全国参加各类展会，推广武安小米。

（2）数字化传播

一是互联网传播。构建"武安小米"区域公共品牌网站，各小米企业自有品牌构建自己的网站，从而形成"武安小米"网站群。通过电子邮件、百度等搜索引擎优化来推动传统的互联网传播。

二是社交化媒体传播。首先，构建"武安小米"县域公用品牌官方社交化媒体，包括微信公共号、微博、今日头条、企鹅号、QQ、抖音、快手、直播平台等；其次，各企业自有品牌构建自己的官方社交化媒体；在此，"武安小米"县域公用品牌的官方社交化媒体和各企业自有品牌构建的各类官方社交化媒体构成一个系统，形成建立官方自媒体矩阵并科学地进行运营。最后，联合本地影响力较大的自媒体，聚合行业专家、意见领袖、政府领导等的微信微博，共同形成传播矩阵，网罗粉丝，广泛传播。

三是实现网络传播内容、形式多样化，丰富故事性。制作"武安小米"H5动画之旅，将线下磁山文化博物馆、"武安小米"生产基地搬到线上，跟着手机体验"武安小米"文化。以"武安小米"卡通形象为题材创造形象表情包，通过社交媒体进行表情包传播。拍摄"武安小米"为题材的微电影、专题片，将"武安小米"文化、生产经营的故事等以视觉化方式全方位呈现，同时在网络上进行多点投放，进行广泛传播。

（3）个人传播

各小米品牌企业根据自己的目标市场和品牌定位组织销售队伍，在各类组织团购、社区团购、中间商关系维护中充当重要的传播角色。

具体策略不再赘述。

8.4.4 "武安小米"商业运营系统建设大纲

"武安小米"商业运营系统的建设主体各小米品牌企业。从供应链规划与建设、营销系统建设两个方面提出商业运营建设大纲。

(1)"武安小米"下各企业自有品牌的供应链规划与建设

图8.3展现的是"武安小米"供应链体系图。该供应链体系以小米品牌企业为主体,以市场和消费者需求为导向,以公平竞争为基础,构建以"武安小米"某企业自有品牌的供应链体系,基本结构是:生产物资企业(N个)—生产基地(M个)—贮藏企业(L个)—营销渠道企业(H个)。

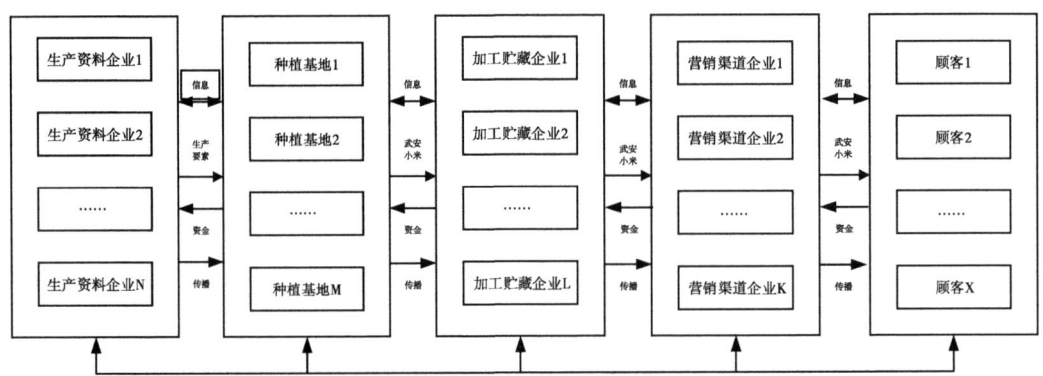

- 整个链条的各个环节以企业(或农民)为主体,以市场和顾客为导向,实现商业化运营
- 以商业化运营为基础,武安市申请和筹措资金对各个节点给予定点精准扶持
- 精准扶持的目标:促进商业化运营,减少企业经营惰性

图8.3 "武安小米"某企业自有品牌的供应链体系

需要说明的是,第一,整个供应链各个环节以小米品牌企业或生产主体为主体,以市场和消费者需求为导向,实现商业化运营。如果失去了商业化运营这一基本要求,品牌培育及商业运营只能"自嗨"而难以形成经营绩效。第二,以商业化运营为基础,武安市政府及涉及部门申请和筹措资金对各个节点给予补贴。第三,对小米品牌企业和生产主体在供应链体中补贴的基本标准是促进商业化运营,减少小米品牌企业经营惰性。

在7.3.4中详细论述了小米营销渠道(也可以看作小米供应链)的模式,在此不再赘述。"武安小米"各企业自有品牌根据自己的目标市场、品牌定位和资源状况选择N条模式进行整合,其目标是提升供应链效率。

(2)"武安小米"下各企业自有品牌营销系统建设大纲

图8.4展现的是"武安小米"下各企业自有品牌营销系统示意图,其营销工作是实现以下工作的融合:

第一,命名一个响亮的企业自有品牌的名称,以"武安小米"品牌为背书,确定目标市场,进行品牌定位,进行LOGO为核心的品牌形象设计。

第二,基于目标市场和品牌定位规划产品结构和定价体系,进行包装设计。

第三,基于目标市场、品牌定位及资源现状规划营销渠道(线上、线下、大客户渠道等)及管理模式。

第四,基于目标市场、品牌定位及资源现状策划、设计和实施以传统传播方式和数字化传播方式融合的整合营销传播。

第8章 "武安小米"的系统化培育战略规划纲要

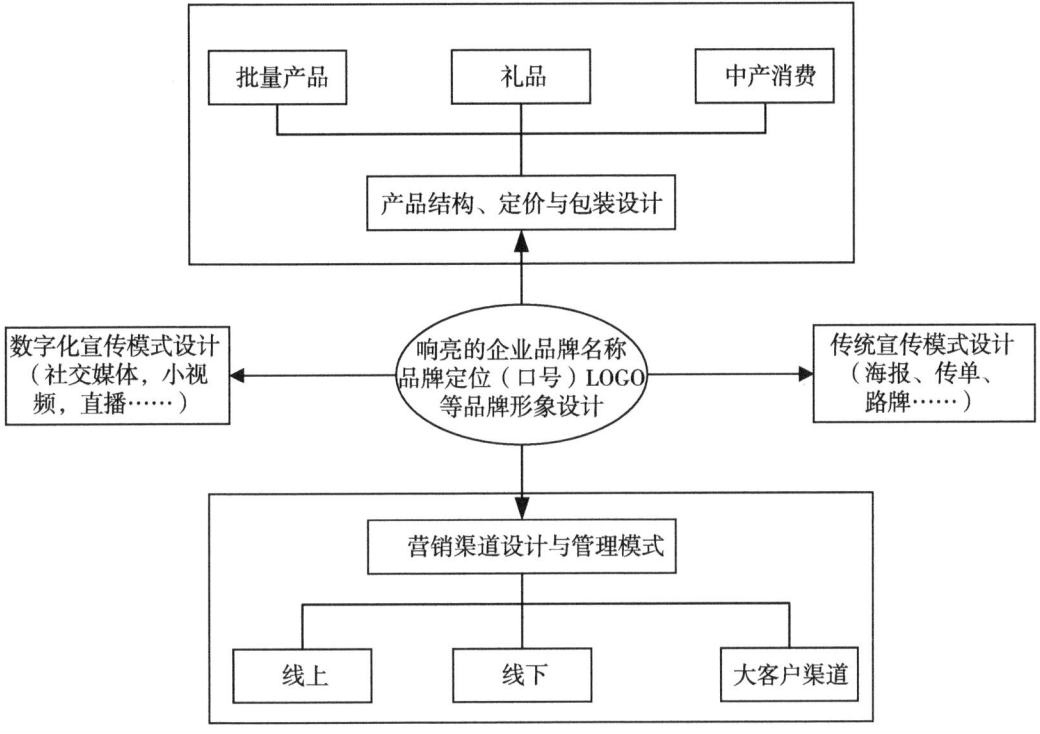

图 8.4 "武安小米"下各企业自有品牌营销系统示意图

8.4.5 "武安小米"危机预防与处置系统建设大纲

"武安小米"危机预防与处置以解决"武安小米"这一县域公用品牌的"公地悲剧"为核心，以品牌认证、品质管控、品牌维护、品牌声誉管理为主要抓手。7.3.5 提出的思想和方法同样适用于"武安小米"危机预防与处理，在此不再赘述。

8.5 "武安小米"品牌系统化培育运行机制

怎样将"武安小米"品牌建设大纲落实到具体工作中并产生较高绩效？构建系统化培育"武安小米"品牌的运行机制是核心措施。

8.5.1 构建原则

图 8.5 展现的是系统培育"武安小米"运行机制的构建原则。主要包括以下几个方面：

（1）系统化塑造原则。系统化塑造是"武安小米"品牌的立足点，离开这一点就变成了"头疼医头、脚疼医脚"。系统化原则就要求我们在运行机制设计以品牌定位为核心，实现形象系统、产品系统、传播系统、商业运营系统与危机预防处置系统的"五位一体"。

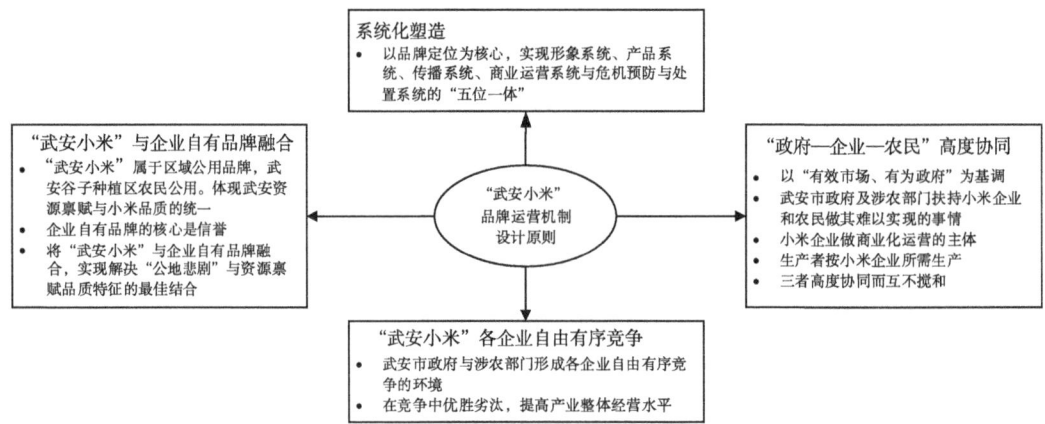

图 8.5 系统化培育"武安小米"运行机制的构建原则

(2)"武安小米"县域公用品牌与各企业自有品牌融合原则。"武安小米"县域公用品牌产生的原因是资源禀赋所形成的小米品质差异，其核心功能是传播平台和服务平台，其培育痛点是"公地悲剧"。而"武安小米"下各小米企业自有品牌产生的原因是信誉，因信誉而产生优胜劣汰，其核心功能是商业化运营和利润来源，其痛点是企业实力弱、无力全程有效传播。因此，只有"武安小米"县域公用品牌和各企业自有品牌相互融合，形成"武安小米"品牌体系，才能从根本上解决"公地悲剧"问题并突出资源禀赋对品质的独特性，是有效的系统化培育之路。

(3)"武安小米"下各小米品牌自由有序竞争原则。系统化培育"武安小米"品牌是以市场化和商业化为核心的，这就需要"武安小米"县域公用品牌的所有者和使用者给小米品牌企业创造自由、有序的竞争环境，以信誉为轴心实现优胜劣汰，从而提升整个"武安小米"产业的高质量发展。

(4)"武安市政府—小米品牌企业—生产主体"高度协同原则。构建"武安小米"品牌体系需要县域区域公用品牌与各企业自有品牌融合，同样也需要其培育主体，即武安市政府及涉及部门、小米品牌企业和生产主体高度协同，只有这样才能把品牌培育建设大纲落实到具体工作中并产生绩效。

8.5.2 构建"武安小米+N 个企业自有品牌"的"武安小米"品牌体系

图 8.6 体现的是"武安小米+N 个企业自有品牌"的"武安小米"品牌体系。以县域区域公用品牌"武安小米"为轴心，以市场化、商业化、品牌信誉、公平竞争及优胜劣汰为纽带构建若干个企业自有品牌，也是看作是"武安小米"的若干个子品牌。县域区域公用品牌"武安小米"与众多企业自有品牌相融合，相互补充，优势互补，相互支撑。

(1)县域区域公用品牌"武安小米"。其本质是武安市的区域、气候、土壤、河流等自然禀赋所形成的"武安小米"的独特品质。其定位为县域公用品牌、认证品牌和服务平台品牌。重点工作是：构建县域区域公用品牌"武安小米"的形象系统、生产

第8章 "武安小米"的系统化培育战略规划纲要

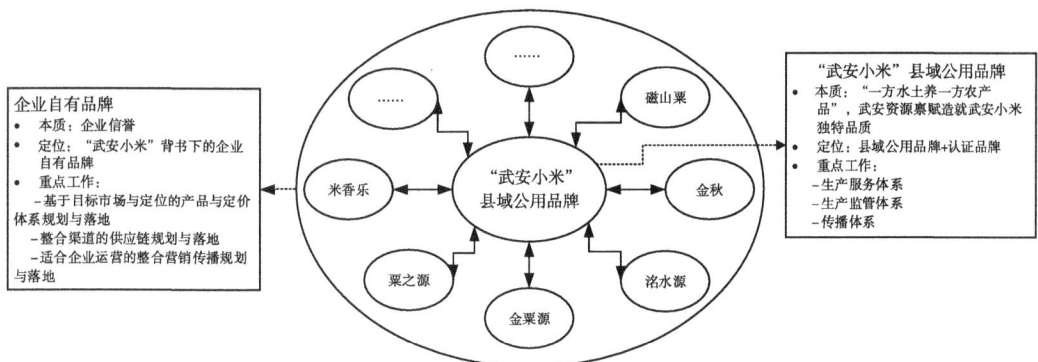

图8.6 "武安小米"品牌体系示意图

服务体系、生产监管体系和整体的传播体系。

（2）"武安小米"下企业自有品牌。其本质是某小米品牌企业的信誉，信誉好，会发展得越来越好；信誉差，就会被市场淘汰。其定位为县域公用品牌"武安小米"背书下的企业自有品牌，体现"武安小米"资源禀赋造成独特品质和企业信誉两大消费者联想的结合。其重点工作是：基于目标市场和品牌定位规划和实施产品结构、包装体系和定价体系；基于目标市场、品牌定位和资源状况的整合营销渠道的规划与实施；基于目标市场、品牌定位与资源状况的整合营销传播的规划与实施。

8.5.3 "武安市政府及涉及部门—小米品牌企业—生产主体"高度协同机制

图8.7展现的是"武安市政府及涉及部门—小米品牌企业—小米生产主体"三方协同机制。三方协同体现在：

（1）武安市政府及涉及部门是县域公用品牌"武安小米"的建设主体，主要构建服务平台、监管平台和传播平台，突出服务性和公益性。其核心职能是：

第一，统领该县域公用品牌"武安小米"的系统化培育。

第二，策划、制定和落实"武安小米"及"武安小米+某小米企业自有品牌"的品牌定位和VI。

第三，构建和落实县域公用品牌"武安小米"的系统化标准体系、生产服务体系、生产监管体系和安全追溯体系。

第四，策划、构建和落实"武安小米"的整体传播，构建综合性服务平台。

第五，创造"武安小米"下各个小米品牌企业之间的公平竞争环境，使之在竞争中优胜劣汰。

第六，对"武安小米"下重点小米品牌企业重点扶持。

（2）"武安小米"下各小米品牌企业是小米自有品牌的建设主体，核心是以顾客为导向，以信誉为保障构建商业化运营平台。其核心工作是：

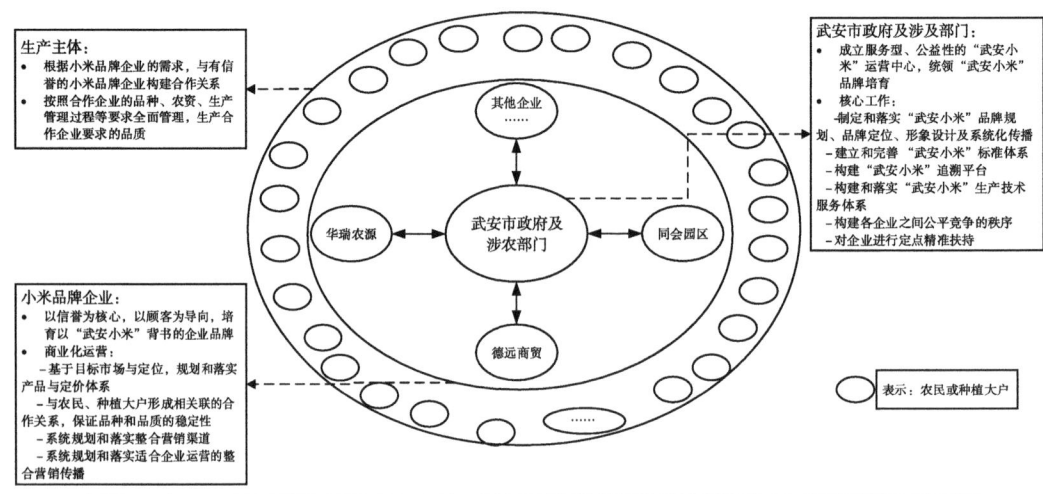

图 8.7 "武安市政府—小米品牌企业—生产主体"高度协同机制示意图

第一，制定和实施以"武安小米"为背书的小米企业自有品牌的战略规划。

第二，基于目标市场与品牌定位规划和落实产品结构、包装体系及定价体系。

第三，与小米生产主体构建相关联的合作关系，保证品种和品质的稳定性。

第四，基于目标市场、品牌定位与资源状况规划和管理该小米自有品牌的整合营销渠道。

第五，基于目标市场、品牌定位及资源状况规划该小米自有品牌的整合营销传播。

（3）小米生产主体是县域公用品牌"武安小米"及其小米企业自有品牌的生产载体，其核心是按需生产。其核心工作是：

第一，与有信誉的小米品牌企业构建合作关系，实现"按需生产"。

第二，按照合作的小米品牌企业要求的品种、农业生产资料、生产管理工艺及其他具体要求全面管理，生产合作企业要求的品质。

武安市政府与涉及部门、"武安小米"下的小米品牌企业与小米生产主体三方分别按照以上核心工作各司其职、分工合作、互相补位、互不搅和，实现系统化培育，提升经营价值和品牌价值。

8.6 本章小结

本章是运用研究。运用本书所研究的小米品牌成长机理理论及小米品牌系统化培育路径提出系统化培育"武安小米"品牌战略规划纲要。详细分析了武安市资源禀赋和"武安小米"现状，在此基础上提出了"粟谷之源、滋养万年"的品牌定位，基于品牌定位从形象识别系统、产品系统、传播系统、商业运营系统和危机预防处置系统五个方面规划了"武安小米"品牌建设大纲。为了保障品牌建设大纲落到实处，从"武安小米+N 个小米企业自有品牌"为结构的"武安小米"品牌体系、"武安市政府及涉及部门—小米品牌企业—生产主体"高度协同机制两个方面设计了系统化培育"武安小米"品牌的运行机制。该品牌战略规划纲要更好地指导武安市政府及涉及部门、"武安小米"下各小米品牌企业及武安小米生产主体形成合力,以商业化为核心,系统化培育"武安小米"品牌,提升经营价值和品牌价值,从而推动武安市谷子产业高质量发展和乡村振兴战略。

第9章 "河北小米"三级品牌体系设计纲要

本章是运用研究。

运用本书小米品牌成长机理理论及系统培育小米品牌的路径，结合河北省谷子产业现状、小米品牌培育现状及发展需求，设计"河北小米"三级品牌体系。首先，分析河北省谷子产业现状，对标分析山西省谷子产业发展经验，结合国内农产品品牌培育经验和系统化培育小米品牌的本质和逻辑，提出河北省小米三级品牌体系；然后，提出"河北小米"三级品牌体系的设计原则、体系结构、功能定位和实现路径。

9.1 "河北小米"三级品牌培养体系的提出背景

9.1.1 河北省谷子产业发展现状

谷子是起源于河北省的特色作物，谷子产业是河北省传统特色产业。河北省谷子产业具有以下优势：

（1）具有优越的资源禀赋。表现在以下方面：

第一，地貌多样性形成小米品种和品质多样性。河北省是中国地貌最全的省份，有高原、山地、丘陵、平原、湖泊和海滨。地貌多样性使得谷子品种类型丰富、特点鲜明，既有生育期短的夏谷，也有生育期长的春谷。夏谷生产的小米煮粥省火、粥色鲜亮、入口绵香，适合快节奏的现代生活；黑龙港流域实施季节性休耕，夏谷春播可在国庆节、中秋节之前上市，是全国最早上市的当年小米。河北省冀中南冲积扇平原"石家庄—邢台—邯郸"谷子主产区富硒土壤达 1 800km²，可生产天然富硒小米。

第二，具有深厚的谷子文化底蕴。武安磁山文化遗址出土的碳化粟距今达 10 300 多年，重量测算达到 5 万 kg 之多，出土时间之久远、数量之多属全球之最，由此武安磁山被历史学家确定为粟文化发源地和农耕文明发祥地。河北省有全国重要农业文化遗产涉县王金庄旱作梯田系统。河北省具有龙兴贡米、蔚州贡米、黄旗小米、藁城宫米等众多贡米故事的小米，多地流传与谷子有关诸如黄粱梦、粟山等典故和故事。这些小米文化和小米故事在培育小米品牌时可提供贴切的小米文化元素。

第三，具有优越的区位优势。河北省毗邻京津，内有雄安新区，区域内城市群密集，是全国最大的高端小米消费区域，中高端小米具备运输成本优势。

第四，具有有利的政策优势。京津冀一体化背景下，河北省定位为生态农业区和安全食品生产区，为我省谷子产业发展提供了更大的发展空间。尤其是近年来，面对地下水压采任务，谷子作为抗旱节水的秋季作物，可在旱作雨养项目区大面积种植，既节水又能保证产量和效益，符合我国及河北省农业产业政策走向。

（2）具有较高的谷子轻简化栽培水平。河北省谷子种植面积约占全国的15%，居全国第三位；总产量约占全国的19%；单产约是全国平均单产的1.22倍。河北省在全国率先推广抗剂谷子品种，除草剂使用率达到80%以上，谷子综合机械化水平为65.7%，较全国平均水平领先13.6个百分点。

（3）谷子加工集散地具有显著优势。河北省有石家庄藁城马庄、邯郸曲周、沧州孟村、张家口蔚县吉家庄镇等全国知名的四大小米集散地，分布着300余家小米加工厂，购销覆盖全国，加工原粮80%需要外省调入，贸易量高峰时显著期曾占全国加工量的1/2，小米集散地谷子加工产值达60亿元左右。加工总量高，副产品产量高，也为谷子综合利用、开发小米面、米糠油等提供了原料优势。

（4）具有全国领先的谷子科技创新水平。河北省拥有"国家谷子改良中心""国家谷子改良中心张家口分中心""河北省杂粮研究实验室""河北省谷子产业技术创新战略联盟""中国作物学会粟类作物专业委员会"等科技创新平台、产业与学术组织，有河北省农林科学院谷子研究所、张家口市农科院等在国际上科研实力领先的科研单位。在国家谷子高粱产业技术体系中河北省拥有6个岗位4个试验站，数量居全国首位，拥有谷子种质资源、分子遗传、育种、栽培生理、农机、病虫害防控、产后加工、产业经济等涵盖整个谷子产业链条的学科体系。培育的冀谷系列品种和张杂谷系列品种享誉全国，优质简化栽培品种占全国60%、杂交谷子占据全国90%以上的品种市场，张杂谷、冀谷品种已成为河北省响亮的名片。

河北省谷子产业在具有以上优势以外，还存在以下劣势：

（1）较低的小米品牌化程度制约河北省谷子产业提级升档

小米品牌化程度离谷子产业发展需求差距较大，成为河北省谷子产业高质量发展的短板。河北省还没有形成明确的省域公用品牌，各县域公用品牌在全国影响力较小，缺乏走出当地、走出河北的全国知名小米品牌。由于小米品牌化程度较低，导致小米产品附加值较低，缺乏市场竞争力，其经营绩效远远低于兄弟省市。河北省四大小米集散地以低端产品为主营，多以无商标、无品牌的大包装卖向批发市场，他们拼的是低价格而不是性价比，更不是高品质高价值，经营绩效很低。武安小米、蔚州贡米等县域公用品牌存在监管不严、质量不稳、分级不清、准入制度不健全、宣传不足等问题，严重影响优势小米品牌企业培育。

（2）谷子产业的标准化生产体系和品质控制体系有待于系统化提升

河北省各地的谷子产业和小米产品，包括一些品牌小米多数没有建立其谷子标准化生产体系和品质控制体系，种植的品种比较混乱，种植工艺与管理工序不规范，场谷品种繁杂、品质参差不齐，产出的谷子多为混购混销，难以形成商品性好、优质率高、品质统一的规模原粮，这导致河北省各地出品的小米品质不稳定，影响各个层次品牌打造和商业化过程。

（3）谷子产业深加工之路任重而道远

河北省谷子90%以上以初级加工为主，缺乏精深加工和规模龙头企业，加工企业中仅9家为深加工企业,深加工产品多以小米酒、小米醋、小米面条为主,品种单一、开发深度浅、附加值低,企业规模小、盈利水平低。

(4) 谷子文化资源有待深度挖掘和利用

河北省农林科学院近年来对中国粟文化进行了系统梳理,出版专著《中国粟文化研究》,填补了世界粟文化研究空白;拍摄并通过央视农业频道、网络平台发布第一部谷子专题纪录片《粟说:一粒小米的故事》。然而,在挖掘、利用、使用和传播"河北小米"文化方面远远不够,离兄弟省市和谷子品牌化需要还有一定的距离。

9.1.2 兄弟省市谷子产业发展经验借鉴——以山西为例

从全国省域角度看,山西省谷子产业发展经验具有典型性和一定的超前性,对标研究山西省谷子产业发展有一定的借鉴意义。本节重点梳理山西省谷子产业发展经验,其核心是以品牌化带动山西省谷子产业发展。

山西省是我国谷子主产省之一,种植面积居全国第一位,约占全国谷子种植面积的25%;谷子总产量约占全国总产量的20%;谷子单产约是全国平均单产的79.4%。谷子在山西省11个地市均有种植,主要分布在太行山、吕梁山、晋西北区域。

山西省谷子种植品种主要有晋谷系列、长谷系列和张杂谷系列。晋谷系列和长谷系列品种主要种植在太行山、吕梁山地区,种植面积约占全省谷子的75%,以沁州黄、汾州香、东方亮三大品牌为代表,其中晋谷21号以其突出的商品性、适口性长期为山西省种植面积最大的品种。张杂谷系列品种主要分布在晋西北地区,种植面积约占全省谷子的25%。晋谷系列与张杂谷系列相比,晋谷系列品种品质更佳,色泽金黄,谷香味浓,适口性好,但产量相对较低;张杂谷系列品种虽品质不如晋谷,但产量较高。

山西省谷子80%以上分布在丘陵旱地,且以春播为主。沁州黄、羊肥小米、山花烂漫、东方亮等品牌小米基地均以有机旱作种植为主,施用农家肥、有机肥,不使用化肥、除草剂等化学制品,绿色有机基地种植面积占15%左右;地膜覆盖(包括全膜穴播、膜侧沟播等)占总面积的30%左右。山西省谷子机械化率在45%左右,除草剂使用率在30%左右,整体轻简化水平在全国处于较低水平。

需要特别指出的是,品牌化是近年来山西省谷子产业发展的亮点。2017年以来,山西集中全省之力打造省域公用品牌"山西小米",突出"优质"和"特色",整合小米产业生态、品种、技术、功能、品牌五大优势,融入农耕文明、红色文化、传统旱作、制作工艺、养生保健、人文情怀等文化元素,充分将山西优质小米资源优势转化为品牌优势、产业优势和经济优势。"小米还是山西的好"这句广告语已变成业内共识,涌现出一批成长性好、核心竞争力强的骨干小米品牌企业,"山西小米"已成为山西现代特色农业的一张"黄金名片"。

山西省有小米加工企业200余家,其中有企业自主品牌的小米加工企业90余家,其中省级龙头企业21家,市级龙头企业24家,山西省著名商标24个,中国驰名商标3个,"三品一标"认证89家。

培育"山西小米"品牌已成为近几年推动山西省谷子产业发展的主要抓手,其主要经验是:

(1) 通过政府推动来塑造"山西小米"品牌

山西省政府先后出台《"山西小米"品牌建设实施方案》《"山西小米"品牌建设三年发展规划》《关于加快杂粮全产业链开发的实施意见》等一系列政策文件，通过积极筹措省财政资金、申请中央投资来持续支撑"山西小米"的品牌塑造，用于"山西小米"标准体系建设、良种繁育工程、生产基地建设、质量监测体系建设、营销体系建设、品牌宣传推介、品牌管理、技术集成与成果转化、文化挖掘等，"山西小米"基地、标准、良种、质量保障、营销五大体系建设初见成效。

(2) 以"山西小米"品牌塑造为目标，实现科技引领、创新驱动

借打造"山西晋中国家农业高新技术产业示范区"契机，先后加强与谷子产业相关的"国家功能农业工程中心""有机旱作农业实验室"联系，积极谋划成立"国家杂粮重点实验室"。开发"太行明珠"小米方便粥、沁州黄小米营养粉等系列产品。先后制定了《山西小米种植技术规范》《山西好粮油生产质量控制技术规范》等标准，形成了地方、团队、企业标准体系。

(3) 以优质品种高标准打造原粮基地，为"山西小米"品牌战略奠定根基

"山西小米"定位中高端市场，把高品质文化贯穿"山西小米"整个产业链条。山西小米优势企业均是以优质谷子晋谷21号为主推品种，通过优质谷子品种、有机栽培技术、特色产区"三位一体"培育区域公用品牌和企业自有品牌。羊肥小米、沁州黄小米、汾都香、山花烂漫等品牌严格按照有机栽培要求管理，不使用化肥、农药等化学制品，施用农家肥、有机肥，坚持三年轮作制度，保障了小米品质。羊肥小米开发出3年、4年、5年轮作年限的、不同档次的优质高端小米，并给予农户种植轮茬补贴。沁州黄小米公司严格实行统一地块标准、统一种植品种、统一技术规程、统一配方施肥、统一订单收购的"五统一"基地管理模式，确保小米质量。

(4) 深入挖掘山西小米文化，为塑造"山西小米"省域公用品牌注入灵魂

他们把小米文化与"山西小米"品牌建设有效嫁接，给"山西小米"品牌植入了鲜活的文化元素。将农耕文明、"小米加步枪"的红色文化、特殊营养功效、传统现代结合的工艺相融合策划品牌要素。举办"山西小米"文化节、开设"山西小米"高端论坛，组织创作宣传"山西小米"的文艺作品，讲述"山西小米"故事，感悟"山西小米"天人合一的文化价值，解码"山西小米"好吃、营养、养生、保健的独特品质，体味"山西小米"文化与众不同的天然奥妙。拍摄"山西小米文化宣传片"，组织编写《山西小米志》等，让"吃山西小米、品灿烂文化、享养生之道"的品牌核心价值深入人心，家喻户晓。

(5) 通过组建和运行山西小米运营中心来统筹山西小米品牌建设

由山西省省政府引导，山西省粮食行业协会、山西省粮油交易中心、山西鹏昇昌农牧有限公司牵头成立山西小米运营中心有限公司，对内服务"山西小米"的整个产业链，对外服务"山西小米"经销商和广大消费者。运营中心紧紧依托"山西小米"品牌产品高度整合优质资源、积极参与市场竞争、全面创新经营模式，先后在北京、哈尔滨、天津、重庆等地举办数场"山西小米"品牌推介活动；先后同阿里巴巴、京东、天猫等大型电商签订了战略合作协议；在北京、天津、上海、深圳、广州、武汉、重庆

等地开设 20 个专营店,在大型超市设立"山西小米"专柜;建设"中国杂粮交易网",定期全国发布"产、购、储、加、销"信息,为宏观调控、市场预警提供决策依据;采用申请授权制度,建立"山西小米"品牌的准入与退出机制。

在全面深入分析山西省以品牌建设推动谷子产业发展经验的同时,也不难发现其有待于改进的地方:

第一,通过作者对北方部分城市线下和线上的不完全调查得出:除诸如"沁州黄"个别的小米品牌外,公众对"山西小米"及旗下大多数县域公用品牌和企业自有品牌的认知度偏低。

第二,大多数小米品牌企业成长能力较弱,发展随意性较强,用明晰的发展战略和具体策略推动小米品牌企业稳步发展之路任重道远。

第三,在处理好政府和市场关系、遵循市场运行规律、避免"一厢情愿"的经营战略和经营策略方面有待进一步提升。

第四,通过系统化培育"山西小米"品牌的思维、原则、路径及行动还有很大的发展空间。

9.1.3 品牌化是推动河北省谷子产业高质量发展的必由之路

综合本书 9.1.1 和 9.1.2 的论述,可以看到,河北省谷子产业具有优越的资源禀赋、较高的轻简化栽培水平、优势明显的谷子加工集散地和全国领先的谷子科技创新水平。但是小米品牌化程度较低,标准化生产体系、品质控制体系和谷子深加工体系还有很大的提升空间,谷子文化资源有待深度挖掘和利用。这些问题的核心是缺乏系统化培育小米品牌的思想和行动,这成为河北省谷子产业高质量发展的瓶颈。山西省充分挖掘本省资源禀赋培育山西小米品牌方面尽管还存在诸多问题,但他们以品牌建设带动谷子产业高质量发展方面走在了河北前面,他们通过政府推动、标准体系建设、原粮基地建设、挖掘小米文化来推动小米品牌建设方面做得可圈可点。同时,本书第 3 章详细剖析了兄弟省市的 5 个小米品牌,凝练了其经验,分析了其问题。这些都值得河北省借鉴。

同时,就像本书的 1.2 节、1.3 节和 1.4 节中所论述的,谷子产业是河北省农业产业的重要组成部分,其高质量发展程度将直接影响河北省农业高质量发展和乡村振兴的步伐,而商业化是推动谷子产业发展的内动力和核心力量,品牌化是谷子产业实现商业化的核心抓手;同时,消费者升级给小米,尤其是中高端小米带来更旺盛的需求。因此,小米品牌化是在消费升级和小米需求趋旺背景下,生产经营者与消费者构建持久良好关系、实现共赢的必由之路,也是提升河北省谷子产业高质量发展和推动乡村振兴战略实施的有效途径。

由此,无论从山西经验看,从作者对全国包括小米品牌在内的绝大多数农产品品牌培育现状的全面洞察和系统分析(本书第 3 章),还是从以商业化为牵引的河北省谷子产业发展逻辑来看,本书认为品牌化是推动河北省谷子产业高质量和实施乡村振兴战略的有效途径,也是必由之路,应统筹规划、系统洞察、整体推动。

9.1.4 "河北小米"三级品牌体系是实现谷子产业品牌化的有效手段

审视山西经验,并通过作者对全国绝大多数包括小米品牌在内的农产品品牌培育案例的研究,认为当前小米品牌培育中存在的"痛点"问题有以下几个方面:

第一,小米利润空间小、运营难度大,"好汉不愿干、赖汉干不了",单靠当前的小米品牌企业很难做大做强。

第二,没有从根本上破解区域公用品牌的"公地悲剧"问题。

第三,大多数地方政府在培育小米区域公用品牌时没处理好政府和市场的关系,政绩导向,职责不清,很多措施不遵循市场规律而变得"一厢情愿",短期内很热闹但没市场价值,有的"虎头蛇尾"。

第四,"头疼医头、脚疼医脚",没有实现小米品牌的系统化培育。

因此,本书认为,完全靠政府或完全靠小米品牌企业都难以培育强势的小米品牌,需要政府、小米企业和小米生产主体通过各司其职、分工合作、三方协同来系统化塑造小米品牌。

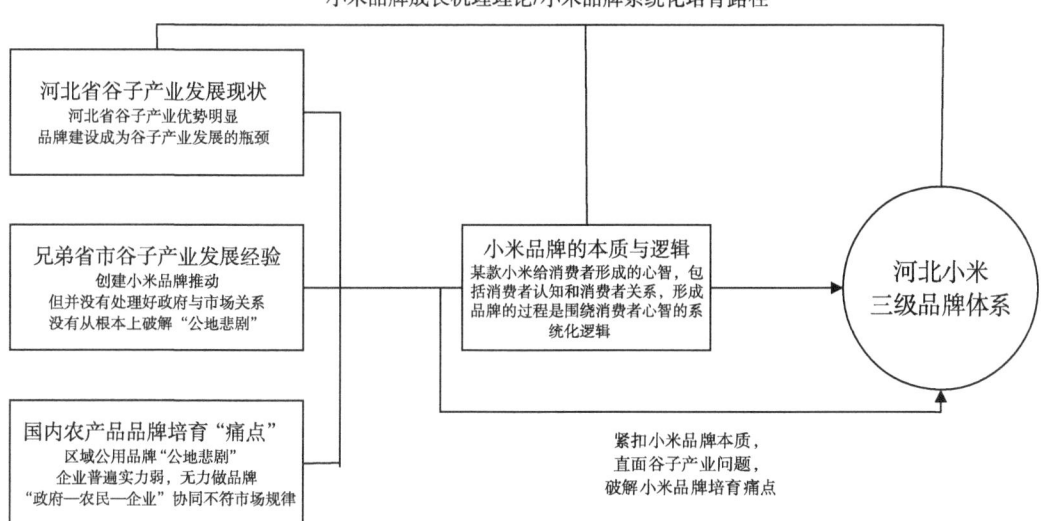

图 9.1 "河北小米"三级品牌体系形成逻辑示意图

图9.1展现的是"河北小米"三级体系的形成逻辑。"河北小米"三级品牌体系是综合考虑河北省谷子产业发展现状、兄弟省市谷子产业发展经验和国内农产品品牌培育"痛点",以小米品牌的本质与逻辑为理论核心(本书2.4节)而提出的。本书提出的小米品牌成长机理及系统化培育小米品牌的路径为"河北小米"三级品牌体系的形成过程、体系结构与实现路径提供理论支撑。

本书认为,培育"河北小米"品牌应以市场为导向,发挥省域公用品牌平台优势为全省的小米品牌企业提供全方位的、非营利性的服务;发挥县域公用品牌的资源禀赋优势、技术服务和传播优势做好宣传推广和非营利性服务;发挥小米品牌企业市场运营优势，以信誉和利润为纽带，以消费者为导向，构建企业自有品牌，做好营销与商业运营。政府与小米品牌企业各司其职、相互支撑而互不搅和，以此构建"河北小米"三级品牌体系。

"河北小米"三级品牌体系的本质就是小米品牌以市场为牵引，处理好政府、小米品牌企业和生产主体的关系，并实现三方协同，"河北小米"省域公用品牌、县域公用品牌和企业自有品牌实现融合。

9.2　"河北小米"三级品牌体系的设计原则与体系结构

9.2.1　"河北小米"三级品牌体系的设计原则

设计"河北小米"三级品牌体系时掌握以下原则。

（1）系统化培育原则

系统化培育小米品牌既是构建"河北小米"三级品牌体系的目标，也是立足点，离开这一点"河北小米"品牌培育就变成了"一叶障目，不见森林"。在设计"河北小米"三级品牌体系时，组织层面上实现"政府—小米品牌企业—小米生产主体"的系统化协同；规划和实施层面以品牌定位为核心，实现形象系统、产品系统、传播系统、商业运营系统与危机预防处置系统的"五位一体"。

（2）市场化导向原则

小米属于农产品，是市场化程度很高的产品。小米品牌培育的最终目的是提升小米的品牌价值，品牌价值是小米品牌经营绩效的最高形式，是一个小米品牌长久生存和发展的内生力量，而这些都是市场化导向下的思维方式和运作模式。只有以市场化为导向，以小米品牌商业化为抓手，设计的"河北小米"三级品牌体系才可行、可操作和可持续。

（3）不同层次小米品牌相融合原则

小米省域公用品牌、县域公用品牌和企业自有品牌因品牌培育规律而承担的职能不同，小米省域公用品牌的核心是平台功能、宏观服务功能和宏观传播功能，县域公用品牌的核心是服务功能和传播功能，企业自有品牌的核心是商业运营功能。在设计"河北小米"三级品牌体系时要实现这三个层次品牌的深度融合，这是有效培育"河北小米"品牌的重要条件。

（4）系统化协同原则

小米省域公用品牌的主体是省级政府、涉及部门或其委托的组织，小米县域公用品牌的主体是县级政府、涉及部门或其委托的组织，小米企业自有品牌的主体是小米品牌企业。在设计"河北小米"三级品牌体系时，各级政府、涉及部门或委托组织和小米品牌企业要实现系统化协同，达到职能清晰、职责分明、各司其职、互为补充、相互支撑、互不搅和。

9.2.2 "河北小米"三级品牌体系的体系结构及功能定位

根据"河北小米"三级品牌体系的本质和设计原则,构建"河北小米"三级品牌体系的体系结构。

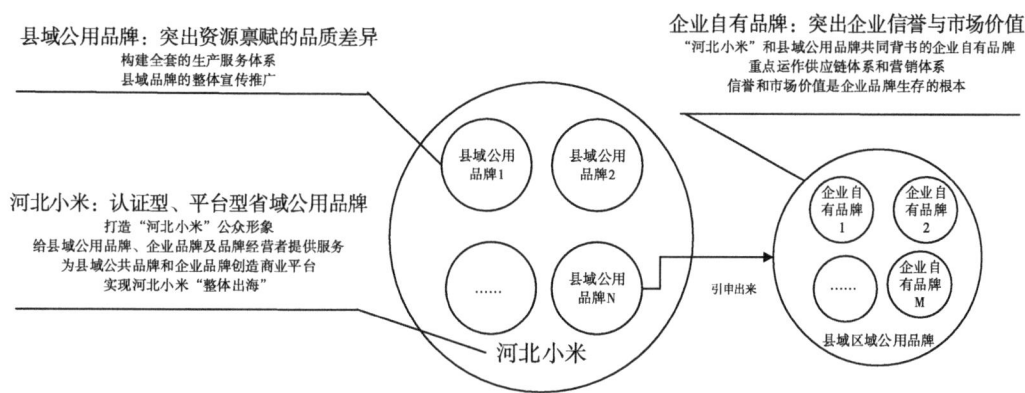

图9.2 "河北小米"三级品牌体系的体系结构示意图

图9.2展现的是"河北小米"三级品牌体系的体系结构。核心结构是由"河北小米"省域公用品牌、若干个县域公用品牌、众多企业自有品牌构成的"河北小米—N个县域公用品牌—M个企业自有品牌"结构化、网络化的"河北小米"三级品牌体系网络结构。体系各要素的功能定位为:

(1)"河北小米"

其功能定位为认证型、平台型省域公用品牌,构建面向农资供应商、生产者、加工商、销售商的"河北小米"服务平台,并打造"河北小米"的公众形象,实现"河北小米"的"整体出海"。

(2)若干个小米县域公用品牌

其功能定位为"一方水土养一方小米"的县域小米品质特征,重点构建生产服务体系,强化县域公用品牌传播。

(3)众多企业自有品牌

其功能定位为小米品牌企业的信誉,以市场为导向,以为消费者创造价值为核心,重点构建供应链体系和营销体系。

用"河北小米"三级品牌体系赋能消费品市场,面向消费者的品牌形象是以"河北小米"和"县域公用品牌"背书的企业自有品牌,突出"河北小米"的公众信誉、县域公用品牌的地域品质特征和企业自有品牌的产品品质和信誉。

用"河北小米"三级品牌体系赋能河北省谷子产业,形成"河北小米—N个县域品牌—M个企业品牌"的"河北小米"三级品牌体系。

9.3 "河北小米"三级品牌体系的实施路径

根据"河北小米"三级品牌体系的体系结构和功能定位,从"河北小米"省域公用品牌、小米县域公用品牌和小米企业自有品牌三个方面提出实施路径。

9.3.1 "河北小米"省域公用品牌的实施路径

根据功能定位,"河北小米"省域公共品牌的实施路径如下:

(1)组建"河北小米运营服务中心",全面负责"河北小米"省域公用品牌培育、平台建设和全面服务。由省农业农村厅组织,以河北省谷子产业技术创新战略联盟、河北省杂粮产业研究院以及河北省优势谷子企业共同组建,突出公益性、平台型、服务型等性质。

(2)深度挖掘河北谷子文化,与健康中国战略、乡村振兴战略、文化旅游相结合,提炼文化亮点,开展文化研究,策划与落实"河北小米"品牌定位及形象识别(VI)系统(包括标识、标准字、标准色、口号、路牌等等),出台"河北小米+某小米县域公用品牌+某小米企业自有品牌"形象识别系统使用规范。

(3)制定和执行"河北小米"标准体系和准入政策,包括:《"河北小米"小米品质标准》《"河北小米"谷子质量标准》《"河北小米"谷子种植规程》《"河北小米"谷子仓储运输规范》《"河北小米"加工技术规范》《"河北小米"粥、干饭感官评价方法》《"河北小米"平台准入和退出条件》《"河北小米"品牌形象系统使用规范》等。

(4)构建"河北小米"综合服务平台,链接农资供应商、生产者、加工商、销售商和消费者,提供信息互动、各种检测、品种及生产运营指导、各类培训等全方位的服务。

(5)构建"河北小米"质量安全追溯平台,建立品质分析化验中心,按照"河北小米"产品"生产有记录、流向可追踪、信息可查询、安全可追溯"的质量管理要求,实现从"田园到餐桌"的全程可追溯。建设"河北小米"质量信息采集和检验检测体系,实现谷子生产、收购、储藏、加工、运输、销售等流通环节全过程监测,及时排查质量安全隐患。

(6)规划、设计与执行"河北小米"的传播系统,包括广告、发布会、各类展会、社交化媒体以及组织产业大会等。比如:创新微电影、短视频、品牌故事、功能与营养著作等多样文艺作品,开展乡村田园体验等多种形式宣传活动,挖掘"河北小米"品牌文化;组织拍摄"河北小米"以及各县区域品牌专题片,在高铁、航空以及各级媒体广泛宣传。

(7)创造各个县域公用品牌相互竞争、优胜劣汰的环境和机制。

(8)建立产业信息监测平台,定期发布各地谷子小米价格、价格指数、河北省县域共有品牌和企业品牌价值评估报告等。

9.3.2 小米县域公用品牌的实施路径

根据功能定位，小米县域公用品牌的实施路径如下：

（1）组建"小米县域公用品牌运营中心"，由当地县政府牵头、县农业农村局组织，以县龙头企业、行业协会为主要成员，突出公益性和服务性。

（2）围绕当地区域文化、谷子产业特点和小米品质特点，确定小米县域公用品牌的品牌定位，进行形象识别系统（VI）设计，制定背书"'河北小米'省域公用品牌和县域公用品牌的企业自有品牌"形象识别系统使用规范。

（3）涉及小米县域公用品牌的各类广告、新闻、节庆、展会、社交化媒体等各种传播的策划、实施与发布。

（4）构建符合当地区域特点、谷子产业特点和小米品质特点的小米县域公用品牌的系统化标准体系、生产服务体系、品质控制与监管体系、质量安全追溯体系等。

（5）创造和形成县域内各小米品牌企业自有品牌相互竞争的环境和机制。

9.3.3 小米企业自有品牌的实施路径

根据功能定位，小米品牌企业是小米自有品牌的建设主体，应以顾客为导向，以信誉为核心构建市场化运营平台，突出市场化运营。其实施路径如下：

（1）以顾客为导向、以信誉为核心，确定小米企业自有品牌的目标市场，策划和实施以"河北小米"和小米县域公用品牌背书的小米企业自有品牌的品牌定位，以品牌定位为轴心设计品牌形象识别系统（VI）。

（2）与生产主体形成利益共同体和合作关系，以市场为导向，统一优质谷子品种，制定绿色高效生产技术标准，构建和执行供应链体系，确保品种及品质的统一性和稳定性，实现品质与成本的权衡。

（3）以目标市场与品牌定位为核心，规划和落实产品结构、包装体系及定价体系。

（4）基于目标市场、品牌定位及企业资源现状，系统化规划、执行和管理整合营销渠道和整合营销传播渠道。

9.4 本章小结

品牌化是推动河北省谷子产业高质量发展和实施乡村振兴战略的有效途径，也是必由之路，构建"河北小米"三级品牌体系是实现河北省小米品牌化的有效手段。运用本书研究的小米品牌成长机理理论及系统化培育小米品牌路径，综合河北省谷子产业发展现状、兄弟省市谷子产业发展经验和国内农产品品牌培育"痛点"，以小米品牌的本质与逻辑为核心理论提出"河北小米"三级品牌体系，其本质是以市场为牵引，处理好政府、小米企业和生产主体的关系并实现三方协同，"河北小米"省域公用品牌、县域公用品牌和企业自有品牌深度融合。

依据系统化培育、市场化导向、不同层次小米品牌融合、系统化协同等原则设计"河北小米"三级品牌体系。其核心结构是由"河北小米"省域公用品牌、若干个县域公用品牌、众多企业自有品牌构成的"河北小米—N 个县域公用品牌—M 个企业自有品牌"结构化、网络化的"河北小米"三级品牌体系网络结构。其各要素的功能定位为："河北小米"定位为认证型、平台型省域公用品牌，构建面向农资供应商、生产者、加工商、销售商的"河北小米"服务平台，打造"河北小米"的公众形象，实现"河北小米"的"整体出海"；若干个小米县域公用品牌的定位为"一方水土养一方小米"的县域小米品质特征，重点构建生产服务体系，强化县域公用品牌传播；众多企业自有品牌的定位为小米品牌企业的信誉，以市场为导向，以为消费者创造价值为核心，重点构建供应链体系和营销体系。面向消费者的品牌形象是以"河北小米"和"县域公用品牌"背书的企业自有品牌，突出"河北小米"的公众信誉、县域公用品牌的地域品质特征和企业自有品牌的产品品质和信誉，形成"河北小米—N 个县域品牌—M 个企业品牌"的"河北小米"三级品牌体系。

基于功能定位，从"河北小米"省域公用品牌、小米县域公用品牌和小米企业自有品牌 3 个方面提出"河北小米"三级品牌体系的实施路径。

第10章 结论与展望

农产品品牌化是推动农产品商业化运营、提升农业高质量发展、全面推动乡村振兴战略的重要手段;小米品牌化是解决小米生产运营"软肋"问题、提升谷子产业高质量发展的有效途径,是在消费升级和小米需求态势背景下,生产经营者与消费者构建持久良好关系、实现共赢的必由之路。生产运营领域、学术界和咨询界全面推动小米品牌的研究、策划与培育迫在眉睫,而这三大领域普遍存在对品牌缺乏直面本质且系统化的认识,品牌培育的研究与实践均存在片面性。基于此,提出本书的研究问题,即全面、系统和深入地研究中国小米品牌问题。

本书在梳理和重新界定相关理论基础上,通过调查研究理清我国小米品牌培育现状及存在的问题,引入系统理论从定性和定量两个方面揭示小米品牌成长机理,通过改进后的Interbrand法设计小米品牌价值评价方法,提出系统化培育小米品牌的路径,将本书研究成果运用于实践,设计"武安小米"系统化培育战略规划纲要和"河北小米"三级品牌体系纲要。本书的研究丰富了品牌、农产品品牌和小米品牌在概念、成长机理、决策方法、价值评价、策略研究等方面的理论与实证,具有较强的理论价值;同时,本书的研究对地方政府、行业协会,尤其是对小米生产经营者培育小米品牌、破解小米生产经营"软肋"问题、推动以商业化为核心的生产经营提供理论依据和实践指导,将有效推动我国谷子产业高质量发展,助力乡村振兴战略,具有较强的运用价值。

本书的创新性结论概括如下:

(1) 小米品牌是消费者对某一个(或一类)小米产品的心智模式,包括消费者品牌认知和消费者品牌关系。在消费者品牌认知层面,小米季节性、周期性、地域性等自然特征,以及品种和地域禀赋所形成的品质差异性是最重要的再认知和回忆要素,将成为形象系统和传播系统建设中的竞争性差异点;在消费者品牌关系层面,以小米的品种、地域、生产管理、贮藏、运输、加工为主要内容的品质成因系统,以供应链管理和营销管理为核心的商业运营系统是小米品牌消费者关系来源,构成小米品牌的另一个竞争性差异点。根据小米品牌培育特性,将小米品牌分为区域公用品牌和企业自有品牌。

(2) 基于全面检索信息和实地考察的不完全统计,截至2021年底,全国共有小米区域公用品牌65个,企业自有品牌203个,分布在11个省、52个县(县级市)。我国小米品牌培育中存在的问题有:小米品牌培育意识薄弱;缺乏系统化培育的理念与行为;各地培育水平参差不齐;没有从根本上解决小米区域公用品牌培育中的"公地悲剧"问题;很难处理好政府和市场的关系;小米品牌形象不突出;小米作为小米品牌的载体,品质不稳定;标准化生产有待进一步落地;小米品牌商业化运营观念与行为落后；品牌传播存在短期行为，品牌影响力难以持续；缺乏品牌危机意识、危机预防与处置预案。

（3）小米品牌所有者和使用者（当地政府、涉及部门或授权组织，小米企业）的欲望、资源和能力的大小决定各类小米品牌要素（品控措施、品牌定位、品牌形象系统等）行动的强弱，小米品牌要素行动的强弱决定各类小米品牌要素（感知质量、感知价值、品牌传播强度等）效果的好坏，小米品牌要素效果的好坏决定小米品牌的消费者认知强度和消费者品牌关系强度的大小，从而决定小米品牌价值的大小。这构成了小米品牌成长机理，其本质上是由"组织资源与能力—组织行动—行动效果—小米品牌的品牌价值"所构成的复杂的、多重因果关系链。

（4）通过系统动力学建模和仿真，进一步定量化揭示小米品牌成长机理，分析了各种策略组合对净收益和品牌价值发展趋势的影响，得到结论：单品牌策略倾向和双品牌策略情形下，加大品牌营销力度能显著提升品牌价值和净收益；在多品牌策略情形下，加大品牌策略强度能大幅度提升品牌价值与净收益。

（5）通过融入小米品牌的特征改进 Interbrand 法来确定小米品牌的品牌价值评价方法。用该评价方法评估小米品牌价值，以分析结果为依据、以解决问题为导向，通过"以评促建"推动小米品牌的系统化培育，提升其市场竞争力，从而推动谷子产业的高质量发展。

（6）基于小米品牌成长机理及小米品牌培育中存在的问题，提出系统化培育小米品牌的逻辑、路径及机制。分别提出了小米品牌的定位与形象系统、产品系统、传播系统、商业运营系统及危机预防处置系统的操作性路径。构建"1 个小米区域公用品牌+N 个小米企业自有品牌"的小米品牌体系试图解决小米区域公用品牌"公地悲剧"和小米企业自有品牌无力系统培育品牌两大"痛点"问题，构建"地方政府—小米品牌企业—小米生产主体"系统化协同机制试图解决在品牌培育中处理不好地方政府与市场关系，地方政府及涉及部门、小米品牌企业及小米生产主体三者角色混乱、相互搅合等组织性、机制性问题。

（7）运用本书所研究的小米品牌成长机理理论及小米品牌系统化培育路径提出系统化培育"武安小米"品牌战略规划纲要。提出了"粟谷之源、滋养万年"的品牌定位，基于品牌定位从形象识别系统、产品系统、传播系统、商业运营系统和危机预防处置系统五个方面规划了"武安小米"品牌建设大纲。从"武安小米+N 个小米企业自有品牌"为结构的"武安小米"品牌体系、"武安市政府及涉及部门—小米品牌企业—生产主体"高度协同机制两个方面设计了系统化培育"武安小米"品牌的运行机制。

（8）运用本书研究的小米品牌成长机理理论及系统化培育小米品牌路径，综合河北省谷子产业发展现状、兄弟省市谷子产业发展经验、国内农产品品牌培育"痛点"和小米品牌的本质及逻辑提出"河北小米"三级品牌体系，其本质是以市场为牵引，处理好政府、小米企业和生产主体的关系并实现三方协同，"河北小米"省域公用品牌、县域公用品牌和企业自有品牌相融合。依据系统化培育、市场化导向、不同层次小米品牌融合、系统化协同等原则设计"河北小米"三级品牌体系。其核心结构是由"河北小米"省域公用品牌、若干个县域公用品牌、众多企业自有品牌构成的"河北小米—N 个县域公用品牌—M 个企业自有品牌"结构化、网络化的"河北小米"三级品牌体系网络结构。面向消费者的品牌形象是以"河北小米"和"县域共有品牌"背书的企业自有品牌,突出"河北小米"的公众信誉、县域公用品牌的地域品质特征和企业自有品牌的信誉。

  本书研究的后续研究可在以下方面展开:第一,进一步深化系统论和系统工程方法在小米品牌理论和实践的运用,进一步探讨小米品牌价值的形成动因和成长模式;第二,进一步引入多主体、系统动力学或多方法联合建模方法,更精准探讨基于"政府—小米品牌企业—小米生产主体"的协同机理,为小米品牌培育实践提供借鉴;第三,以系统化培育小米品牌为节点,以营销绩效为目标,研究小米全产业链商业模式的形成机理及实现路径,为小米全产业链的商业化和提质增效提供理论支撑;第四,将本书研究进一步推广到实践中,比如:通过本书提出的小米品牌评价方法评估全国的小米品牌的品牌价值,形成《中国小米品牌价值评估报告》,实现"以评促建";将本书研究的小米品牌成长机理理论和系统化培育小米品牌路径运用于更多的小米品牌培育实践。